企業法務のための初動対応の実務

Initial response
of practice for
corporate legal

［弁護士］
長瀬佑志 / 長瀬威志 / 母壁明日香
YUSHI NAGASE　TAKESHI NAGASE　ASUKA HAHAKABE

日本能率協会マネジメントセンター

はしがき

　企業活動が多様化・複雑化し、グローバル化の進展とともに、私たちの日常生活全般に行き渡る中、企業活動に伴う法律問題も多様化・複雑化を辿っています。そして、企業活動に伴う法律問題の多様化・複雑化に適切に対応するためには、企業活動上のコンプライアンスリスクを管理することが求められます。

　企業法務を担う法務部員や弁護士の方々は、企業活動上のコンプライアンスリスクを適切に管理することが期待されています。

　ですが、企業活動が多様化・複雑化している現在においては、法務部員や弁護士が企業法務として対応すべき範囲も多様化・複雑化の一途を辿っています。また、法改正や企業倫理、個人の価値観の変化等によって、コンプライアンスリスクの程度や対応上の留意点も変わってきています。このように、企業法務の範囲が多様化・複雑化している上、時代の流れとともにコンプライアンスリスクの程度も変化していくことを見据えた上で、法務部員や弁護士は適切に企業法務に対応していくことが求められます。

　また、企業法務は、①コンプライアンスリスクが生じた場合のリスクを最小化するという臨床法務の役割だけでなく、②コンプライアンスリスクを予防するという予防法務の役割に加え、③企業活動を推進するための有効なスキームを構築するという戦略法務の役割も求められます。

　企業法務は、3つの役割を意識しながら、日々変化するコンプライアンスリスクを想定し、適切に対応することが求められるために、非常に複雑かつ難解な分野ということができます。

　企業法務を担う方々にとって、そもそも企業活動のどのような場面において、どのようなコンプライアンスリスクが想定されるのか、想定されるコンプライアンスリスクを予防するためにはどのような対策を講じればよいのか、仮にコンプライアンスリスクが生じた場合には初動対応として何をすればよいのか、を整理すること自体、決して容易ではないのではないでしょうか。

幸いにして私たちは、OJTを通じて、様々な企業規模や業種の企業法務に関する具体的な案件を担当する機会をいただくことで、多くの企業に共通するコンプライアンスリスクや、コンプライアンスリスクが生じやすい典型的な場面に接することができました。

　ですが、法務部員としての日が浅い方や、弁護士登録したばかりの方の中には、どうやって企業法務を担うために求められる技術や能力を身につけていけばいいのか、不安に思う方もいらっしゃるかもしれません。

　そこで、本書は、これから企業法務を担っていく法務部員や若手の弁護士の方々を想定読者として、初めて企業法務を担当する際、企業法務の役割はなにか、コンプライアンスリスク管理は何をすればよいのか、という観点から整理しました。

　具体的には、企業法務における典型的なコンプライアンスリスクが想定される場面を、①コンプライアンス総論、②契約管理、③債権管理、④情報管理、⑤労務管理、⑥会社整理、⑦M＆A、の7つに分けた上で、場面毎に特に押さえていただきたいポイントを7つに整理しています。

　本書の目的は、これから企業法務を担っていく法務部員や若手の弁護士の方々が、企業法務を担当する際にまず押さえるべき考え方や全体像、そして初動対応の留意点をお伝えすることに主眼があります。本書では、個別の法律分野の問題に関して高度な専門的知見を深めていただくことを主眼には置いていないことをご容赦ください。

　本書が、企業法務を担う法務部員や若手の弁護士の方々にとって、初めてのコンプライアンスリスクに取り組む際に、多少なりともお役に立つことができるのであれば望外の喜びです。

　なお、本書執筆にあたり、株式会社日本能率協会マネジメントセンターの岡田茂様、東寿浩様には様々なご配慮を賜りました。

　また、弊所の所員の皆様や家族には、本書執筆にあたって様々なサポートをいただきました。

皆様のご協力をいただかなければ本書の発刊に至ることができなかったことを、この場を借りて厚く御礼申し上げます。

令和元年12月

弁護士　長　瀬　佑　志

弁護士　長　瀬　威　志

弁護士　母　壁　明日香

目　次　│　企業法務のための初動対応の実務
はしがき……………………………………………………………………………… i

Part 1　コンプライアンス………………………………………………………… 1

Chapter 1　本章の目的……………………………………………………………… 2
Chapter 2　コンプライアンスの3つの特徴………………………………………… 3
　　1　発生原因やその影響は時代の変化とともに多面化する…………………… 3
　　2　コンプライアンスリスクの予防は組織全体で取り組むべきである……… 3
　　3　コンプライアンスリスクは初動対応が重要………………………………… 4
Chapter 3　コンプライアンスに関する相談事例………………………………… 5
　　1　相談事例………………………………………………………………………… 5
　　2　想定されるポイント…………………………………………………………… 5
Chapter 4　コンプライアンスリスク管理の7つのポイント…………………… 7
Chapter 5　ポイント①　コンプライアンスとは何か…………………………… 8
　　1　コンプライアンスとは：コンプライアンスリスクと法務リスクの関係… 8
　　2　過去の不祥事事例……………………………………………………………… 10
　　（1）不正会計の事例　10／（2）製品偽装の事例　11／（3）労務管理における
　　不祥事事例　11／（4）情報管理に関する不祥事事例　12
Chapter 6　ポイント②　コンプライアンスの根拠……………………………… 13
　　1　コンプライアンスの3つの根拠……………………………………………… 13
　　2　コンプライアンスの3つの根拠の関係性…………………………………… 13
Chapter 7　ポイント③　コンプライアンスリスクの現状……………………… 14
　　1　CSR（企業の社会的責任）の重視…………………………………………… 15
　　2　業績拡大・短期的利益の優先………………………………………………… 15
　　3　企業人の意識の閉鎖性………………………………………………………… 15
　　4　法律解釈の変遷………………………………………………………………… 16
　　5　小括……………………………………………………………………………… 16
Chapter 8　ポイント④　コンプライアンスリスクの分類……………………… 18
Chapter 9　ポイント⑤　コンプライアンスリスクに伴う責任………………… 19
　　1　コンプライアンスリスクに伴う法人の責任………………………………… 19
　　（1）民事責任　19／（2）刑事責任　20／（3）行政責任　20／（4）社会的責
　　任　20
　　2　コンプライアンスリスクに伴う個人の責任………………………………… 21
　　（1）民事責任　21／（2）刑事責任　21／（3）労務責任　22／（4）社会的責
　　任　22
Chapter 10　ポイント⑥　コンプライアンスリスクと企業法務……………… 23
　　1　企業法務とは…………………………………………………………………… 23

目　次

　　2　コンプライアンスリスクマネジメントとは ………………………………… 24
　　（1）取ってはいけないコンプライアンスリスク　26／（2）取った上でコントロールするコンプライアンスリスク　26
　　3　企業法務の役割 …………………………………………………………………… 27
　　（1）臨床法務：紛争解決（発病後の医師への相談・手術）　28／（2）予防法務：紛争予防（医師への健康相談・早期検診）　28／（3）戦略法務：経営戦略（スポーツ医学）　28
　　4　企業法務における法務担当者と外部弁護士の役割 …………………… 29
　　（1）企業法務における法務担当者の役割：企業の「かかりつけの医者」　30／（2）企業法務における外部弁護士の役割：企業の「専門医」　31

Chapter 11　ポイント⑦　コンプライアンスリスクを防ぐための対策 ………… 33
　　1　コンプライアンスリスクの原因 ……………………………………………… 33
　　2　コンプライアンスリスクを防ぐための対策 ……………………………… 34
　　（1）企業文化の見直し　34／（2）隠蔽体質の脱却　34／（3）原因の究明　35／（4）再発防止体制への取組　35／（5）開かれた組織の構築　35

Part 2　契約管理 ……………………………………………………………………… 37

Chapter 1　本章の目的 …………………………………………………………………… 38
Chapter 2　契約管理の3つの特徴 …………………………………………………… 39
　　1　私的自治の原則と例外 ………………………………………………………… 39
　　2　コンプライアンスリスクマネジメントと経営判断のバランス ………… 39
　　3　契約交渉プロセスの理解 ……………………………………………………… 40
Chapter 3　契約管理に関する相談事例 …………………………………………… 41
　　1　不動産売買契約の締結交渉・契約書を作成する場合 ………………… 41
　　2　想定されるポイント …………………………………………………………… 42
Chapter 4　7つのポイント …………………………………………………………… 43
Chapter 5　ポイント①　契約と契約書の留意点 ………………………………… 44
　　1　契約締結の目的 ………………………………………………………………… 44
　　2　契約による修正の限界 ………………………………………………………… 45
　　3　契約書作成の目的 ……………………………………………………………… 46
Chapter 6　ポイント②　契約書の形式上の留意点 ……………………………… 48
　　1　契約書の構成及び留意点 ……………………………………………………… 48
　　（1）契約の成立要件　61／（2）契約の成立時期　62／（3）契約締結と書面の要否　63／（4）契約書のタイトルと法的効果　64／（5）前文　64／（6）条・項・号　65／（7）後文　66／（8）契約書作成日　66／（9）当事者名の表記　66／（10）契約書の署名・押印　67／（11）印紙の要否　67
　　2　契約書の書き方・読み方 ……………………………………………………… 68

（1）「又は」「若しくは」 69／（2）「及び」「並びに」 69／（3）「時」「とき」「場合」 70／（4）「善意」「悪意」 70／（5）「その他」「その他の」 70／（6）「直ちに」「速やかに」「遅滞なく」 71／（7）「前項」「前●項」「前各項」 71／（8）「ものとする」 72

3 契約書チェックリスト………………………………………………………… 72

Chapter 7 ポイント③ 契約締結準備段階における留意点………………… 74
1 コンプライアンスリスクの峻別……………………………………………… 74
2 「取ってはいけないコンプライアンスリスク」の観点………………… 75
3 「取った上でコントロールすべきコンプライアンスリスク」の観点……75

Chapter 8 ポイント④ 契約交渉段階における留意点………………………… 76
1 契約準備段階と契約交渉開始後の違い…………………………………… 76
2 「取ってはいけないコンプライアンスリスク」の再検討……………… 76
3 「取った上でコントロールするコンプライアンスリスク」の検討……77
（1）「契約締結上の過失」に係るリスク 77／（2）秘密漏洩のリスク 77／（3）最終契約締結に係るリスク 78

Chapter 9 ポイント⑤ 契約書作成段階における留意点………………………… 79
1 要件事実論…………………………………………………………………… 79
（1）概要 79／（2）要件事実論と契約書のドラフティング 79
2 立証責任……………………………………………………………………… 82
3 証拠の重要性………………………………………………………………… 83
（1）証拠の種類 83／（2）人証 83／（3）物証 83
4 契約書の重要性……………………………………………………………… 84
5 交渉過程におけるやり取りの証拠化……………………………………… 85

Chapter 10 ポイント⑥ 契約履行段階における留意点………………………… 86
1 契約（法律行為）の要件の確認…………………………………………… 86
（1）契約の成立要件の確認 86／（2）契約の有効要件の確認 86／（3）契約の効果帰属要件の確認 87／（4）契約の効力発生要件の確認 88
2 契約の履行に対する抗弁事由の確認……………………………………… 89
3 契約の履行の管理…………………………………………………………… 89

Chapter 11 ポイント⑦ 契約締結後における留意点…………………………… 90
1 総論…………………………………………………………………………… 90
2 紛争発生の予兆の事前察知の重要性……………………………………… 90
（1）紛争の「発生」防止 90／（2）紛争の「拡大」防止 91／（3）証拠の収集・保全 91
3 紛争発生の予兆・チェックリスト………………………………………… 92
4 チェックリストにおける危険度類型別留意点…………………………… 94
（1）安定段階（紛争の可能性が低い段階） 94／（2）要注意段階（紛争の可能性が高まっている段階） 97／（3）緊急段階（紛争発生を回避できない段階） 104

目　次

Part 3　債権管理 111

Chapter 1　本章の目的 112

Chapter 2　債権管理の3つの特徴 113
1　企業経営の生命線 113
2　債権管理の手段の多面性 113
3　債権管理の経時的変化 114

Chapter 3　債権管理に関する相談事例 115
1　請負工事代金が支払期日までに支払われない場合 115
2　想定される問題点 116

Chapter 4　7つのポイント 117

Chapter 5　ポイント①　債権管理の心構えの留意点 118
1　企業法務の目的 118
2　企業法務を目的から捉え直す 118
3　債権管理の主体—債権管理のポイント 119
（1）債権管理は弁護士に一任すればよいのか　119／（2）債権管理の成否は当事者意識にある　119／（3）債権管理の役割分担　120
4　債権管理の一例 121
（1）設例　121／（2）対応　121／（3）ポイント　121

Chapter 6　ポイント②　債権管理の時系列の留意点 123
1　債権管理の時系列 123
2　契約締結準備段階：企業調査の重要性 123
（1）企業調査を怠った場合のリスク　123／（2）契約締結交渉前に行うべき調査　124
3　契約締結段階：契約書の重要性 124
（1）契約とは　124／（2）契約書の重要性　125
4　契約履行段階：契約内容の管理 125
（1）契約の有効性の確認　125／（2）契約の履行条件の確認　126
5　紛争の発生の予兆 126
（1）紛争発生の予兆の把握　126／（2）紛争発生の予兆の事前察知の重要性　126／（3）紛争発生の予兆・チェックリスト　128
6　紛争発生後の対応 130

Chapter 7　ポイント③　債権管理におけるトラブルの予防策 131
1　新規取引の際の注意点 131
2　取引先の情報管理 131
（1）取引先の情報を取得しやすい時期　131／（2）取引先の情報を取得する方法　131
3　紛争発生の予兆 132

4　契約書の活用 ……………………………………………………………134
（1）期限の利益喪失条項　*134* ／（2）契約解除条項　*135* ／（3）所有権留保
特約　*136*

5　相殺の利用 ……………………………………………………………137
（1）相殺とは　*137* ／（2）相殺の要件　*137* ／（3）相殺の効果　*138* ／（4）相
殺の意義　*138*

6　保証金の設定 ……………………………………………………………138

7　担保権の設定 ……………………………………………………………139
（1）担保権の分類　*139* ／（2）抵当権の利用　*139*

8　人的担保の利用：保証人と連帯保証人の違い …………………………141
（1）催告の抗弁権（民法452条）の有無　*141* ／（2）検索の抗弁権（民法453
条）の有無　*141*

Chapter 8　ポイント④　債権管理の方法選択の留意点 …………………142

1　債権管理の方法 …………………………………………………………142

2　口頭による催促 …………………………………………………………142
（1）口頭による催促とは　*142* ／（2）メリット　*143* ／（3）デメリット　*143*

3　請求書の送付 ……………………………………………………………143
（1）請求書の送付とは　*143* ／（2）メリット　*143* ／（3）デメリット　*143*

4　内容証明郵便 ……………………………………………………………144
（1）内容証明郵便とは　*144* ／（2）メリット　*144* ／（3）デメリット　*144*

5　支払督促 …………………………………………………………………144
（1）支払督促とは　*144* ／（2）メリット　*144* ／（3）デメリット　*145*

6　少額訴訟 …………………………………………………………………145
（1）少額訴訟とは　*145* ／（2）メリット　*145* ／（3）デメリット　*146*

7　通常訴訟 …………………………………………………………………146
（1）通常訴訟とは　*146* ／（2）メリット　*146* ／（3）デメリット　*146*

8　民事保全 …………………………………………………………………147
（1）民事保全とは　*147* ／（2）メリット　*147* ／（3）デメリット　*148*

9　強制執行 …………………………………………………………………149

10　相殺による債権管理………………………………………………………149
（1）相殺による債権管理とは　*149* ／（2）メリット　*149* ／（3）デメリット　*150*

11　債権譲渡による債権管理 ………………………………………………150
（1）債権譲渡による債権管理とは　*150* ／（2）メリット　*151* ／（3）デメリット
151

Chapter 9　ポイント⑤　民事保全の留意点 ………………………………152

1　民事保全の手続 …………………………………………………………152

2　仮差押命令申立……………………………………………………………152
（1）仮差押えとは　*152* ／（2）仮差押命令申立書の提出　*153* ／（3）債権者面

目　次

接　*153*／（4）担保決定　*153*

　　3　仮処分申立 ……………………………………………………………*154*
　　（1）仮処分とは　*154*／（2）仮処分命令申立書の提出　*154*／（3）双方審尋
　　155／（4）和解等の解決　*155*

Chapter 10　ポイント⑥　訴訟手続の留意点 ……………………………*156*
　　1　訴訟の提起 ………………………………………………………………*156*
　　2　訴訟の審理 ………………………………………………………………*156*
　　3　訴訟の終了 ………………………………………………………………*157*
　　（1）判決　*157*／（2）和解　*157*

Chapter 11　ポイント⑦　強制執行の留意点 ……………………………*158*
　　1　はじめに …………………………………………………………………*158*
　　2　強制執行・担保権の実行の概要 ……………………………………*158*
　　（1）強制執行とは　*159*／（2）担保権の実行手続とは　*159*
　　3　債権執行手続の流れ ……………………………………………………*160*
　　（1）債権執行とは　*160*／（2）債権執行の対象　*160*／（3）債権執行手続の流
　　れ　*160*
　　4　不動産執行手続の流れ …………………………………………………*162*
　　（1）競売手続　*162*／（2）担保不動産収益執行　*166*

Part 4　情報管理 ……………………………………………………………*167*

Chapter 1　本章の目的 ………………………………………………………*168*
Chapter 2　情報管理の3つの特徴 …………………………………………*169*
　　1　情報の財産的価値 ………………………………………………………*169*
　　2　情報及び情報管理に関する規制の分類 ……………………………*169*
　　3　情報漏洩リスクの一般化及び深刻化 ………………………………*170*
Chapter 3　情報管理に関する相談事例 ……………………………………*171*
　　1　相談事例 …………………………………………………………………*171*
　　2　想定されるポイント ……………………………………………………*172*
Chapter 4　7つのポイント …………………………………………………*174*
Chapter 5　ポイント①　情報漏洩リスクの留意点 ……………………*175*
　　1　近時の情報漏洩事件 ……………………………………………………*175*
　　2　SNSによる情報漏洩リスク ……………………………………………*177*
　　（1）SNSによる不祥事事例　*177*／（2）SNSの普及　*178*／（3）SNSリスクの
　　特徴　*179*／（4）SNSリスクにおける従業員個人の責任　*179*／（5）SNSリス
　　クにおける企業の責任　*181*
Chapter 6　ポイント②　情報の分類の留意点 …………………………*183*
　　1　情報の種類 ………………………………………………………………*183*

2 企業内機密情報とは ……………………………………………… *183*

3 個人情報とは ……………………………………………………… *184*

4 情報を分類する意義 ……………………………………………… *184*
（1）規制法令の分類　*184*／（2）情報の管理方法の峻別　*184*

5 情報の財産的価値 ………………………………………………… *184*
（1）教育関連企業による情報漏洩事件　*185*／（2）訴訟に発展した事例　*186*

Chapter 7 **ポイント③　情報管理に関する法規制の留意点** ……………… *187*

1 情報管理に関する法規制の分類 ………………………………… *187*

2 公法関係 …………………………………………………………… *188*
（1）個人情報保護法（個人情報の保護に関する法律）　*188*／（2）番号利用法
（行政手続における特定の個人を識別するための番号の利用等に関する法律）
189／（3）不正アクセス禁止法（不正アクセス行為の禁止等に関する法律）　*189*

3 私法関係 …………………………………………………………… *190*
（1）不正競争防止法　*190*／（2）民法　*191*

Chapter 8 **ポイント④　個人情報（社内情報）管理の留意点** ……………… *192*

1 個人情報（社内情報）の位置付け ……………………………… *192*

2 個人情報（社内情報）管理に関する相談例 …………………… *192*

3 相談例に関する対応 ……………………………………………… *193*
（1）相談例1　*193*／（2）相談例2　*193*／（3）相談例3　*194*／（4）相談例
4　*194*

4 個人情報（社内情報）管理の留意点 …………………………… *195*

Chapter 9 **ポイント⑤　個人情報（社内情報）管理の留意点** ……………… *196*

1 個人情報（社外情報）の位置付け ……………………………… *196*

2 個人情報（社外情報）管理に関する相談例 …………………… *196*

3 相談例に関する対応 ……………………………………………… *197*
（1）Ｘ社の責任　*197*／（2）取締役Ａの責任　*198*

4 個人情報（社外情報）管理の留意点 …………………………… *199*

Chapter 10 **ポイント⑥　企業内機密情報管理の留意点** …………………… *200*

1 企業内機密情報の位置付け ……………………………………… *200*

2 企業情報管理に関する相談例 …………………………………… *200*

3 相談例に関する対応 ……………………………………………… *201*
（1）Ａの責任　*201*／（2）Ｙ社の責任　*201*

4 企業情報管理の留意点 …………………………………………… *202*
（1）事実関係の調査　*202*／（2）さらなる情報流出の防止　*202*／（3）刑事告
訴の検討　*202*／（4）再発防止措置　*203*

Chapter 11 **ポイント⑦　情報漏洩時の初動対応の留意点** ………………… *204*

1 情報漏洩原因の分類 ……………………………………………… *204*

2 情報漏洩時の対応 ………………………………………………… *205*

目　次

（1）事業者内部における報告及び被害の拡大防止（図表4-12①②）　*206* ／
（2）事実関係の調査及び原因の究明（図表4-12③④）　*206* ／（3）影響範囲
の特定（図表4-12⑤）　*206* ／（4）再発防止策の検討及び実施（図表4-12⑥）
206 ／（5）影響を受ける可能性のある本人への連絡等（図表4-12⑦）　*206* ／
（6）事実関係及び再発防止策等の公表（図表4-12⑧）　*207*／（7）捜査機関へ
の対応（図表4-12⑨）　*207*

3　個人情報保護法上の安全管理措置 ································· 207
（1）組織的安全管理措置　*208* ／（2）人的安全管理措置　*209* ／（3）物理的
安全管理措置　*209* ／（4）技術的安全管理措置　*210*

4　番号利用法上の安全管理措置 ······························ 210
（1）基本方針　*212* ／（2）取扱規程等の策定　*212* ／（3）組織的安全管理措
置　*213* ／（4）人的安全管理措置　*213* ／（5）物理的安全管理措置　*214* ／
（6）技術的安全管理措置　*215*

5　営業秘密の管理（営業秘密管理指針） ····················· 215
（1）紙媒体　*216* ／（2）電子媒体　*217* ／（3）物件に営業秘密が化体している
場合　*217* ／（4）媒体なし　*218*

6　情報管理措置体制の構築手順 ····························· 218
（1）保護の対象とすべき情報の整理　*219* ／（2）管理方法の区別　*219* ／（3）
社内規程の整備　*220* ／（4）従業員の教育・研修　*220* ／（5）定期的なモニタ
リング　*220*

Part 5　労務管理 ···································· 223

Chapter 1　本章の目的 ································· 224

Chapter 2　労務管理の3つの特徴 ······················· 226
　1　使用者の視点：コンプライアンス・ガバナンスの土台 ············· 226
　2　労働者の視点：メンタルヘルス・モチベーションの土台 ········· 226
　3　紛争の視点：長期化・深刻化 ····························· 227

Chapter 3　労務管理に関する相談事例 ··················· 228
　1　相談事例 ··· 228
　2　想定されるポイント ································· 229

Chapter 4　7つのポイント ····························· 231

Chapter 5　ポイント①　労使紛争の解決方法選択の留意点 ············ 232
　1　労使紛争の解決方法 ································ 232
　2　裁判外手続 ······································· 233
（1）任意交渉　*233* ／（2）会社内機関の利用　*234* ／（3）労働組合の利用
234 ／（4）行政機関の利用　*235*
　3　裁判手続 ··· 235

（1）保全処分　236／（2）労働審判　236／（3）訴訟　237

Chapter 6　ポイント②　ハラスメントの留意点 ················238
1　パワーハラスメントの相談事例 ················238
2　セクシュアルハラスメントの相談事例 ················238
3　ハラスメント対応の7つのポイント ················239
（1）ポイント1：パワーハラスメントとは　240／（2）ポイント2：セクシュアルハラスメントとは　241／（3）ポイント3：パワハラ・セクハラの「違法」性の判断基準　244／（4）ポイント4：ハラスメントの責任類型　245／（5）ポイント5：ハラスメントに伴う企業のリスク　246／（6）ポイント6：ハラスメントトラブル発生時の企業の対応　247／（7）ポイント7：ハラスメントの予防策　249

Chapter 7　ポイント③　労働災害の留意点 ················250
1　労働災害とは ················250
2　相談事例 ················250
3　労働災害対応のポイント ················250
（1）労災事故が起きた場合の企業側の法的責任　250／（2）企業側の民事責任　251／（3）企業側の労災補償責任　251／（4）企業側の刑事責任　251／（5）企業側の行政責任　251
4　労働災害発生後の対応 ················252
（1）労災保険給付等の請求書の証明　252／（2）労働者死傷病報告の提出　252／（3）労災隠しの違法性　253

Chapter 8　ポイント④　残業代請求の留意点 ················254
1　残業代請求とは ················254
2　残業代請求の具体例 ················254
3　残業代請求対応の7つのポイント ················255
（1）ポイント1：回答期限の法的拘束力　255／（2）ポイント2：残業代請求の消滅時効　256／（3）ポイント3：基礎賃金の範囲　256／（4）ポイント4：実労働時間≠在席時間　257／（5）ポイント5：他の従業員に与える影響　258／（6）ポイント6：資料開示拒否のリスク　258／（7）ポイント7：労働者への要求事項　258
4　残業代請求をされた場合にとるべき初動対応 ················259
（1）安易に支払いに応じない・回答しない　259／（2）労働者に残業代請求の根拠の説明を求める　259／（3）他の従業員への影響を考える　259
5　残業代請求を予防するための留意点 ················260
（1）働き方改革関連法への意識　260／（2）労働時間の正確な把握　262／（3）労働者の生命・身体への配慮　263／（4）労働生産性の向上　263

Chapter 9　ポイント⑤　労働契約終了の留意点 ················264
1　労働契約の終了とは ················264
2　労働契約終了の相談事例 ················264

3　企業側が留意すべきポイント‥‥‥‥‥‥‥‥‥‥‥‥‥‥‥‥‥‥‥*265*
（1）ポイント1：回答期限に法的拘束力はない　*265*／（2）ポイント2：労働契約の終了の証拠をとる　*265*／（3）ポイント3：退職強要と指摘されるような言動は控える　*265*／（4）ポイント4：解雇は慎重に検討する　*265*／（5）ポイント5：懲戒解雇と普通解雇の区別　*266*

4　不当解雇・退職強要を主張された場合にとるべき初動対応‥‥‥‥‥*266*
（1）労働契約の終了理由の把握　*266*／（2）労働者側の要求事項の把握　*267*／（3）使用者側の対応方針の決定　*268*／（4）安易に支払いに応じない・回答しない　*269*／（5）他の従業員への影響　*269*／（6）解雇等が無効となった場合のリスクを考慮する　*269*

Chapter 10 ポイント⑥　労働組合・ユニオンの留意点‥‥‥‥‥‥‥*270*
1　労働組合とは‥‥‥‥‥‥‥‥‥‥‥‥‥‥‥‥‥‥‥‥‥‥‥‥‥‥*270*
2　合同労組・ユニオンとは‥‥‥‥‥‥‥‥‥‥‥‥‥‥‥‥‥‥‥‥*271*
3　不当労働行為の禁止‥‥‥‥‥‥‥‥‥‥‥‥‥‥‥‥‥‥‥‥‥‥*271*
4　団体交渉への基本姿勢‥‥‥‥‥‥‥‥‥‥‥‥‥‥‥‥‥‥‥‥‥*272*
5　団体交渉申入書が届いた場合の対応‥‥‥‥‥‥‥‥‥‥‥‥‥‥*272*
6　団体交渉の出席者‥‥‥‥‥‥‥‥‥‥‥‥‥‥‥‥‥‥‥‥‥‥‥*273*
7　団体交渉の日時・場所‥‥‥‥‥‥‥‥‥‥‥‥‥‥‥‥‥‥‥‥‥*273*
8　団体交渉の席上での対応‥‥‥‥‥‥‥‥‥‥‥‥‥‥‥‥‥‥‥‥*273*

Chapter 11 ポイント⑦　裁判手続の留意点‥‥‥‥‥‥‥‥‥‥‥‥‥*275*
1　裁判手続の種類‥‥‥‥‥‥‥‥‥‥‥‥‥‥‥‥‥‥‥‥‥‥‥‥*275*
2　保全処分の留意点‥‥‥‥‥‥‥‥‥‥‥‥‥‥‥‥‥‥‥‥‥‥‥*275*
3　労働審判の留意点‥‥‥‥‥‥‥‥‥‥‥‥‥‥‥‥‥‥‥‥‥‥‥*276*
（1）労働審判とは　*276*／（2）労働審判員とは　*277*／（3）労働審判が適当な事件とは　*277*／（4）労働審判を申し立てる裁判所（管轄）　*277*／（5）労働審判のスケジュール　*278*／（6）労働審判の審理　*278*／（7）労働審判の終了　*279*

4　訴訟の留意点‥‥‥‥‥‥‥‥‥‥‥‥‥‥‥‥‥‥‥‥‥‥‥‥‥*279*

Part 6　会社整理‥‥‥‥‥‥‥‥‥‥‥‥‥‥‥‥‥‥‥‥‥‥‥‥‥‥*281*
Chapter 1　本章の目的‥‥‥‥‥‥‥‥‥‥‥‥‥‥‥‥‥‥‥‥‥‥‥*282*
Chapter 2　会社整理の3つの特徴‥‥‥‥‥‥‥‥‥‥‥‥‥‥‥‥‥‥*283*
1　清算・再建・事業再編における複数の方法‥‥‥‥‥‥‥‥‥‥‥*283*
2　手続選択時期の重要性‥‥‥‥‥‥‥‥‥‥‥‥‥‥‥‥‥‥‥‥‥*283*
3　法人≠事業‥‥‥‥‥‥‥‥‥‥‥‥‥‥‥‥‥‥‥‥‥‥‥‥‥‥*284*
Chapter 3　会社整理に関する相談事例‥‥‥‥‥‥‥‥‥‥‥‥‥‥‥*285*
1　相談事例‥‥‥‥‥‥‥‥‥‥‥‥‥‥‥‥‥‥‥‥‥‥‥‥‥‥‥*285*

2 想定されるポイント ……………………………………………………………*286*

Chapter 4 7つのポイント……………………………………………………………*287*

Chapter 5 ポイント① 清算・再建・事業再編方法選択の留意点 ………*288*

1 手続の全体像 ……………………………………………………………………*288*

2 会社整理の3つの方法 ……………………………………………………………*288*

3 各手続の概要 ……………………………………………………………………*289*

（1）清算型　*289*／（2）再建型　*289*／（3）事業再編型　*290*

Chapter 6 ポイント② 各手続時期の留意点 ……………………………………*291*

1 各整理手続開始時期の重要性 …………………………………………………*291*

2 各整理手続開始を判断する目安 ………………………………………………*291*

3 清算型か再建型かを判断する目安 ……………………………………………*292*

（1）数か月の運転資金はあるか　*292*／（2）単月度での収支は黒字となっている
か　*292*／（3）取引先との関係を継続することはできるか　*293*／（4）事業に不
可欠な設備を維持することはできるか　*293*／（5）再建計画を立てることができ
るか　*293*

4 整理手続ごとの検討時期 ………………………………………………………*293*

（1）清算型　*293*／（2）再建型　*294*／（3）事業再編型　*294*

5 整理手続を検討する際に準備すべき事項 ……………………………………*294*

（1）履歴事項全部証明書（法人登記簿膳本）　*295*／（2）直近3決算期分の決
算報告書　*295*／（3）不動産登記簿膳本　*296*／（4）定款　*296*／（5）組織
図　*296*／（6）株主名簿　*296*／（7）事業所一覧　*297*／（8）債権者一覧表
297／（9）財産一覧表　*297*

Chapter 7 ポイント③ 私的整理の留意点 ………………………………………*298*

1 私的整理の概要 …………………………………………………………………*298*

2 私的整理のメリット ……………………………………………………………*298*

（1）事業価値の維持　*298*／（2）柔軟性　*299*

3 私的整理のデメリット …………………………………………………………*299*

（1）不透明性・不公平性　*299*／（2）債権者の承認の困難さ　*300*

Chapter 8 ポイント④ 清算手続の留意点 ………………………………………*301*

1 清算手続の概要 …………………………………………………………………*301*

2 清算人による清算事務 …………………………………………………………*301*

3 通常清算と特別清算の違い ……………………………………………………*302*

4 清算手続中にできること ………………………………………………………*302*

5 清算手続中にできないこと ……………………………………………………*302*

6 通常清算 …………………………………………………………………………*303*

（1）通常清算とは　*303*／（2）通常清算の対象　*303*／（3）通常清算手続の開
始原因　*303*／（4）清算会社の機関　*304*／（5）通常清算手続の流れ　*305*

7 特別清算 …………………………………………………………………………*306*

目　　次

（1）特別清算とは　306／（2）特別清算と破産手続の異同　306／（3）特別清算の対象　307／（4）特別清算の開始原因　307／（5）清算株式会社の機関　307／（6）特別清算手続の流れ　308／（7）特別清算手続の特徴　309

Chapter 9　ポイント⑤　破産手続の留意点 ……………………………………311
1　破産手続の概要…………………………………………………………311
2　破産手続の留意点………………………………………………………311
（1）管理処分権の喪失　312／（2）破産手続結了後の消滅　312／（3）債権額に応じた按分　312／（4）債権者への配当率　312／（5）優先的破産債権の存在　312／（6）別除権者の権利行使　312
3　管財事件の留意点………………………………………………………313
4　破産手続の流れ…………………………………………………………314
（1）破産手続開始申立て　314／（2）予納金の納付　314／（3）破産管財人の選任　315／（4）債権届出期間の決定　315／（5）債権者集会の期日の設定　315／（6）破産財団の換価・配当　315

Chapter 10　ポイント⑥　民事再生の留意点 …………………………………317
1　民事再生手続の概要……………………………………………………317
2　民事再生手続の特徴……………………………………………………317
3　再生計画の効力が生じるまでの流れ…………………………………319

Chapter 11　ポイント⑦　事業再編の留意点 …………………………………321
1　事業再編手続の概要……………………………………………………321
2　「買収」の概要…………………………………………………………322
3　「合併」の概要…………………………………………………………322
4　「会社分割」の概要……………………………………………………322
5　各事業再編手法のメリット・デメリット……………………………323

Part 7　M&A ………………………………………………………………………325

Chapter 1　本章の目的 ……………………………………………………………326
Chapter 2　M&Aの3つの特徴 …………………………………………………327
1　M&Aの多様性…………………………………………………………327
2　担当者に求められる能力の多様性……………………………………327
3　関係法令の多様性………………………………………………………327
Chapter 3　M&Aに関する相談事例 ……………………………………………329
1　相談事例…………………………………………………………………329
2　想定されるポイント……………………………………………………329
Chapter 4　7つのポイント ………………………………………………………331
Chapter 5　ポイント①　M&Aに関わる当事者の留意点 ……………………332
1　当事会社…………………………………………………………………333

2　外部アドバイザー ·· *333*

（1）フィナンシャル・アドバイザー　*333*／（2）弁護士　*334*／（3）公認会計士・
税理士　*335*

Chapter 6　ポイント②　M&A方法選択の留意点 ················ *337*

1　全体像 ··· *337*
2　各M&A方法のメリット・デメリット ···························· *337*
3　買収（株式取得） ··· *339*

（1）株式譲渡　*339*／（2）株式移転　*341*／（3）株式交換　*342*

4　買収（事業譲渡） ··· *343*
5　合併 ··· *344*
6　会社分割 ··· *346*

Chapter 7　ポイント③　M&Aプロセスの留意点 ··············· *348*

1　事前準備 ··· *348*

（1）対象会社の選定　*348*／（2）秘密保持契約の締結　*349*

2　基本合意書の作成・提出 ··· *350*
3　デューディリジェンス ··· *350*

（1）DDの概要及び目的　*350*／（2）DDのプロセス　*351*／（3）DDにおける
調査分野　*352*

4　最終契約書の作成 ··· *357*

（1）買収対象・取引価格　*357*／（2）クロージング　*358*／（3）前提条件　*358*
／（4）MAC／MAE条項　*360*／（5）表明保証　*360*／（6）誓約　*362*／（7）
補償　*363*／（8）解除　*364*／（9）準拠法　*365*／（10）裁判管轄　*365*／（11）
その他一般状況　*366*

5　クロージング　366

Chapter 8　ポイント④　M&A全般における法規制上の留意点 ········· *368*

1　会社法 ··· *368*
2　金融商品取引法 ··· *369*

（1）金商法上の開示規制　*369*／（2）インサイダー取引規制　*371*／（3）取引
所規則に基づく適時開示　*372*

3　独占禁止法 ··· *374*

（1）概要　*374*／（2）届出制度　*376*／（3）ガン・ジャンピング　*379*

4　外国為替及び外国貿易法 ··· *380*

（1）事前届出　*380*／（2）事後届出　*381*

5　労働法 ··· *381*
6　その他の法律 ··· *382*

Chapter 9　ポイント⑤　買収における法規制上の留意点 ············· *384*

1　全体像 ··· *384*
2　株式譲渡 ··· *384*

目　次

（1）相対取引　*384*／（2）公開買付け　*387*／（3）第三者割当て　*394*

3　株式移転……………………………………………………………*397*
（1）会社法上の手続　*397*／（2）金商法上の規制　*399*／（3）取引所規則に基づく開示規制　*399*／（4）独禁法上の規制　*399*／（5）労働法上の規制　*399*

4　株式交換……………………………………………………………*399*
（1）会社法上の手続　*399*／（2）金商法上の規制　*400*／（3）取引所規則に基づく開示規制　*401*／（4）独禁法上の規制　*401*／（5）労働法上の規制　*401*

5　事業譲渡……………………………………………………………*401*
（1）会社法上の手続　*401*／（2）金商法上の規制　*403*／（3）取引所規則上の規制　*403*／（4）独禁法上の規制　*403*／（5）労働法上の規制　*403*

Chapter 10 **ポイント⑥　合併における法規制上の留意点**……………*405*
　1　会社法上の手続………………………………………………*405*
　2　金商法上の規制………………………………………………*406*
　3　取引所規則上の規制…………………………………………*407*
　4　独禁法上の規制………………………………………………*407*
　5　労働法上の規制………………………………………………*408*
（1）労働契約の承継　*408*／（2）労働者への不利益　*408*／（3）承継労働者の選別　*408*／（4）労働条件の変更の可否　*408*

Chapter 11 **ポイント⑦　会社分割における法規制上の留意点**………*409*
　1　会社法上の手続………………………………………………*409*
　2　金商法上の規制………………………………………………*410*
　3　取引所規則上の規制…………………………………………*410*
　4　独禁法上の規制………………………………………………*411*
　5　労働法上の規制………………………………………………*411*
（1）労働契約の承継　*411*／（2）労働者への不利益　*412*／（3）労働条件の変更の可否　*412*

索引………………………………………………………………………*413*

ダウンロードサービスについて
本書の特典として、初動対応に備える書式が、下記のサイトよりダウンロードできます。

■ダウンロードサイトURL■
https://houmu.nagasesogo.com/format/

コンプライアンス

Part 1

Chapter

1 本章の目的

1　コンプライアンスの基本の理解
2　コンプライアンスリスクの理解
3　コンプライアンスリスクの初動対応の理解

　企業活動が多様化・複雑化し、グローバル化の進展とともに私たちの日常生活全般に行き渡る中、企業活動に伴う法律問題も多様化・複雑化を辿っています。

　近時では、CSR（Corporate　Social　Responsibility）（＝企業の社会的責任）という言葉とともに、コンプライアンスという言葉も、企業に求められる責任という意味合いで使用されることが多くなってきました。

　とはいえ、コンプライアンスとはよく聞くものの、具体的には何を守らなければならないのか、また何を犯してしまったらコンプライアンスに違反することになるのか、明確に理解することができずにいる企業も少なくありません。

　社会の高度化・複雑化に加え、インターネットの普及による情報化社会の進展によりコンプライアンスリスクもより複雑化・重大化している現状において、コンプライアンスリスク管理を誤ることは、企業の運営自体を左右しかねません。

　いまや、企業活動に伴う法律問題に係るコンプライアンスリスクマネジメントは、企業が円滑にビジネスを展開・発展させるために必要不可欠といえます。

　本章では、企業活動に伴う法律問題に係るコンプライアンスリスクマネジメントを、コンプライアンスの視点から捉え、企業活動の各場面におけるコンプライアンスリスクを整理するとともに、各コンプライアンスリスクの初動対応について解説していきます。

　もちろん、各コンプライアンスリスクは、対象となる企業の業種や関係法令によって多様化・複雑化している上、リスクの深刻度もケース・バイ・ケースといえます。

　本章は、各コンプライアンスリスクの全体像を提示し、法務担当者の皆様がコンプライアンスリスクに向かい合う際の初動対応の参考となることを目的としています。本章が皆様の一助となれば幸いです。

Chapter 2

コンプライアンスの3つの特徴

1　発生原因やその影響は時代の変化とともに多面化する
2　コンプライアンスリスクの予防は組織全体で取り組むべきである
3　コンプライアンスリスクは初動対応が重要

1　発生原因やその影響は時代の変化とともに多面化する

　コンプライアンスは、単なる法令遵守にとどまらず、法令を超えた社会規範や社会道徳、ステークホルダーの利益や要請に適うことまでも求められる概念と解釈されています。

　コンプライアンスリスクは、法令違反の場合だけでなく、社会規範や社会道徳、社内規範に違反した場合などにも発生することになります。

　また、社会の高度化・複雑化に加え、インターネットの普及による情報化社会の進展によって、そのリスクはより複雑化・重大化しているといえます。加えて、これらの社会情勢の変化に伴い、規制法令自体が厳格化することも少なくありません。

　コンプライアンスリスクは、規制根拠が複雑化している上、法的責任（民事責任・行政責任・刑事責任）に限らず、社会的責任にまで発展するようになってきています。

　このように、コンプライアンスリスクは、その発生原因だけでなく、その影響も時代の変化とともに多面化するという特徴が挙げられます。

2　コンプライアンスリスクの予防は組織全体で取り組むべきである

　コンプライアンスリスクの発生原因やその影響が多面化してきていることから、その予防も多面的な視点から取り組むことが求められます。

　多くのコンプライアンスリスク発生事例では、その原因と再発防止策を検討す

ると、①ガバナンス面、②マネジメント面、③プロセス面、の３つに改善を試みる必要があると整理することができます。こうした３つの視点でコンプライアンスリスクの再発防止策を講じるためには、企業の法務部など、一部門のみで対策を講じれば足りず、組織全体で改善に取り組む必要があります。

このように、コンプライアンスリスクの予防策を講じるためには、一部門の取り組みではなく、組織全体での取り組みが必要であるという特徴が挙げられます。

3　コンプライアンスリスクは初動対応が重要

コンプライアンスリスクが発生した場合、適切な事後対応を行うことがそのリスクの影響を最小化するためには重要です。

もっとも、コンプライアンスリスクが発生した際に、適切な手順を踏まずに拙速な対応をすると、かえってコンプライアンスリスクの影響を拡大することにもなりかねません。企業内で不祥事が発生した際に、経営層が正確な事実関係や発生原因も把握せずに記者会見を行った結果、かえって経営層の不見識が露呈し、企業の印象を上げるどころか、より厳しい非難に晒されてしまうということも少なくありません。

コンプライアンスリスクが発生した際には、いかに適切な初動対応をとることができるかが、その後の企業の動向を左右する重要な要素なのです。

Chapter 3 コンプライアンスに関する相談事例

1 相談事例

> X銀行の銀行員Aは、勤続20年の職場内でも評価も高い社員だった。
> ところが、Aが古くから取引のある顧客Bの預金3000万円を不正に引き出して使用していたことが発覚した。
> X銀行は、Aに対する処遇に加え、Bへの謝罪と補償を検討するとともに、コンプライアンス管理上の問題を真摯に捉え、再発防止策を検討している。

2 想定されるポイント

図表1-1 相談事例の想定ポイント

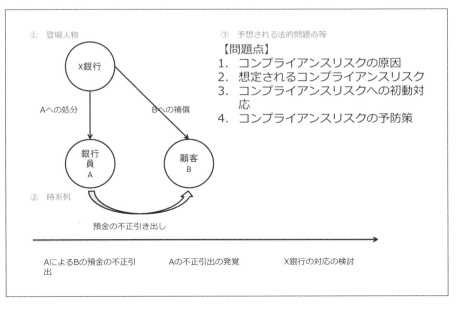

上記相談事例では、X銀行の銀行員Aが、顧客Bの預金を不正に引き出すという不祥事を起こしたことをきっかけに、Aに対する処遇や、Bへの補償等の対応を検討することになります（図表1‐1）。

　Aが起こした不祥事は、業務上横領罪（刑法253条）にも該当する違法行為であり、X銀行としては、Aに対する毅然とした処分が求められます。

　一方で、X銀行は、顧客からの金員を預かる金融機関として社会的信用もある立場にあるといえます。そこで、X銀行としては、Bへの謝罪と補償だけで十分に社会的責任を果たしたといえるのかを検討する必要があります。

　さらに、今回勤続20年ものベテランの銀行員Aが不祥事を起こしたことに対し、X銀行は再発防止策を講じなくてはなりません。そこで、またどのような再発防止策をどのような手順で取り組むべきかということも検討する必要があります。

　コンプライアンスリスクは企業における不祥事をきっかけに表面化しますが、多くの不祥事は突如として発生するのではなく、そのような不祥事が発生する原因が以前から存在していることが少なくありません。

　そのため、再発防止策を検討する上では、表面化したコンプライアンスリスクの原因を的確に把握することが非常に重要となります。

Chapter 4 コンプライアンスリスク管理の7つのポイント

図表1-2　コンプライアンスリスク管理の7つのポイント

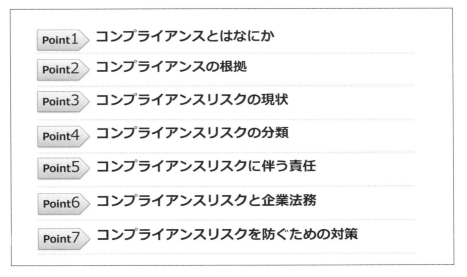

　本章の目的は、コンプライアンスリスク管理を実現するための手引となることにあります。そこで、皆様が適切なコンプライアンスリスク管理を実現するためのポイントを図表1-2のように7つに整理しました。
　それでは、それぞれのポイントについて見ていきましょう。

Chapter 5　ポイント①　コンプライアンスとは何か

1　コンプライアンスとは：コンプライアンスリスクと法務リスクの関係

図表1-3　コンプライアンスとは

コンプライアンス＝法令等遵守

「法令」に限られない

単なる法令遵守にとどまらず、法令を超えた社会規範や社会道徳、ステークホルダーの利益や要請に適うことまでも求められる

コンプライアンスリスクは法務リスクに限られない

　以前、大手教育関連企業が大量の個人情報を流出したり、日本を代表する企業の不適切会計処理を犯してしまったことがマスメディアを賑わせたことがありました。

　このような大企業による不祥事は、多くの方にとってもご記憶に新しいことと思います。このような不祥事は、コンプライアンス違反が問題となる事例といえます。

　まずは、そもそもコンプライアンスとは何を指すのかを整理しておく必要があります。

　コンプライアンスとは、図表1-3に示したように「法令遵守」と和訳されることがあり、法令（法律）を守ることが求められる、と捉えられることがありま

Part 1
コンプライアンス

す。

　コンプライアンスは、法令を遵守することも求められる以上、この和訳も誤りではありませんが、現在は、コンプライアンスの定義はより広義の意味で解釈されています。

　具体的には、コンプライアンスとは、<u>法令等遵守</u>と定義されています。

　コンプライアンスとは、単なる法令遵守にとどまらず、法令を超えた社会規範や社会道徳、ステークホルダーの利益や要請に適うことまでも求められる概念と解釈されています。

　企業が起こした不祥事は、法令違反にとどまらず、社会規範や社会道徳に反していたり、企業の利害関係者の要請に適っていないと捉えられたりすると、深刻なコンプライアンスリスクとして顕在化することになります。

　後述するように、ハラスメント問題などでは、法的に捉えた場合にはハラスメント加害者とハラスメント被害者の間の問題でしかないはずが、マスコミにおいて連日のように報道されたり、記者会見の設定を求められたりした上、企業のレピュテーションリスクにも晒されることになります。

　このように、コンプライアンスリスクを、単なる法令遵守の問題として捉えていると、不祥事が発生した際の対応を誤ったり、不祥事の発生を防止するための対策の講じ方を誤ったりするおそれがあります（図表1‐4）。

図表1-4　コンプライアンスリスクと法務リスクの関係

法務リスクとコンプライアンスリスクは重なり合うが法務リスク＝コンプライアンスリスクではない

法務リスクだけを考慮することでは足りない

2　過去の不祥事事例

　ここで、日本において発生した企業不祥事事例の一部を紹介しましょう。

　これらは、いずれも法令遵守に違反するばかりか、企業としての社会的責任を果たしていないとして、世論からも厳しく批判された事例です。

　いずれの事例においても、コンプライアンスリスクが発生した際の対応を誤った結果、より厳しい非難を受け、コンプライアンスリスクが拡大したとみることができます。

（1）不正会計の事例

ア　大手化粧品メーカーの粉飾決算

　　2005年、大手化粧品メーカーで2000億円超の粉飾が発覚し、上場廃止の処分を受ける事件が発生しました。同社は業績不振が続き債務超過となっていたことから、架空の売上計上や経費計上の不正、棚卸資産の操作をはじめ、赤字を子会社に移して連結決算を操作し、経営状況をよく見せる

といった粉飾を約5年間にわたって繰り返していました。

その後、経営陣が会計士と謀り、長期間不正な会計を行ってきたと判断され、経営陣や、監査を行っていた公認会計士に有罪判決が下されています。

イ　大手電機メーカーの不正会計

2015年、大手電機メーカーの不適切な会計が明るみになり、経営陣が引責辞任する事件が発生しました。

本件において、同社は約7年間にわたって2000億円以上の利益を不正に計上していたとして、金融商品取引法違反により約70億円を超える課徴金が命じられました。

（2）製品偽装の事例

ア　食品の使い回し

2007年、高級料亭が賞味期限切れ食品を販売していたことが発覚しました。さらには食べ残しを使い回していたことも発覚し、企業としての信用を失墜した挙げ句、廃業を余儀なくされました。

イ　品質検査データの改ざん

2017年、大手鉄鋼メーカーにおいて、公的規格又は顧客仕様を満たさない製品等（不適合製品）につき、検査結果の改ざん又はねつ造等を行い、基準を満たすかのようにして顧客に出荷又は提供する行為が行われていたことが発覚しました。

（3）労務管理における不祥事事例

ア　過労死

2015年に大手広告会社に入社した社員が、同年12月に過労死自殺をするという事件が発生しました。

本件は社会的にも注目を集め、労働基準監督署による強制捜査も行われた上、同社に対する労働基準法違反による罰金刑も言い渡されています。

イ　パワーハラスメント

2018年、市役所の元部長が、女性職員の顔に殺虫剤を噴霧するなどしたほか、部下数名にパワハラやセクハラ行為を繰り返していたため、停職

6か月の懲戒処分に付されたという事件が発生しました。同部長はその後依願退職をしています。

（4）情報管理に関する不祥事事例

ア　個人情報の不正持出し

2014年、大手教育関連会社から約3000万件の個人情報が流出するという事件が発生しました。

同社は会員情報の管理をグループ会社に委託していましたが、顧客データベースの開発・保守に当たっていた下請の派遣社員がデータを不正に持ち出し、売却したというものでした。

同社は会員への対応や補償、調査などで200億円超の損失を計上しただけでなく、本件で信用を失墜し、会員数の減少にも見舞われることになりました。

イ　サイバー攻撃による流出

2015年、日本年金機構から約120万件の年金情報が流出するという事件が発生しました。

同機構の職員がウイルスが仕込まれたメールを開いたことで、ファイル共有サーバーに不正アクセスが実行されたとのことです。

Chapter 6 ポイント② コンプライアンスの根拠

1 コンプライアンスの3つの根拠

そもそも、コンプライアンスが求められる根拠はどこにあるかということを考えると、①法規範、②社内規範、③倫理規範の3つに整理することができます。

したがって、コンプライアンスに抵触するかどうかを検討する場合には、この3つの規範を意識することが求められます。

2 コンプライアンスの3つの根拠の関係性

図表1-5 コンプライアンスの範囲

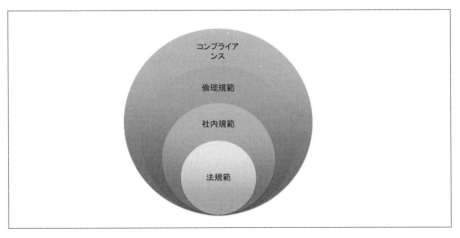

このように、コンプライアンスの根拠は、法規範・社内規範・倫理規範にあるところ、一般的には法規範 → 社内規範 → 倫理規範 といくに従って規制の範囲は抽象的かつ広範となります（図表1-5）。

コンプライアンスリスクを検討する際には、法令さえ遵守していれば足りるものではないということがイメージできるかと思います。

Chapter 7 ポイント③ コンプライアンスリスクの現状

図表1-6　コンプライアンスリスクの現状

1．高度情報化社会（ＩＴ・ＳＮＳの普及）

2．ＣＳＲ（企業の社会的責任）の重視

3．業績拡大・短期的利益の優先

4．法律解釈の変遷

↓

企業に求められる要求は年々<u>増加</u>するとともに、
コンプライアンスリスクも<u>増加</u>している

　冒頭でも述べたように、昨今では大企業であっても不祥事を起こしてしまい、コンプライアンス違反が叫ばれることが珍しくありません。このように、コンプライアンスが注目されるようになった背景には、図表1-6のように以下の4つの事情があると考えられます。

---

①　CSR（企業の社会的責任）の重視
②　業績拡大・短期的利益の優先
③　企業人の意識の閉鎖性
④　法律解釈の変遷

Part 1
コンプライアンス

1　CSR（企業の社会的責任）の重視

　コンプライアンスが企業に求められるようになった背景の1つとして、CSRが重視されるようになってきたことが挙げられます。

　企業は、利益を追求することが求められる組織的集団ですが、一企業の有する社会的影響力が増大することにともなって、企業に求められる社会的な責任も重視されるようになってきています。

　たとえば、メーカー等が商品の製造過程において、違法な労働実態を放置していたり、海外において児童労働を行ったりしている場合には、企業の人権軽視の姿勢が咎められることも起こりえます。

　このように、企業の社会的責任を求める意識の高まりの中で、企業に対するコンプライアンスの要求も高まってきているといえます。

2　業績拡大・短期的利益の優先

　一方で、やはり企業は事業活動を通じて業績を拡大するとともに、利益を追求することが求められます。

　近時では、会社は株主のものであるという主張も強くなり、ともすれば短期的利益を優先することが求められることもあります。

　ときには無理な業績拡大や短期的利益の追求の要求に応えるために、十分な検証もされないままに事業活動が展開され、コンプライアンスリスクを犯してしまうということも起こりえます。

3　企業人の意識の閉鎖性

　コンプライアンスリスクは、一企業独自の風土のもとで起きてしまうことが珍しくありません。社会的・道徳的にみれば問題がある行為ではと思ってはいても、企業にとって利益が上がるのであればよいのではないか、さらには当該部署にとってメリットがあるのであればよいのではないかといった閉鎖的な意識によって問題のある事業活動が展開されてしまい、コンプライアンスリスクを犯して

しまうということが起こりえます。

4 法律解釈の変遷

さらに、社会の高度化・複雑化に伴い、法律解釈も変遷を重ねています。たとえば、個人情報保護法なども近時さらなる改正が予定されており、個人情報を管理しなければならない対象企業の範囲も大幅に拡大しています。法律解釈の変遷や法改正を意識していないと、従来コンプライアンスに抵触していない行為が時代の流れとともにコンプライアンスに抵触する行為となってしまい、気付かぬうちにコンプライアンスリスクを犯すことになってしまうということもありうるのです。

5 小括

図表1-7　コンプライアンスリスクの現状

1. コンプライアンスは人によって起きる

2. コンプライアンスは企業だけの問題ではない

3. コンプライアンスリスクは、企業のみならず従業員自身の問題にも直結する

コンプライアンスリスクの現状を概観すれば、企業に求められる要求は年々増大するとともに、コンプライアンスリスクの影響はより増大しているといえます（図表1-6）。

コンプライアンスリスクを軽視することは、安定的・持続的運営を志す企業が決して取るべき姿勢ではないといえます。

そして、コンプライアンスリスクは、企業だけの問題ではなく、社員自身の問題でもあることを決して忘れてはなりません（図表1-7）。

コンプライアンスリスクは、「人」によって起きる問題であり、「企業」だけの問

Part 1
コンプライアンス

題ではありません。

　そして、コンプライアンスリスクは、「企業」のみならず「従業員」自身の問題にも直結します。

　ひとたびコンプライアンスリスクが発生した場合、企業が法的責任・社会的責任を問われることはもちろんですが、コンプライアンスリスクを犯した従業員自身も、個人としての法的責任・社会的責任を問われることになります。

　したがって、従業員各自が、コンプライアンスリスクは会社のことである、他人事であると捉えるのではなく、自分自身の問題であると捉えるという意識改革をすることが求められます。

ポイント④　コンプライアンスリスクの分類

　前記のとおり、コンプライアンスは、法規範・社内規範・倫理規範の3つが根拠といえます。

　したがって、コンプライアンスリスクは、この3つの根拠にならい、①法規範違反、②社内規範違反、③倫理規範違反、の3つに分類することができます。

　①法規範違反、②社内規範違反、③倫理規範違反を具体的に挙げれば、以下のように整理することができます。

1　法規範違反
行政で決められた法律や条例など、法としての拘束力のある規則への違反
例）民法・会社法・刑法・労働基準法　…

2　社内規範違反
社内で決められたルールや業務マニュアルなどの規則への違反
例）就業規則・社内規程　…

3　倫理規範違反
職務上守るべき企業倫理・道徳規範への違反
例）倫理綱領・コンプライアンスマニュアル…

Chapter 9 ポイント⑤ コンプライアンスリスクに伴う責任

1 コンプライアンスリスクに伴う法人の責任

図表1-8 コンプライアンスリスクに伴う法人の責任

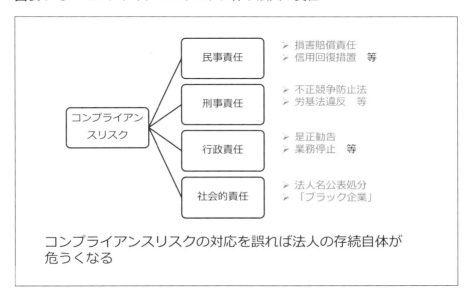

コンプライアンスリスクが生じた場合、法人に問われる責任は、図表1-8にも示すように大きく次の4つに分類することができます。

(1) 民事責任

民事責任とは、金銭的な賠償（損害賠償責任や債務不履行責任）のほか、名誉毀損行為に対する謝罪広告の掲載など、信用回復措置をとることが典型的なものとなります。

取引額が高額なケースや被害が甚大なケースでは、賠償すべき額も高額となるため、一つの不祥事で企業の存続自体が左右されることも起こりえます。

（2）刑事責任

　企業であっても、他社の営業秘密を不正に入手した場合には不正競争防止法違反が問題となります。また、従業員に対する労務管理に問題があり、従業員に対する賃金が未払いであったり、過労死事件が発生したりした場合には、悪質な労基法違反事例として刑事責任を問われる場合も起こりえます。

（3）行政責任

　企業活動は、業種ごとにさまざまな行政規制の対象となっています。企業活動が行政規制に抵触した場合には、是正勧告や、悪質な違反事例の場合には業務停止処分などの行政責任を問われることも起こりえます。

（4）社会的責任

　既に述べたとおり、企業はCSRを問われる時代となっています。悪質な違反行為を行った場合には、規制当局から企業名の公表措置をとられるほか、SNSなどで一般人によって企業名や違反事例の概要をインターネット上に拡散されることも起こりえます（いわゆる「ブラック企業」と揶揄される可能性もあります）。

Part 1
コンプライアンス

2 コンプライアンスリスクに伴う個人の責任

図表1-9 コンプライアンスリスクに伴う従業員個人の責任

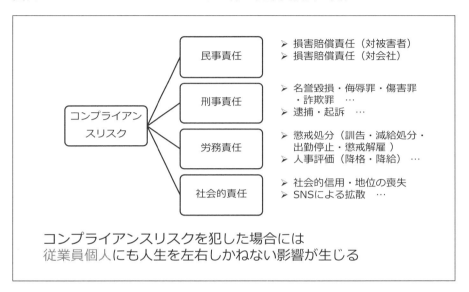

　企業だけでなく、個人であっても、不祥事に関与した場合にはコンプライアンスリスクに晒されることになります。

　コンプライアンスリスクが生じた場合、個人に問われる責任は、図表1-9にも示すように、大きく次の4つに分類されます。

(1) 民事責任

　民事責任は、個人であっても企業の場合と同様に発生します。

　なお、業務上に起こした不祥事（業務上横領等）である場合には、企業に対しても損害賠償責任を負うことがあります。

(2) 刑事責任

　個人が私生活において窃盗や傷害、盗撮などを働いた場合には、当然に刑事責任を問われることになります。

また、個人が業務に伴い、行き過ぎたパワーハラスメントや、セクシャルハラスメントをした場合、傷害罪や強制わいせつ罪などに問われることもあります。

（3）労務責任

企業と異なり、個人は勤務先企業との間で雇用契約を締結していることから、企業の設定する労務管理（就業規則や社内規程等）に服することになります。個人が企業の就業規則や社内規程等で定める労務管理に違反した場合には、懲戒処分や人事評価での消極的評価対象とされることになります。

（4）社会的責任

企業同様、悪質なコンプライアンスリスクを犯した場合には、個人も氏名等を公表され、社会的信用や地位を失うおそれがあります。

また、個人の氏名等が公表されると、インターネット上で拡散されることも起こりえます。

Chapter 10 ポイント⑥ コンプライアンスリスクと企業法務

　このように、コンプライアンスリスクが発生した場合には、企業及び個人、いずれの立場においてもさまざまな責任を問われることになります。

　コンプライアンスリスクを適切に管理するためにも、企業法務に求められる役割は拡大しているということができます。

1 企業法務とは

　企業法務とは、企業活動に関する法律事務を指します。

　企業の活動領域が私たちの生活全般に行き渡り、また、急速なグローバル化が進む現代社会において、企業活動は私たちの日々の生活に大きな影響を与えています。

　企業活動の拡大に伴い、企業活動に伴う法律問題もまた日々拡大しており、その法律相談のニーズは実に多種多様です。顧客・業者等の外部取引先との日本語・英語での契約交渉及び締結、国内外のグループ会社管理等、新商品・新スキームの検討及びそれに伴う新たなコンプライアンスリスクの有無のチェック、顧客・取引先等とのトラブル・クレーム・訴訟等への対応等々…具体的な法律相談のニーズを挙げれば際限がありません。

　このような多種多様な法律相談のニーズに応えることが、弁護士や法務担当者の役割であり使命であるといえます。そして、弁護士や法務担当者が企業法務において果たすべき役割とは、究極的には、これら日々の企業活動に伴い不可避的に発生するコンプライアンスリスクのコントロール（以下「コンプライアンスリスクマネジメント」といいます）こそにある、といえます。

2　コンプライアンスリスクマネジメントとは

図表1-10　コンプライアンスリスクとは

---

1. 法令リスク
> 　自社の取引や契約が法令に違反するリスク

2. 当局リスク
> 　規制当局から行政処分等を受けるリスク

3. 契約リスク
> 　契約交渉過程で生じるリスク

4. 訴訟リスク
> 　取引先から訴えられるリスク

5. 敗訴リスク
> 　自社が敗訴ないし不利を強いられるリスク

6. レピュテーショナルリスク
> 　自社のレピュテーション（名声）を毀損するリスク

　それでは、私たちがコントロールすべき「コンプライアンスリスク」とは、具体的にはどのようなリスクなのでしょうか（図表1-10）。

　典型的なコンプライアンスリスクとしては、①自社の取引や契約が法令に違反するリスクが挙げられます（以下「法令リスク」といいます）。そして、法令リスクには、単に契約等が無効になるといった私法上の効力が否定されるにとどまらず、②規制当局から課徴金納付命令が下されたり業務停止命令が下される等の重大な不利益をもたらす行政処分等を受けるおそれ（以下「当局リスク」といいます）もあります。

　かかる法令リスク・当局リスク以外にも、たとえば、③不用意な交渉に伴う契約締結上の過失に基づく責任や、交渉過程における秘密漏洩のおそれ、最終契約締結にまで至らないおそれなど、契約交渉過程で生じるリスク（以下「契約リスク」といいます）や、④当該取引先から訴えられるリスクが挙げられます（以下「訴訟リスク」といいます）。また、訴訟リスクのうち、裁判所が自社の解釈と異なる判断を下すことにより、⑤自社が敗訴ないし不利を強いられるリスク（以下「敗訴リスク」といいます）もコンプライアンスリスクの一つに含めることができ

Part 1
コンプライアンス

ます。

　さらに、たとえば世間の耳目を集める事件において自社が訴えられた場合、⑥自社のレピュテーション（名声）に重大な影響をもたらすおそれ（以下「レピュテーショナルリスク」といいます）もコンプライアンスリスクに含めることが可能でしょう。

　これら①法令リスク、②当局リスク、③契約リスク、④訴訟リスク、⑤敗訴リスク、⑥レピュテーショナルリスクを総括すると、コンプライアンスリスクとは、一般に、「法令や契約等に反すること、不適切な契約を締結すること、その他の法的原因により有形無形の損失を被るリスク」のことをいい、企業活動に伴い不可避的に生じるオペレーショナルリスクの1つといえます。

　そして、これらコンプライアンスリスクは、そのリスクに伴う不利益の程度・コントロールの可能性等に応じて、「取ってはいけないコンプライアンスリスク」と、「取った上でコントロールするコンプライアンスリスク」の2つに分類することができます（図表1-11）。

図表1-11　コンプライアンスリスクの分類

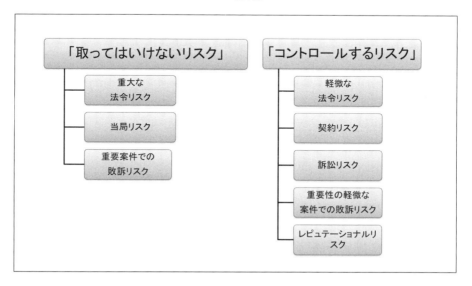

（1）取ってはいけないコンプライアンスリスク

　「取ってはいけないコンプライアンスリスク」とは、<u>当該コンプライアンスリスクが現実化した場合に、企業活動に容易に回復しがたい重大なダメージをもたらすおそれのあるコンプライアンスリスク</u>をいいます。

　具体的には、刑事罰を伴うような重大な法令リスクや、企業活動を停止させるような行政処分を伴う当局リスク、大規模訴訟等の重要案件に係る敗訴リスク等がこれに該当します。

　たとえば、証券会社の役職員が、大口取引先等の一部の投資家にだけ利益を得させる目的で重要事実を故意に伝達し、インサイダー取引規制に違反した場合、他の一般投資家等に対して民事責任を負うにとどまらず、課徴金納付命令や業務停止処分等の重大な不利益をもたらす行政処分や、刑事罰を科されるおそれがあり、当該証券会社は致命的なダメージを被る可能性があります。

　かかる企業にとって致命的なダメージを及ぼすおそれのある「取ってはいけないコンプライアンスリスク」については、早期かつ未然に防止するとともに、万が一顕在化した場合にはリスクが拡大しないよう全力で対処する必要があります。

（2）取った上でコントロールするコンプライアンスリスク

　これに対して、「取った上でコントロールするコンプライアンスリスク」とは、<u>当該コンプライアンスリスクを負担したとしても、その現実化又は影響を一定程度コントロールしうるコンプライアンスリスク</u>をいいます。

　具体的には、私法上の効力が否定されるにとどまるような軽微な法令リスク、契約リスク、訴訟リスク、重要性の低い案件に係る敗訴リスク、及びレピュテーショナルリスクがこれに該当します。

　たとえば、契約リスクについては、相手方との力関係等に鑑みて、契約書上、自社のみが一方的に守秘義務を負担せざるを得ない場合がありますが、その場合であっても守秘義務の対象となる「秘密情報」の範囲を限定すること等によってその影響を相当程度限定することは可能です。また、訴訟リスクについては、訴え提起自体は第三者の意思にかかるためコントロールできないものの、訴訟提起された場合に早期に和解で解決すること等によって、その影響をコントロールす

ることは可能です。

このように、「取った上でコントロールするコンプライアンスリスク」については、当該リスク自体を必ず回避しなければならないというものではなく、むしろ場合によっては積極的にリスクを取った上で、その影響を軽減すべくコントロールすることが求められるものということができます。

3 企業法務の役割

図表1-12　コンプライアンスリスクマネジメント

臨床法務
➢ 法的リスクが現実化した際に、損失や悪影響を抑えるための法的対応

予防法務
➢ 具体的なトラブルや損失が発生する前に法的リスクに対して必要な手当を講じること

戦略法務
➢ 法務知識を意図的に営業推進等に活用していく積極的な法務対応

契約＝臨床法務・予防法務・戦略法務の要

このように、一口に「コンプライアンスリスク」といっても、「取ってはいけないコンプライアンスリスク」か、それとも「取った上でコントロールするコンプライアンスリスク」かによって、求められる対応が異なるといえます。

したがって、企業法務において担うコンプライアンスリスクマネジメントとは、コンプライアンスリスクの所在・規模・性質を適時かつ正確に特定・評価・モニタリングすることにより、「取ってはいけないコンプライアンスリスク」と「取った上でコントロールするコンプライアンスリスク」とに峻別し、当該リスクの種類に応じて適切に対応・管理すること、ということができます。

そして、コンプライアンスリスクマネジメントは、大きく①「戦略法務」、②「予防法務」、③「臨床法務」の３つの見地から分類することができます（図表１-12）。これらはそれぞれ独立した場面で問題になるものの、相互に関連し、影響し合う関係にあります。

（1）臨床法務：紛争解決（発病後の医師への相談・手術）

　「臨床法務」とは、コンプライアンスリスクが現実化した際に、損失や悪影響を抑えるための法的対応をいいます。

　病気になった後での医師への相談や手術のようなものであり、たとえば、取引先との契約書の履行・解釈をめぐってトラブルが生じた場合における対応への相談や、競合他社との訴訟や取引先倒産時における相談等が挙げられます。

（2）予防法務：紛争予防（医師への健康相談・早期検診）

　「予防法務」とは、具体的なトラブルや損失が発生する前にコンプライアンスリスクに対して必要な手当を講じることをいいます。

　医師への健康相談や早期検診のようなものであり、法務担当者による契約書審査も予防法務の一つといえますし、法務担当者に限らず、社員の法務知識の向上・リーガルマインドの向上も重要な予防法務の一つです。

（3）戦略法務：経営戦略（スポーツ医学）

　「戦略法務」とは、法務知識を意図的に営業推進等に活用していく積極的な法務対応をいいます。具体的には、法令を遵守しつつ、その範囲で最大限自社に有利な新商品・新スキームを開発したり、既存の商品にはない、顧客にとってもメリットのある提案活動を行うことをいいます。いうなれば、スポーツ医学のようなものであり、戦略法務の観点からは、契約書の交渉・締結においても、自社に有利な条項を積極的に盛り込むことが求められます。

Part 1
コンプライアンス

4 企業法務における法務担当者と外部弁護士の役割

　近時、弁護士資格を有する企業内弁護士、いわゆるインハウスローヤーも急増しており、インハウスローヤーを包摂する法務担当者と外部弁護士の相違を、弁護士資格の有無だけで説明することは困難といえます。

　もっとも、インハウスローヤーが増加した現在においても、案件の性質等に応じて、法務担当者限りでコンプライアンスリスクをすべて解決することが困難なケースがあることは否定できません。むしろ、法務担当者が企業活動に伴うコンプライアンスリスクを洗い出す過程で、外部弁護士に依頼すべき新たなニーズを創出している側面があることは否定できません。

　そこで、いかなる場合に外部弁護士を利用すべきかを検討する前提として、そもそも法務担当者と外部弁護士の役割、特徴等を整理してみることとします（図表1-13）。

図表1-13　法務担当者と外部弁護士の役割

	法務担当者	外部弁護士
企業に とって の役割	・ まず相談する先 　・ 案件次第では外部弁護士の利用自体不要 ・ 外部弁護士利用の際のリエゾン役	・ 個別案件ごとの依頼で業務を遂行 ・ 案件の重要性等に応じて利用
法的アドバイスの性質等	・ 企業に専属し、日常的な社内法律問題に常時対応 ・ 企業の経営戦略、組織・業務、社内事情を踏まえた法的アドバイス 　➤ 反面、中立性の確保が困難な場合も ・ 一定の専門性は有するものの、専門分野への特化は限定的 ・ 人数は限定的 　➤ リソース提供には一定の限界	・ 社内事情に関係なく、中立的で独立した助言を提供 ・ 分野ごとに高度な専門知識（専門分野を持つ弁護士が多い） ・ 大規模な案件（大型M&A、訴訟等）に対するリソースの迅速な提供 ・ 他社事例等に基づく知識・経験を提供
特徴	・ 外部弁護士に対するチェック機能（アドバイスの内容やリーガルオピニオンのチェック） ・ 外部弁護士との連携・マネジメント、適切な外部弁護士の選定、適切な報酬に向けた交渉	・ 適切な弁護士／法律事務所の選定が必要 ・ 弁護士費用は高額であり、効率的な利用が重要 　➤ 企業の競争力を左右

（1）企業法務における法務担当者の役割：企業の「かかりつけの医者」

ア　企業にとっての役割

　　法務担当者は、企業の経営戦略や社内事情に精通している会社の内部組織の１つであることから、企業活動に伴うコンプライアンスリスクが生じた場合、社内の営業部門や企画部門等がまず相談する先が法務担当者となります。つまり、法務担当者は、いわば企業にとって「**かかりつけの医者**」といえます。秘密保持契約の締結や取締役会資料のレビュー等、日常的な法律問題であれば、通常、外部弁護士に依頼するまでもなく、法務担当者限りで処理・解決が可能です。

　　また、案件の重要性や専門性等に応じて、外部弁護士を利用することが必須の場合もありえますが、その場合、法務担当者には外部弁護士との連携やマネジメント等、リエゾンの役割を果たすことが求められます。

イ　法的アドバイスの性質等

　　法務担当者は、企業に専属し、当該企業の活動に伴う日常的な法律問題に常時対応しています。また、企業の経営方針や経営戦略、組織体制や各部署の業務内容、社内キーパーソンも熟知しており、社内事情に精通していることから、コンプライアンスリスクを評価・判断するにあたり、社内事情を踏まえたビジネスジャッジの必要性に配慮しやすい立場にあるといえます。したがって、法務担当者は、外部弁護士以上に経営陣に近い距離から法的アドバイスを提供することが可能であり、また、そのような役割を求められるものといえます。

　　もっとも、経営陣のビジネスジャッジに寄り添った法的アドバイスの提供を求められるということは、同時に外部弁護士に比べてそのコンプライアンスリスク評価・判断の中立性の確保が困難であるという側面があることは否定できません。

　　また、法務担当者は企業に専属し、日常的な法律問題に精通していることの裏返しとして、当該企業の取り扱う業務分野に係る日常的な法規制等には一定の専門性を有するものの、<u>より深い専門知識を要する領域への特化は限定的である</u>とともに、<u>企業の取り扱う業務以外の分野に関する専門知識はどうしても不足しがち</u>な傾向があります。

さらに、インハウスローヤーは増加傾向にあるとはいえ、基本的に法務担当者は社内の法務部が中心であり、100名超の弁護士を擁する大手法律事務所等に比べると、その人数は限定的です。そのため、限られたスケジュールで大量の弁護士を導入する必要のあるM&A案件や、国際カルテル案件等の不祥事・危機管理案件等については、法務担当者限りで対応することは困難といえます。

ウ　その他の特徴

　　法務担当者には、自ら法的アドバイスを提供するだけでなく、案件に応じて適切な外部弁護士を選定するとともに、当該外部弁護士との連携・マネジメントを行い、過大な弁護士費用負担とならないよう、効率的に外部弁護士を利用することもその役割として求められます。

　　さらに、外部弁護士のマネジメントの一環として、外部弁護士に依頼すればそれで法務担当者の仕事が終了、というものではなく、外部弁護士から提供された法的アドバイスやリーガルオピニオンの内容が十分に説得力あるロジックで構成されているか、自社の立場・状況を正確に把握できているか等をチェックする役割も求められます。

（2）企業法務における外部弁護士の役割：企業の「専門医」

ア　企業にとっての役割

　　外部弁護士は、基本的に案件の重要性等に応じて、個別案件ごとに企業からの依頼を受けて法的アドバイス等のリーガルサービスを提供することをその役割としており、いわば企業の「専門医」といえます。

　　外部弁護士はそれぞれ得意とする専門分野が細分化しており、案件ごとに適切な弁護士・法律事務所を選定することが重要です。

イ　法的アドバイスの性質等

　　法務担当者と異なり、外部弁護士は依頼企業に雇用されている者ではありませんので、社内事情に関係なく中立的な立場から法的アドバイスを提供しやすい立場にあるといえます。

　　また、弁護士はそれぞれ独自の専門分野を得意としており、外部弁護士に依頼することによって分野に応じた高度の専門的知識・アドバイスの提供を受けることが期待できます。

さらに、基本的に社内の法務部に限定される法務担当者と異なり、特に100名以上の弁護士を擁する大手法律事務所では、短期間で多数の弁護士を要する大型M&A案件や不祥事案件にも迅速に対応できるだけの人的リソースを有しています。

　また、外部弁護士に依頼することによって、当該弁護士が所属している事務所に蓄積されている他社事例等のノウハウにもアクセスすることができます。

ウ　その他の特徴等

　前述のとおり、外部弁護士はそれぞれ得意とする専門分野が細分化しているため、漠然と「会社からのアクセスが便利だから」「インターネットで上位に検索されたから」といった理由だけで依頼するのではなく、案件ごとに求められる専門分野を得意とする、適切な弁護士・法律事務所を選定することが重要です。

　また、当然のことながら、会社の社員である法務担当者と異なり、外部弁護士に依頼するためには別途弁護士費用が必要となりますが、この弁護士費用は決して安くはありません。契約書のドラフト・レビューであっても、巨額の売買契約や複雑なスキームに基づくファイナンス案件等では数百万円〜1千万円超に及ぶこともありますし、巨額のM&A案件においてDDも含めて依頼する場合には、億単位に上ることもあり、外部弁護士をいかに効率的に利用できるかは、企業の競争力をも左右するものといえます。

Chapter 11

ポイント⑦　コンプライアンスリスクを防ぐための対策

1　コンプライアンスリスクの原因

　前記のとおり、コンプライアンスリスクの発生原因やその影響は多面化してきている一方、コンプライアンスリスクの予防策も多面的な視点から取り組むことが求められます。

　コンプライアンスリスクの予防策を講じるにあたっては、そもそもコンプライアンスリスクの原因がどこにあるのかを検討する必要があります。

　Chapter 5の2（2）イで紹介した、公的規格又は顧客仕様を満たさない製品等（不適合製品）について検査結果の改ざん又はねつ造等を行い、基準を満たすかのようにして顧客に出荷又は提供する行為を繰り返していた大手鉄鋼メーカーの事例では、不祥事が起きた原因と、その再発防止策を以下のように公表しています。

【不適切行為の原因】

1．収益偏重の経営と不十分な組織体制

2．バランスを欠いた工場運営と社員の品質コンプライアンス意識の低下

3．本件不適切行為を容易にする不十分な品質管理手続

【本件不適切行為に対する再発防止策】

1．ガバナンス面

　（1）グループ企業理念の浸透

　（2）取締役会のあり方

　（3）リスク管理体制の見直し

　（4）組織の閉鎖性の改善

　（5）品質保証体制の見直し

2．マネジメント面

　（1）品質マネジメントの対策

　（2）品質保証人材の教育・育成

３．プロセス面
　(1)　品質管理プロセスの見直し
　(2)　新規受注時の承認プロセスの見直し
　(3)　製造プロセス変更時の承認プロセスの見直し

　Chapter 2の２で述べたように、多くのコンプライアンスリスク発生事例では、その原因と再発防止策を検討すると、上記の事例のように①ガバナンス面、②マネジメント面、③プロセス面、の３つで改善を試みる必要があると整理することができます。このように、コンプライアンスリスクの原因は、３つの面から捉える必要があるため、その予防にあたっては、企業の法務部など、一部門のみで対策を講じれば足りるというものではなく、組織全体で取り組まなければ効果を挙げることが期待できないといえます。

2　コンプライアンスリスクを防ぐための対策

　では、コンプライアンスリスクを防ぐためには、どのような対策を講じる必要があるのでしょうか。おおまかな指針としては、以下の５つが挙げられます。

（1）企業文化の見直し

　　　　残念ながら、不祥事は同じ企業が繰り返す傾向にあります。
　　　　同じ企業が不祥事を繰り返す原因としては、当該企業内における常識が、一般常識と乖離している傾向にあることが挙げられます。
　　　　言い換えれば、当該企業内に広がった常識が、一般常識とズレが生じないように修正していくことが求められるといえます。
　　　　そこで、企業内だけでなく、外部に対しても企業の行動指針を公表できるだけの健全な風土を育てる必要があるといえます。

（2）隠蔽体質の脱却

　　　　不祥事が起きたときに、責任を問われることを恐れて不祥事を隠すことは、最も避けるべき対応の一つといえます。
　　　　不祥事を隠せば隠すほど、解決の機会を失うことになりますし、また、

Part 1
コンプライアンス

不祥事を隠し続けるほど、発覚した際のダメージは大きくなります。不祥事を隠してきたということへの倫理的批難も避けられないことになります。

　不祥事を隠すことは、企業としての改善の機会を失うだけでなく、そのリスクをより拡大するだけに過ぎないということをはっきりと自覚しておく必要があります。

（3） 原因の究明

　不祥事が発生した場合には、不祥事を隠すのではなく、不都合な事態にこそ目を向ける必要があります。

　そして、不祥事の原因究明の目的は、「個人の責任追及」ではなく「再発防止」にこそあります。

　不祥事の原因は、「人」から起きることがあっても、その「人」の責任をいくら追及しても、再発を防止することにはつながりません。「人」ではなく、「出来事」に注目することで、不祥事の原因を究明し、再発防止につなげることが可能となります。

（4） 再発防止体制への取組

　不祥事の原因を究明した後には、事前と事後の管理による再発防止体制を構築する必要があります。

　再発防止体制を構築する際には、まず、企業内部の監査体制を整備し、不祥事につながりうる出来事を事前に察知できるようにするとともに、不祥事が発覚した後の報告窓口を企業内部に整備し、不祥事発覚後に可及的速やかに対処できるようにしておく必要があります。

（5） 開かれた組織の構築

　不祥事防止のための体制整備をしたとしても、不祥事が発生する現場からの報告が経営層にまで届かなければ、不祥事の防止を十分に実現することはできません。

　また、不祥事の原因は、前記のとおり、一部門だけの問題ではなく、①ガバナンス面、②マネジメント面、③プロセス面、と多岐にわたります。

不祥事の再発防止を徹底するためには、従業員と経営層という縦の関係だけでなく、部門間（たとえば営業部と法務部等）同士の横の関係でも、柔軟に連携をとることができる体制を構築することが求められます。

契約管理

Part 2

Chapter 1

本章の目的

> 1　企業法務における契約書の重要性の理解
> 2　３つの視点からみたコンプライアンスリスクマネジメントの理解
> 3　契約交渉のプロセスの理解

　企業の意思決定に基づく個々の事業活動は、通常、最終的には企業の意思決定・合意内容を書面化して明確化した契約書の締結という形によって顕在化します。したがって、企業活動に伴うコンプライアンスリスクマネジメントを適切に行うためには、企業間の契約に係るコンプライアンスリスクを適切に評価・判断し、その結果を反映した契約書を作成することが重要となります。

　また、コンプライアンスリスクマネジメントは、Part 1でも既に述べたように、大きく①「戦略法務」、②「予防法務」、③「臨床法務」の３つの視点から分類することができます。これらはそれぞれ独立した場面で問題になるものの、相互に関連し、影響し合う関係にあります。法務担当者は、コンプライアンスリスクマネジメントを、これら３つの視点から分類して検討することが求められます。

　そして、契約交渉は、契約準備段階から契約交渉、紛争の発生、紛争の解決という時系列に沿って動いていくことになります。具体的には、契約締結にかかる手続の流れを、「契約締結準備段階までの対応（戦略法務）」、「契約締結準備段階から契約締結までの対応（予防法務）」、「契約締結後の対応（臨床法務）」の３つに分類し、それぞれの観点から検討していきます。

　本章を通じて、企業法務における契約書の重要性、３つの視点からみたコンプライアンスリスクマネジメントのあり方、契約交渉のプロセスを整理していただけると幸いです。

契約管理の3つの特徴

1 私的自治の原則と例外
2 コンプライアンスリスクマネジメントと経営判断のバランス
3 契約交渉プロセスの重要性

1 私的自治の原則と例外

　契約とは、当事者間における権利・義務に関する合意をいいます。そして、当事者間で契約を締結する旨の合意さえあれば、詳細についてまで取り決めなかったとしても、法律上の規定によって契約内容が補充されることとなります（**補充規定**）。
　このように、私人間の取引は、当事者間の合意によって自由に決めることができるという「私的自治の原則」が妥当します。
　したがって、企業法務における契約交渉では、私的自治の原則の下、いかに自社にとって有利な条件で契約締結を進めるかということを考える必要があります。
　もっとも、私的自治の原則が妥当するといっても、あらゆる条件を自由に、無制限に設定することができるわけではありません。強行規定に違反するような条項を設定した場合には、当該条項は違法無効と判断されることもありえます。
　契約交渉の場面では、強行規定に抵触しない範囲で、自社にとって最も有利な内容となるよう任意規定を修正する必要があります。

2 コンプライアンスリスクマネジメントと経営判断のバランス

　また、契約交渉や契約書の作成・チェックの場面では、コンプライアンスリスクマネジメントを考慮する必要がありますが、コンプライアンスリスクマネジメントの視点から契約交渉や契約書の内容をすべて判断できるわけではありませ

ん。

　契約交渉の実務では、契約当事者間の立場や力関係等によって、自社に有利な条項であっても盛り込むことを控えるべき場面や、自社に不利な条項であっても受け入れることを検討すべき場面は起こりえます。

　このように、契約交渉の実務では、コンプライアンスリスクマネジメントだけでなく、経営判断によってどのような条件で契約を締結すべきかを決める場面も生じます。もっとも、コンプライアンスリスクの重要度によって経営判断も左右されることになりますので、法務担当者としては、コンプライアンスリスクの重要度を適切に峻別し、契約交渉において外すことができない条件は何か、逆に、相手方へ譲歩することができる条件や譲歩できる限度はどこまでかということを適切に検討しなければなりません。

　このように、契約交渉はコンプライアンスリスクマネジメントだけで判断できるものではありませんが、適切な経営判断を下すためには適切なコンプライアンスリスクマネジメントが不可欠です。法務担当者はコンプライアンスリスクマネジメントと経営判断のバランスを理解し、経営層へ適切な報告をするよう心がけなければなりません。

3　契約交渉プロセスの理解

　前記のとおり、契約交渉は、契約準備段階から契約交渉、紛争の発生、紛争の解決という時系列に沿って動いていくことになります。

　契約書案が提出される前提として、契約準備段階における当事者間の協議がなされていることが通常です。契約書をレビューする法務担当者には、契約書の文言だけをチェックするのではなく、契約書案が提出されるまでのプロセスもチェックしておくことが求められます。

　契約交渉のプロセスを把握しておくことで、自社にとって今回の契約書がどのような重要性を有しているのか、また契約書案の中でどの条項を注意すべきかを見極めることができるようになります。

Chapter 3

契約管理に関する相談事例

1 不動産売買契約の締結交渉・契約書を作成する場合

X株式会社（製造機器メーカー）は、これまでに積極的な設備投資をして事業を拡大してきたが、人手不足もあり、余剰施設も生まれるようになってきた。

そこで、X社は、余剰施設を売却してコストを削減するとともに、業務の効率化を図ることにした。

X社の法務担当Aは、余剰施設の売却先を探すために、複数の法人と交渉を継続していた。

2019年1月、Aは、Y株式会社の代表取締役Bから、工場用地及び建物の購入の打診を受けた。

AがBと面談をすると、Bは、「Aさんのことが気に入ったので、ぜひ弊社と取引をさせてもらいたい」「今後もX社とは長いお付き合いをさせてもらいたいので、今回の売買は勉強させてもらいます」「施設の値段は5000万円という見積りもありますが、今回は土地・建物合計1億円で購入します」と述べてきた。

Aは、相場の2倍で売却できる話がついたと思い、大喜びした。

2 想定されるポイント

図表2-1　相談事例の想定ポイント

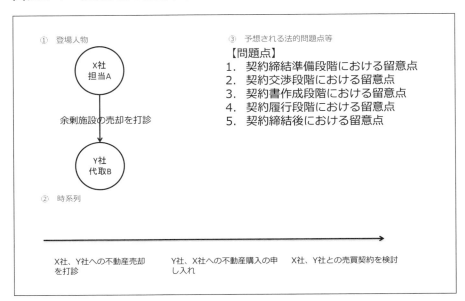

　上記相談事例では、X社が余剰施設を売却するという目的から、Y社との間で不動産の売買契約を締結することを検討しています。

　もっとも、X社がY社との不動産の売買契約を検討するとしても、Y社の代表取締役Bの説明は、「Aさんのことが気に入ったので、ぜひ弊社と取引をさせてもらいたい」「今後もX社とは長いお付き合いをさせてもらいたいので、今回の売買は勉強させてもらいます」「施設の値段は5000万円という見積りもありますが、今回は土地・建物合計1億円で購入します」と具体性を欠き、相場の2倍もの金額で購入する理由とは考えにくいものですので、疑問が残ります。

　Y社の素性や目的、支払能力など、具体的な契約交渉に入る前に確認すべき点は少なくありません。

　このような状況において、X社がY社との不動産の売買契約を検討するにあたり、以下で述べる各留意点を見極める必要があります。

Chapter 4 — 7つのポイント

　ここで、適切な契約管理を実現するため手引となるという本章の目的の下、皆様が適切な契約管理を実現するためのポイントを図2-2に示すように7つに整理しました。

　それでは、それぞれのポイントをみていきましょう。

図表2-2　契約管理の7つのポイント

Point1	**契約と契約書の留意点**
Point2	**契約書の形式上の留意点**
Point3	**契約締結準備段階における留意点**
Point4	**契約交渉段階における留意点**
Point5	**契約書作成段階における留意点**
Point6	**契約履行段階における留意点**
Point7	**契約締結後における留意点**

Chapter 5　ポイント①　契約と契約書の留意点

1　契約締結の目的

　繰り返しになりますが、**契約**とは、当事者間における権利・義務に関する合意をいいます。そして、当事者間で契約を締結する旨の合意さえあれば、詳細についてまで取り決めなかったとしても、法律上の規定によって契約内容が補充されることとなります（**補充規定**）。

　もっとも、すべての法律上の規定が自社にとって有利な内容とは限りません。たとえば、現行民法534条1項は、特定物売買に関する危険負担について**債権者主義**（目的物が消滅しても、買主はその代金を支払わなければならないとする考え方）を採用しています[1]。そのため、契約で債権者主義を修正しない限り、現行民法の下では、当事者の責めに帰すべき事由によらずに目的物が滅失した場合、そのリスクを債権者が負担することとなります。中古自動車の売買契約を締結した後に当該自動車が隣接する工場の火災等によって焼失してしまったケースを想定すると、中古自動車は買主がその個性に着目した特定物であるため、買主は売主から代わりの自動車を提供してもらうことはできません。それにもかかわらず、現行民法においては債権者主義が原則とされているため、契約で債権者主義を修正していない限り、買主は代金全額を支払う必要があることとなりますが、これではあまりに買主に不利で、公平を欠いた結論となってしまいます。このように、法律上の規定に従った場合、必ずしも当事者間の公平にそぐわない結果となるおそれがあります。

　もっとも、私人間の取引を規律する民法は、「法令中の公の秩序に関しない規定」（**任意規定**）については、当事者の合意によって別途のルールを定めることを認めています（民法91条[2]）。

1　改正民法においては、特定物売買についても債務者主義が採用されることとなります（改正民法536条1項）。

2　改正民法による変更はありません。

44

Part 2
契約管理

【任意規定】

（任意規定と異なる意思表示）
民法91条
法律行為の当事者が**法令中の公の秩序に関しない規定**と異なる意思を表示したときは、その意思に従う。

　そして、危険負担の債権者主義を定める現行民法534条は、「法令中の公の秩序に関しない規定」、すなわち**任意規定**であるため、当事者の合意によって債権者主義を排除することが可能です。したがって、前記の中古自動車の売買契約の例であれば、仮に買主・売主間の契約で危険負担の債務者主義へ修正していれば、買主は中古自動車の代金の支払いを拒むことができたことになります。

　このように、契約を締結し、詳細を取り決めることにより、法律上の任意規定（以下「**デフォルトルール**」といいます）を修正し、自分にとって有利な取引内容を設定することが可能となります。

2　契約による修正の限界

　それでは、契約で規定しさえすれば、すなわち当事者の合意で取り決めればいかなる内容であったとしても自由に決めることができるのでしょうか。

　民法91条は、任意規定については当事者の合意によって異なる定めをすることができる、と規定していますが、裏を返せば、「法令中の公の秩序に関する規定」については当事者の合意によって異なる定めをすることはできない、ということになります。このような「法令中の公の秩序に関する規定」のことを**強行規定**といい、強行規定に反する内容を当事者間の合意で定めることは認められません。強行規定に違反した場合、当該条項が無効となるだけでなく、罰則や行政処分の対象となることもありえます。

【任意規定・契約・強行規定の優劣関係】

強行規定＞契約（合意）＞任意規定

したがって、契約締結の目的は、「**強行規定に抵触しない範囲で、自社にとって最も有利な内容となるよう任意規定を修正すること**」と整理することができます。

3　契約書作成の目的

図表2-3　契約書の役割

安定的な企業活動を行うことができる
　＝（楯）

交渉の主導権を握ることが可能となる
　＝（武器）

契約書＝企業にとって（楯）と（武器）になる

　前記のとおり、契約とは、当事者間における権利・義務に関する合意をいい、原則として「契約書」を作成しなくても契約は有効に成立します。もっとも、契約書には、①当事者間の合意内容を明確化し、将来、契約書の解釈をめぐってトラブルが生じないよう防止する役割が認められるとともに、②将来、当事者間で紛争が生じ、訴訟に発展した場合に、訴訟における最も有力な書証である契約書を自社に有利な証拠として利用できるよう確保しておくという役割が認められ、さらに、③契約書の解釈をめぐるトラブル等をはじめ、各種リスクをコントロールする手段としての役割が認められます。特に契約社会である英米圏においては、「**最悪シナリオを想定した場合におけるリスク分析及び当該リスクの最小化**」

こそが契約書の本質的な役割として考えられており、③リスクコントロール手段として契約書の果たす役割は極めて重要となります。

　したがって、契約書作成に際しては、強行規定に抵触しない範囲で、自社にとって最も有利な内容となるよう任意規定を修正するだけでなく、「当社にとって、最悪の場合、いかなるリスクが想定され、この契約書で本当にその最悪の事態に十分に対応できるのか」という観点からの検討が不可欠といえます。

Chapter 6 ポイント② 契約書の形式上の留意点

1 契約書の構成及び留意点

まず、以下に不動産売買契約書を例に、契約書の基本的な構成を紹介し、留意点を整理してみましょう。

【契約書の基本的な構成】

不動産売買契約書

（想定事例）
XXX株式会社（甲）及びYYY株式会社（乙）が、甲が所有する土地を7,000万円、建物を3,000万円、合計1億円で、乙に対して売却する旨の売買契約を締結するケースを想定している。

　売主［XXX株式会社］[②]（以下「甲」という。）及び買主［YYY株式会社］[⑤]（以下「乙」という。）は、甲が所有する別紙1物件目録記載の土地及び建物（以下土地を「本件土地」、建物を「本件建物」、土地及び建物双方を併せて「本件物件」という。）の売買に関し、次のとおり契約（以下「本契約」という。）を締結する。

第1条　（売買代金等）
　甲は、乙に対し、本件物件を、［本件土地価額金7,000万円及び本件建物価額金3,000万円の代金総額金1億円］[⑦]にて売り渡し、乙は［事業用事務所として使用する目的で］[⑧]これを買い受けた。

第2条　（境界の確認及び売買代金の修正）
1　甲は、本契約締結後直ちに本件土地を実測し、乙に対し、［令和●年●

Part 2
契約管理

月●日又は甲乙協議の上別途合意した日]⁹（以下「決済日」という。）
までに、現地において隣地との境界を明示する。

2 甲は、隣地所有者等の立会を得て、測量士又は土地家屋調査士に本件土
地について実測図を作成させ、決済日までに乙に対し交付する。

3 本件土地の面積は実測によるものとし、実測された面積が公簿面積と異
なるときは、［1平方メートル当たり金2万円の割合]¹⁰により売買代金
を修正する。

4 甲及び乙は、本件建物については、実測の実施及び実測による売買代金
の精算を行わない。

第3条 （表明保証）

1 甲は、乙のために、本契約締結日において、別紙2に定める事項が正確
かつ真実であることを表明し、保証する。

2 甲は、本条に定める自己の表明及び保証に関し誤りがあり又は不正確で
あったことが判明した場合には、直ちに乙に対しその旨を書面により通
知する。

3 本条第1項の表明保証の違反又は前項の通知義務の違反は、甲の本契約
違反を構成するものとし、甲は、乙が当該違反により被った一切の損
害、損失及び費用につき、乙に対し賠償する。

第4条 （手付）

1 乙は甲に対し本契約締結と同時に［手付金として金500万円]¹¹を支払う
ものとする。

2 手付金は、第5条第2号に定める売買残代金の支払の際無利息にて売買
代金の一部に充当される。

3 手付金は解約手付けとし、相手方が本契約の履行に着手する前におい
て、甲は手付金を倍返しすることにより、また、乙は甲に対して支払済
みの手付金を放棄することにより、それぞれ本契約を解除できる。

4 相手方が本契約の履行に着手したとき、前項に定める解除をすることが
できない。

49

第5条 （代金の支払）

　乙は甲に対し、第1条に定める代金を次のとおり支払う。

（1）　［平成29年4月30日限り、中間金として金3,000万円］⑫

（2）　［決済日に］⑬、第7条に定める所有権移転登記手続及び第8条に定める本件物件の引渡しを受けるのと引換えに、売買残代金として［金7,000万円］⑭（うち［金500万円］⑪は第4条により交付された手付金を充当する。）

第6条 （所有権の移転時期）

　本件物件の所有権は、乙が甲に対して第1条に定める売買代金全額を支払ったときに、甲から乙へ移転する。

第7条 （所有権移転登記）

1　甲は乙に対し、［決済日に］⑮、第5条第2号に定める売買残代金の支払と引換えに、本件物件につき所有権移転登記手続を行う。

2　所有権移転登記手続に要する費用は乙の負担とする。

3　第1項に定める登記手続については、その登記手続に必要な書類一式を交付することをもってこれに代えることができる。

第8条 （引渡し）

1　甲は乙に対し、［決済日に］⑯、第5条第2号に定める売買残代金の支払と引換えに、本件物件、本件物件及び付帯設備の鍵類一式、建築確認通知書、検査済証及び図面・仕様書並びに本件物件に付属する給排水・電気・防災等の諸設備について甲が現に保有する関係書類（保守管理契約書・保守点検報告書・保証書・取扱説明書等）を、現状有姿のまま引き渡す。

2　乙は、甲に対し、引渡確認書を交付して、前項に定める本件物件の引渡し（以下「本件引渡し」という。）の確認を行う。

3　甲は、乙に対し、末尾記載の付帯設備一覧表の設備のうち、「有」と記載したもの（以下「本件付帯設備」という。）を本件物件と同時に引き渡す。ただし、本件付帯設備については、第19条（契約不適合責任）の規

定は適用されない。

4　甲は、本契約締結後、本件引渡しに至るまで、本件物件を善良なる管理者の注意義務をもって管理し、本件物件の所有名義の変更、占有の移転、抵当権等の担保権又は用益権の設定等、その他現状を変更する一切の行為を行わない。

5　本件物件の管理責任は、本件引渡し時をもって甲から乙に移転するものとし、以後乙が自己の責任と負担において本件物件を管理する。

第９条　（残置物の所有権放棄）

　甲が本件建物引渡し後、本件建物内及び本件土地上に残置した動産類については、甲はその所有権を放棄したものとみなし、乙が処分することについて甲は異議を述べない。

第10条　（担保権等の抹消）

1　甲は乙に対し、第７条に定める所有権移転登記手続を行うまでに、本件物件について抵当権等の担保権及び賃借権等の用益権を抹消しなければならない。

2　賦課金及び負担金等の未納がある場合には、甲は本件引渡しのときまでに、当該公租公課等の支払を完了しなければならない。

第11条　（乙の義務履行の前提条件）

1　本契約に基づく乙の義務履行の前提条件は、次の各号に定めるとおりとする。ただし、乙が任意に当該前提条件の全部又は一部を放棄することを妨げない。

（１）　第４条第１項の手付金支払義務履行の前提条件は、以下に記載する事項が本契約締結時において充足されることを条件とする。

①　第３条の甲による事実の表明及び保証が、本契約締結日において真実かつ正確であること。

②　甲が乙に対し、甲の商業登記簿謄本（３か月以内）、印鑑証明書（３か月以内）を交付していること。

③　甲が乙に対し、本契約の締結及び履行につき甲の社内承認を得ら

れたことを証する書面、定款、取締役会規則の原本証明付写しを提出していること。

④　その他、乙が甲に対して合理的に要求した書面が乙に提出されていること。

（2）　本件物件を買い取る乙の義務及び第5条第2号の売買残代金を支払う義務履行の前提条件は、以下に記載する事項が決済日において、決済の実行以前に充足されることを条件とする。

①　第3条の甲による事実の表明及び保証が、本契約締結日及び決済日において真実かつ正確であること。

②　本件物件に関し第10条に定める権利及び負担が存在しないことを示す決済日の前日付の不動産登記事項証明書が甲から乙に提出されていること又は第10条に定める権利及び負担を抹消するために必要な書類の交付があること。

③　甲が本契約上決済日までに履行すべき義務をすべて履行していること。

2　前項に定める前提条件の全部又は一部を乙が放棄した場合であっても、甲は当該前提条件を充足しなかったことにより本契約又は法令に基づき生じる義務又は責任を免れるものではない。ただし、甲と乙との間に別段の合意がある場合はこの限りでない。

第12条　（印紙の負担区分）

本契約書に貼付する印紙の費用は、甲乙それぞれが平等に負担する。

第13条　（公租公課等の負担）

本件物件に対する公租公課並びにガス、水道、通気料金及び各種負担金等の諸負担については、［本契約の成立する日の属する年の1月1日を基準］ ⑰とし、第8条に定める引渡日までを甲の負担とし、その翌日以降分を乙の負担とする。

第14条　（危険負担）

1　本件引渡し前に、天災地変その他甲又は乙のいずれの責めにも帰するこ

とができない事由によって本件物件が滅失したときは、乙は本契約を解除することができる。

2　本件引渡し前に、前項に定める事由によって、本件物件が損傷したときは、甲は、本件物件を修復して乙に引き渡す。この場合、修復によって本引渡しが決済日を超えても、乙は、甲に対し、その延期について異議を述べることができない。ただし、かかる場合、同条項に定める乙の支払は、同条項にかかわらず、甲が本引渡しをするのと引き換えに行う。

3　甲は、前項に定める修復が著しく困難なとき、又は過大な費用を要するときは、本契約を解除することができるものとし、乙は、本件物件の損傷により本契約の目的が達せられないときは、本契約を解除することができる。

4　第1項又は前項によって、本契約が解除された場合、甲は、乙に対し、受領済みの金員を無利息で遅滞なく返還する。

第15条　（解除）

1　甲又は乙が本契約に違反した場合、その相手方は相当の期限を定めてその履行を催告しなければならない。

2　前項の場合において、本契約に違反した当事者が催告に従った履行をしないときは、相手方は本契約を解除できる。

第16条　（違約金）

　前条の規定により本契約が解除されたことによる損害賠償は次のとおりとし、これを超える損害賠償請求はできないものとする。

（1）　甲の債務不履行を理由として乙が本契約を解除したときは、甲は乙に対し、第4条第1項により受領した手付金を返還し、さらに違約金として［金500万円］[18]を支払う。

（2）　乙の債務不履行を理由として甲が本契約を解除したときは、乙は甲に対し、違約金として、第4条第1項により交付した手付金を放棄し、さらに［金500万円］[19]を支払う。

第17条　（融資利用特約）

1 乙は、本契約締結後速やかに、次の融資のために必要な書類を揃え、その申込手続をしなければならない。

　　　[金融機関　　●●●●
　　　取扱支店　　●●●●
　　　融資承認予定日　令和●年●月●日
　　　融資額金　●円][20]

2 前項に定める融資承認予定日までに、前項に定める融資の全部又は一部について承認が得られないときは、乙は、本契約を解除することができる。

3 前項により本契約が解除された場合、甲は、乙に対し、受領済の金員を無利息で遅滞なく返還する。

第18条　（反社会的勢力の排除）

1 甲及び乙は、相手方が次の各号のいずれか一つに該当したときは、相手方に対する催告を要せず、直ちに本契約を解除することができるものとする。

　（1）　本契約の各条項について重大な違反があるとき

　（2）　差押、仮差押、仮処分、競売、破産、民事再生開始、会社更生手続開始、特別清算開始の手続の申立又は公売処分を受けたとき

　（3）　手形又は小切手の不渡りをなし、銀行若しくは手形交換所の取引停止を受けたとき

　（4）　公租公課の滞納処分を受けたとき

　（5）　営業停止、営業免許、営業登録の取消等の行政上の処分を受けたとき

　（6）　事業の廃止、解散等の重大な変更の決議をしたとき

　（7）　財務状態の悪化、又はそのおそれがあると認められる相当の事由が生じたとき

　（8）　反社会的勢力であること又は反社会的勢力と密接な関係を有することが判明したとき

　（9）　その他、前各号に準じる事由が生じたとき

2 前項の場合、本契約を解除された当事者は、解除によって解除をした当

Part 2
契約管理

事者が被った損害のすべてを賠償するものとする。

第19条　（契約不適合責任）

1　乙は、甲に対し、本件物件に瑕疵（地中障害物・地中埋蔵物・埋蔵文化物等を含むがこれらに限られない。）がある場合又は第3条に定める表明保証に反する場合など、本件物件が本契約の内容に適合しないものであった場合（以下「契約不適合」という。）、本件物件の修補による追完を請求することができる。

2　乙は、本件物件に契約不適合があることにより本契約の目的が達成できないと判断する場合、甲に対して第1項に定める追完の催告を行った上で、売買代金の減額請求又は本契約の解除を行うことができるものとする。

3　前2項の定めにかかわらず、本件物件に契約不適合がある場合、甲の責めに帰すべき事由の有無にかかわらず、乙は、甲に対して、本件引渡しから2年間、これによって被った損害の賠償を請求することができる。

第20条　（諸規約の承継）

　甲は、乙に対し、環境の維持又は管理の必要上定められた規約等に基づく甲の権利義務を承継させ、乙はこれを承継する。

第21条　（契約締結費用の負担）

　本契約締結に要する費用は、甲乙折半とする。

第22条　（準拠法及び裁判管轄）

1　本契約の準拠法は［日本法］[22]とする。

2　本契約に関する紛争等について協議により解決することができない場合、［東京地方裁判所］[23]を第一審の専属的合意管轄裁判所とするものとする。

第23条　（協議条項）

　本契約の解釈その他の事項につき生じた疑義及び本契約に規定のない事項

については、甲及び乙双方が誠意をもって協議の上、解決するものとする。

　本契約の成立を証するため本契約書を２通作成し、甲乙各記名押印の上、各１通を保有する。

［令和　　年　　月　　日］㉔

　　　　　　　　所在地　　　［○○○○］①
甲　　会社名　　　［XXX株式会社］②
　　　　　　　　代表者氏名［●●●●］③

　　　　　　　　所在地　　　［○○○○］④
乙　　会社名　　　［YYY株式会社］⑤
　　　　　　　　代表者氏名［●●●●］⑥

別　紙１　物　件　目　録

1　土　　　地
　　所　　在　　東京都○区○丁目
　　地　　番　　○○○番○
　　地　　目　　宅地
　　地　　積　　○○○,○○平方メートル

2　建　　　物
　　所　　在　　東京都○区○丁目○番地
　　家屋番号　　○○○番
　　種　　類　　事務所
　　構　　造　　鉄骨造２階建
　　床面積　　　１階　○○,○○平方メートル
　　　　　　　　２階　○○,○○平方メートル

3　付帯設備一覧表（略）

Part 2

契約管理

別紙2 甲による表明保証事項

1 甲は、本件物件の単独所有者であり、本件物件を譲渡するために必要な権利一切を保有しその対抗要件を具備していること。

2 本件物件について、第三者に対する譲渡担保設定、第三者の賃借権その他の利用権の設定その他本契約に基づく乙の権利に損害を及ぼす又はそのおそれのある処分が一切行われておらず、いかなる負担も存在しておらず、かつ、甲が第三者のためにそのような処分を行う義務を負っていないこと、また、本契約の締結、本契約上の義務の履行又は本契約で企図されている取引の実行の結果としてそのような義務を負うこととはならないこと。

3 本件物件に関して財産権の得喪を生ぜしめる判決、決定、命令又は裁判上若しくは裁判外の和解はなく、また本件物件に係る訴訟その他の法的手続若しくは行政手続が裁判所若しくは政府機関に係属しておらず、また係属するおそれもないこと。

4 本件物件につき第三者による保全処分、強制執行若しくは競売等の申立、又は保全差押若しくは滞納処分が行われておらず、またそのおそれもないこと。

5 本件物件の運営・管理又は価値に重大な悪影響を及ぼす本件物件の瑕疵はないこと。

6 本件建物の構造計算書が適法に作成されており、本建物が建築確認通知番に従い、建築基準法、その他関連法令又は条例に従って適法に建築され、法律上の耐震基準を満たす耐震性を有すること。

7 本件物件の所有、管理、占有又は処分による適用法令又は条例の違反は存在せず、また、甲は所轄行政機関からかかる適用法令又は条例に違反がある旨の通知を受けていないこと。

8 本件物件のいかなる部分も産業廃棄物を処理・処分する事業、又は特別管理産業廃棄物を排出する事業に利用されたことはなく、また規制有害物質又は価値減損有害物質の保管、製造、加工又は処分のために利用されたことはないこと。本件物件のいかなる部分においても日本国の法令に定められた基準値を超える規制有害物質及び価値減損有害物質が現存しないこと。本件物件に関し、甲は、政府機関、裁判所又は第三者か

ら、環境法令に違反し又は違反するおそれがある旨の通知又は連絡を受けたこともないこと。

9　本件物件は、本件物件の現況に適用される環境法規その他の法令に違反していないこと。本件物件については、土壌汚染対策法に基づき、特定有害物質によって汚染されている区域として指定されていたことがなく、現に指定されておらず、かつ、指定されるおそれもないこと。甲は、土壌汚染対策法に基づき、本件物件について土壌の特定有害物質による汚染の状況について調査を行うよう通知を受けたことがなく、かつ、かかる通知を受けるおそれもないこと。本件物件に特定有害物質は存在しないこと。

10　本契約により企図された本件物件の移転売却、並びに、対抗要件の具備その他の取引は、本件物件及び売買代金について隠匿、無償の供与その他甲の債権者を害すること（以下「隠匿等」という。）にはならず、甲は隠匿等の認識若しくは意図又はその他の不法な意図を有していないこと。

11　本件物件に関して違法行為が行われているという事実は存在しないこと。

12　甲は、乙に対し、本件物件に関するすべての重要な文書及び情報を提供しており、提供した文書は原本か又はその真実かつ正確な写しであり、また提供した情報及び文書は真実かつ正確なものであり、乙に誤解を生じさせないために必要な事実又は情報の記載を欠いていないこと。物件概要書及び重要事項説明書の記載は、虚偽の内容を含んでおらず、記載すべき重要な事項又は乙に誤解を生じさせないために必要な重要な事実の記載を欠いていないこと。

13　甲は、本件物件の所有、運営又は管理に関して締結したすべての契約における一切の債務を履行し、かつ義務を遵守していること。また、本件物件の建設、所有、仕様に関して法律上必要な許認可の取得及び届出はすべてなされていること。

14　本件物件において、水道、ガス、電力供給公衆衛生、下水処理設備、その他の公共設備の利用が確保されており、公道への接続も確保されていること。

Part 2
契約管理

15 前各号のほか、甲が本件物件の所有者として合理的に知り得る限りにおいて、本件契約の目的に従った乙による本件物件上の建物の建築その他の本件物件の利用を妨げ又は制約する適用法令、政府機関・裁判所その他の者からこれらの法令に違反している旨又はこれらの法令に違反するおそれがある旨の通知又は連絡、行政機関からの命令、指導又は勧告その他の事実はないこと。

　上記の契約書例内に網掛けと丸付き数字を付した項目は、契約の締結にあたり、明確にし、契約書に記載すべきものです。おおまかに整理すると、以下のようになります（丸付き数字は、契約書例上に付した番号と一致しています）。

契約に関する情報の記入

□　売主（甲）に関する情報の記入
　　①　甲の所在地（例：茨城県牛久市中央●―●―●）
　　②　甲の会社名・屋号（例：長瀬総合株式会社）
　　③　甲の代表者名及び肩書（例：代表取締役　長瀬佑志）
□　買主（乙）に関する情報の記入
　　④　乙の所在地（例：東京都港区元赤坂●―●―●）
　　⑤　乙の会社名・屋号（例：株式会社TN）
　　⑥　乙の代表者名及び肩書（例：代表取締役　長瀬威志）
□　売買代金の記入（第1条）
　　⑦　本件土地及び本件建物の購入代金（例：本件土地：7,000万円、本件建物：3,000万円）
　　⑧　本件物件の購入目的（例：事業用事務所として使用する目的）
□　決済日及び実測面積による修正値の記入（第2条）
　　⑨　決済日（例：平成●年●月●日又は甲乙協議の上別途合意した日）
　　⑩　修正金額（例：1平方メートル当たり金2万円の割合）
□　手付金の金額の記入（第4条）
　　⑪　手付金の金額（例：手付金として金500万円）
□　売買代金の支払方法の記入（第5条）

59

⑫　中間代金の支払時期及び金額（例：令和元年6月30日限り　中間金として金3,000万円）

⑬　売買残代金の支払時期（例：決済日）

⑭　売買残代金の金額（例：7,000万円）

☐　所有権移転登記の設定時期の記入（第7条）

⑮　所有権移転登記の設定時期（例：決済日）

☐　本件物件の引渡時期の記入（第8条）

⑯　本件物件の引渡時期（例：決済日）

☐　公租公課等の算定基準時の記入（第13条）

⑰　公租公課等の算定基準時（例：令和元年4月1日）

☐　違約金の金額の記入（第16条）

⑱　甲の債務不履行における違約金の金額（例：違約金として金500万円）

⑲　乙の債務不履行における違約金の金額（例：違約金として金500万円）

☐　融資利用特約の記入（第17条）

⑳　融資に関する口座情報

☐　準拠法・裁判管轄の記入（第22条）

㉑　準拠法（例：日本法）

㉒　裁判管轄（例：東京地方裁判所）

☐　契約締結日の記入

㉓　契約締結日（例：令和元年5月31日）

　では、契約を締結するうえで留意すべき点はどのようなものがあるのでしょうか。以下で解説していきましょう。

Part 2
契約管理

（1）契約の成立要件

＜改正民法にて新設＞

（契約の成立と方式）

第522条

1　契約は、**契約の内容を示して**その締結を申し入れる意思表示（以下「**申込み**」という。）に対して相手方が**承諾**をしたときに成立する。

2　（略）

　契約の成立要件とは、**申込み**と**承諾**の意思表示の合致（合意）をいいます。意思表示が外形的にも存在しない場合には、法律行為は不成立となります。現行民法においては、合意による契約の成立は当然のこととして特段法律で規定されていませんでしたが、改正民法においては、申込みの意思表示と承諾の意思表示の合致により契約が成立することが明文化されています（改正民法522条1項）。この点、契約の申込みに際して必要とされる「契約の内容を示して」の意義について、文言上はどのような内容を示す必要があるかは判然としません。そのため、不十分な内容の提示にとどまる場合、契約の「申込み」ではなく、「**申込みの誘引**」（相手方を誘って申し込みをさせようとする意思表示。≠「申込み」）にすぎないと解釈され、契約が成立しなくなるおそれがあります。そのため、改正民法施行後は、できる限り契約の内容を具体的に特定した上で、契約の申込みを行うことが望ましいといえます。

（2）契約の成立時期

【契約の成立時期】

現行民法	改正民法
（隔地者間の契約の成立時期） 第526条 1　隔地者間の契約は、承諾の通知を発した時に成立する。 2　申込者の意思表示又は取引上の慣習により承諾の通知を必要としない場合には、契約は、承諾の意思表示と認めるべき事実があった時に成立する。	＜新設＞ <u>（契約の成立と方式）</u> 第522条 1　<u>契約は、契約の内容を示してその締結を申し入れる意思表示（以下「申込み」という。）に対して相手方が承諾をしたときに成立する。</u> 2　<u>（略）</u>
（隔地者に対する意思表示） 第97条 1　隔地者に対する意思表示は、その通知が相手方に到達した時からその効力を生ずる。 2　（略）	（意思表示の効力発生時期等） 第97条 1　意思表示は、その通知が相手方に到達した時からその効力を生ずる。 2〜3　（略）

　現行民法においては、契約の成立時期を承諾の発信時と規定しています（現行民法526条1項）。

　これに対して、改正民法においては、契約の成立要件が明文化されるだけでなく、契約の成立時期について**発信主義から到達主義へと転換**されることにも注意が必要です。すなわち、契約の申込み・承諾等を含む意思表示全般の効力発生時期を定める改正民法97条1項は、「相手方に到達した時」に効力が生じる旨規定しています。そして、前記のとおり、改正民法522条1項は、契約の成立時期について、「相手方が承諾をしたとき」と規定するとともに、承諾については例外的に発信したときに効力が生じると規定する現行民法526条1項が削除されることから、承諾の意思表示の効力は、意思表示の効力発生時期の一般原則である改正民法97条1項が適用され、到達時に効力が生じることとなります。このように、改正民法においては、承諾の意思表示が相手方に到達しなければ契約は成立しな

いことから、承諾が到達しなかった場合のリスクは承諾者が負うことになります。したがって、承諾者としては、書留郵便を利用するなど、承諾の到達を記録に残しつつ承諾を行うことが望ましいといえます。

（3）契約締結と書面の要否

　現行民法上、明文の規定はありませんが、個人の生活関係はその自由な意思によって処理されるべきものであるとの考え方から、**契約自由の原則**を採用しています。契約自由の原則は、さらに、（i）契約締結の自由、（ii）相手方選択の自由、（iii）契約内容決定の自由、（iv）契約の方式の自由という4つの原則に分けられるところ、改正民法においては、これらの原則が明文化されています（改正民法521条、522条2項）。

【契約自由の原則】

＜いずれも改正民法にて新設＞

（契約の締結及び内容の自由）

第521条

1　何人も、法令に特別の定めがある場合を除き、**契約をするかどうかを自由に決定することができる。**

2　契約の当事者は、法令の制限内において、**契約の内容を自由に決定することができる。**

（契約の成立と方式）

第522条

1　（略）

2　契約の成立には、法令に特別の定めがある場合を除き、**書面の作成その他の方式を具備することを要しない。**

　（i）**契約締結の自由**とは、そもそも契約を締結するか否かに関する自由をいいます（改正民法521条1項）。

　（ii）**相手方選択の自由**とは、誰と契約を締結するかを当事者の自由に委ねる

原則をいいます（改正民法521条1項）。

（iii）**契約内容決定の自由**とは、強行法規又は公序良俗に反しない限り、契約の内容は当事者が自由に決定することができるという原則をいいます（改正民法521条2項）。

（iv）**契約の方式の自由**とは、いかなる形式による契約とするかは当事者の自由であり、とくに法律の要求する方式を必要とするものではないという原則をいいます（改正民法522条2項）。

このように、（iv）契約の方式の自由の下、原則として当事者間で契約締結に向けた合意があれば、書面がなくても口頭の約束でも契約は成立します。もちろん、FAXやメールでの約束であっても契約は成立します。ただし、保証契約のように、法律上書面の作成が契約の効力要件とされている場合（民法446条2項[3]）もあることに注意が必要です。

（4）契約書のタイトルと法的効果

法律上、契約書のタイトルの決め方について特段のルールはありません。そのため、どのような名称の契約書にするかは当事者間で自由に決めることができ、また、**契約書のタイトルと契約内容には直接の関係はありません**。

なお、実務上、「●●契約書」というタイトルの書面よりも、「●●に関する覚書」「●●に関する念書」といったタイトルの書面の方が、契約としての効力・拘束力が弱い、という誤解が見受けられますが、「契約」とは、当事者間における権利・義務に関する合意をいい、契約の内容を書面化したものを「契約書」というため、当事者間で意思が合致した内容が書面化されていれば、タイトルのいかんにかかわらず、いずれも「契約書」に該当することとなります。したがって、「契約書」・「覚書」・「念書」といったタイトルの違いは、合意内容の効力に影響せず、法的に大きな問題はありません。

（5）前文

前文は契約当事者や契約内容の特定などを行うためのものであり、具体的な契約内容を各条項で定めるため、通常、前文が法的意味を有することはありません。

3　改正民法による変更はありません。

Part 2
契約管理

　なお、改正民法においては、履行不能の判断基準（改正民法412条の２）や損害賠償の債務者の帰責事由の判断基準（改正民法415条１項）として、「その債務の不履行が**契約**その他の債務の発生原因及び取引上の社会通念に照らして」判断することとされ、無催告解除（改正民法542条１項３号）においても「**契約をした目的を達することができないとき**」に該当することが要件として規定されるなど、現行民法以上に、当事者の意思が重視されているものといえます。

　したがって、改正民法施行後は、英文契約における Whereas Clause（取引の背景、両当事者の主な事業内容及び当該契約の目的や締結の経緯等を記載する条項）などのように、前文において契約締結に至った背景等を説明し、当事者の意思を明確にしておくことがより重要になる可能性があります。

（6）条・項・号

　前文以降、具体的な契約条項が記載され、当事者の合意内容を反映し、規定していくこととなります。条・項・号の使用方法や表記の方法について、特段法律上のルールというものはありませんが、一般的な契約書では、一つの「条」の中に複数の「項」があり、一つの「項」の中に複数の「号」がある、という構成を採用しています。

　なお、契約書に規定すべき各条項の順序についても特に法律上のルールはありません。一般的には、以下のように、契約の流れに沿って各条項を記載していますが、記載の順序によって契約書の効力が変わることはありませんので、基本的には読みやすい順序で記載すればよいものといえます。

【契約書条項の一般的な記載順序】

（ⅰ）　契約締結段階に関する条項（契約締結の目的や定義条項など）

（ⅱ）　契約履行段階に関する条項（代金支払、引渡、検収条項など）

（ⅲ）　契約の履行に問題が生じた場合に関する条項（担保責任、危険負担、解除、期限の利益喪失条項など）

（ⅳ）　契約終了段階に関する条項（損害賠償責任、契約終了後の措置など）

（ⅴ）　その他、一般条項（準拠法、裁判管轄、協議条項など）

（7）後文

　後文は、契約書の作成部数や原本・写し等の作成を明らかにするために記載されるものであり、通常、契約書の法的効力に影響を与えることはありません。

　また、原本を何通作成するかについても、契約書のタイトルや当事者名の表記と同様、法律上特段の定めはありません。通常は当事者の人数分作成し、それぞれが一通保管すると規定することが多いのですが、当事者が3名以上等の多数にわたる場合には、当事者の一部のみが原本を保管し、他の当事者はこれをコピーした「写し」を保管するという取扱いをすることもあります。

（8）契約書作成日

　契約書作成日は、実際に契約書を作成した日を明らかにするために記載され、契約書作成日と契約締結日が同日である場合は、契約の内容を構成する場合もあります（たとえば、契約の有効期間として、「本契約の有効期間は、本契約締結日から1年間とする。」旨規定する場合など）。

　なお、契約の方式自由の原則（改正民法522条2項）の下、契約は口頭の合意でも成立するため、実際の契約締結日よりも後で契約書が作成されることは少なくありません。こうした場合に、契約書の作成日や効力発生日を過去に遡らせること（バックデート）は、実務上しばしば行われています。もっとも、口頭での合意に基づき既に取引はスタートしているにもかかわらず、契約書の作成日を取引の実態に合わせて遡らせてしまうと、後日紛争になった場合に、口頭での合意当時、契約書締結権者にその権限があったのか、契約書に規定されている内容と取引の実態にズレがあったのではないか等が問題となる可能性があるので、基本的には、契約作成日はあくまで全当事者が実際に記名・捺印した日として、契約の効力発生日（契約の有効期間の開始日）を過去の日に遡らせるべきといえます。

（9）当事者名の表記

　契約書における当事者名の表記についても、契約書のタイトルと同様、「こうしなければならない」というルールはありません。一般的には「甲」「乙」「丙」などと表記する例が多いですが、もちろん「株式会社●●●」「〇〇〇合同会社」と表記しても構いません。

Part 2
契約管理

もっとも、明らかに当事者の一方をとり違えて記載している条項を見受けることもあり（契約書冒頭の「甲」「乙」と、末尾の署名欄の「甲」「乙」が逆になっているケースも散見されます）、そういった明らかな誤記を防ぐためには、たとえば「長瀬株式会社」であれば契約書中の当事者名を「長瀬」として簡略化して記載したり、「貸主」と「借主」と表記する等、当事者名の表記と当事者の役割の関係を明確化して記載するといった工夫をすることも一案です。

（10）契約書の署名・押印

個人ではなく、会社が当事者となる場合には、契約書にサインをする者が当該会社を代表して契約を締結する権限を有することが必要になります。会社が定款等により代表取締役を定めている場合、代表取締役には会社を代表する権限が与えられている（会社法349条4項）ため、当該会社の代表取締役が契約書末尾の署名権者としてサインするのが一般的です。もっとも、取締役以外の部長等の従業員であっても、会社から対外的代表権を与えられていれば、有効に契約を締結することができます。ただし、実際に代表権が与えられているかどうかは外部の取引先からは把握することができないため、相手方担当者に代表権があるか疑わしい場合は、念のため契約締結権の有無を確認した方がよいでしょう。

また、契約締結に際して、法律上、押印は実印でなければならないといった定めはありません。そのため、**実印**、**認印**[4]いずれによる押印であっても契約の効力自体に差異はありません。ただ、実印と異なり認印は簡単に購入できてしまうため、権限のない者が他人になりすます等して押印をするリスクが高まるおそれがあります。そのため、重要な契約書では実印を用いることがあり、それが実印に間違いないという担保を取るために印鑑証明書の添付を求める場合もあります。

（11）印紙の要否

一定の契約書については、印紙税の納付が義務づけられており、印紙の貼付等が必要となる場合があります（課税文書、印紙税法2条、8条）。**課税文書**とは、印紙税法上、印紙税を納付する必要がある文書で、課税物件表に課税物件として

4　「実印」とは、印鑑登録されている印鑑のことをいい、「認印」とは、印鑑登録がされていない印鑑、いわゆる三文判のことをいいます。

67

定められている文書をいいます（20種類）。課税文書となるか否かについても、契約書のタイトルで判断されるのではなく、たとえば契約書のタイトルが「念書」となっていても内容が金銭の借用証書であれば、課税物件表１の「消費貸借に関する契約」として、契約金額に応じた収入印紙を添付する必要があります。

なお、課税文書に収入印紙が添付されていなかったとしても、その契約の効力自体に影響はありません。ただし、納付すべき印紙税を当該文書の作成のときまでに納付しなかった場合には、納付しなかった印紙税の額とその２倍に相当する金額との合計額（すなわち、本来の３倍の印紙税）を支払う必要があるため、注意が必要です（印紙税法20条１項）。具体的な印紙税額一覧については、国税庁のホームページ等で確認することができます[5]。

2 契約書の書き方・読み方

契約書の役割の一つとして、当事者間の合意内容等の明確化が挙げられますが、そのためには、いつ・どこで・誰が・誰に対して・何の目的で・何を・どのように・いくらで取引するのか、いわゆる６Ｗ２Ｈを、契約書に正確に、かつ、わかりやすく反映させる必要があります。

【６Ｗ２Ｈ】

６Ｗ２Ｈ	内容
When	いつ（契約締結予定日、スケジュール）
Where	どこで（履行地、裁判管轄、準拠法等）
Who	誰が（担当部署の特定）
Whom	誰に対して（取引相手の特定）
Why	何の目的で（契約締結の目的）
What	何を（取引の目的物の特定）
How	どのように（履行方法）
How much	いくらで（対価の算定・決定）

---

5 平成31年４月時点での印紙税額一覧については、https://www.nta.go.jp/taxes/shiraberu/taxanswer/inshi/7140.htm と https://www.nta.go.jp/taxes/shiraberu/taxanswer/inshi/7141.htmをご参照ください。

Part 2
契約管理

　また、契約書において、法律上、「必ずこの用語・用語ルールに従わなければ
ならない」といった決まりはありません。もっとも、契約書の作成においては、
表現のわかりやすさはもちろん、表現の正確さが最も重要な要素の一つとされま
すが、契約当事者のみならず、国民全員を規律する立法の世界においては契約書
の場合以上に表現の正確さが重要視されているといえます。そして、法令用語に
おいては、読み手によって文書の読み方が変わることがないよう、法令用語は厳
密なルールに則って整理されており、「又は」「若しくは」や「及び」「並びに」と
いった用語も厳密に使い分けられています。したがって、当事者間で契約内容の
解釈にズレが生じないよう、法令用語のルールに則って契約書も作成することが
望ましいといえます。

　以下、契約書においても頻出といえる代表的な用語について簡単に説明しま
す。

（1）「又は」「若しくは」

　「又は」と「若しくは」は、意味からいえば、どちらもいわゆる選択的接続詞で
あり、日常用語としては差異はありません。ところが、法令用語としては、両者
は厳格に使い分けられています。

　まず、数個の語句を単純に並列するだけのときは「又は」を使用します。たと
えば、「A又はB」、「A、B、C又はD」といった記載をします。

　「又は」は、大きな接続の段階で使用する一方、「若しくは」はその下の小さな
接続において使用します。具体的には、A又はBというグループがまずあって、
これとCというものを対比しなければならないような場合に、「A若しくはB又は
C」と記載します。

（2）「及び」「並びに」

　併合的に結びつけられる語句が単純に並列的に並ぶだけのときは「及び」を使
用します。たとえば、「A及びB」、「A、B、C及びD」といった記載をします。他
方、結合される語句に意味の上で上下・強弱の段階があるときは、「及び」の他に
「並びに」を使用します。具体的には、「A・Bグループ」と「C」とに分けられ、
A・Bの結びつきが強いことを示す場合には、「**A及びB並びにC**」と記載します。

（3）「時」「とき」「場合」

「時」と「とき」については、時点や時刻が特に強調される場合には「時」を、一般的な仮定的条件を表す場合には「とき」を使用します。たとえば、「被相続人が相続開始の時において有した財産」のように使います。

「とき」と「場合」については、いずれも仮定的条件を示すものであり、法文上の用法は同じです。そのため、一般には、別に意味に区別をつけずに、主としてその時々の語感によって適当に使い分けられることがあります。もっとも、仮定的条件が二つ重なる場合には、大きい条件については「場合」を、小さい条件には「とき」を使用します。たとえば、「控訴を棄却した画定判決とその判決によって確定した第一審の判決とに対して再審の請求があった**場合**において、第一審裁判所が再審の判決をした**とき**は」などと使うことになります。

（4）「善意」「悪意」

日常用語としては、「善意」とは、道徳的に善い人、いわゆる善人のことを、「悪意」とはその逆を意味するものとして使用されていますが、法律的な意味とは大きく異なります。

「善意」とは、ある事情を知らないことをいい、「悪意」とは、ある事情を知っていることをいいます。このように、法律上の「善意」「悪意」とは、ある事実に対する知・不知を意味する用語であり、日常的に使用する意味での道徳的な意味合いとは関係がありませんのでご注意ください。

（5）「その他」「その他の」

「その他」と「その他の」は、日常用語としては類似した言葉ですが、法令用語としては厳密に使い分けられています。

「その他」は、前後が並列関係にある場合に使用します。たとえば、「賃金、給料**その他**これに準ずる収入」というように、「その他」の前にある言葉と後にある言葉とは、全部対一部の関係ではなく、並列関係にあるのが原則です。すなわち、「賃金、給料」と「これに準ずる収入」とは別の観念として並列されており、賃金や給料が「これに準ずる収入」の一部の例示として掲げられているわけではありません。

これに対して、「その他の」は、前にあるものが後にあるものの例示である場合に使用します。たとえば、「内閣総理大臣その他の国務大臣」、「俸給その他の給与」というように、「その他の」の前に出てくる言葉は、後に出てくる言葉の一層意味内容の広い言葉の一部をなすものとして、その例示的な役割を果たす趣旨で使われます。

（6）「直ちに」「速やかに」「遅滞なく」

「**直ちに**」は、時間的即時性が最も強く、一切の遅れは許されません。意味合いとしては、即時に・間を置かずに、といったイメージです。

「**速やかに**」は、できるだけ早く、という意味であり、「直ちに」「遅滞なく」と異なり、訓示的な意味で使われる場合が多いといえます。

「**遅滞なく**」は、事情の許す限り、最も早く、という意味です。合理的な理由があれば、その限りでの遅れは許されると解釈することができます。

いずれも時間的即時性を表す言葉ですが、大阪高裁昭和37年12月10日判決・判タ141号59頁によれば、時間的即時性の強弱で言えば以下のように整理することが可能です。

> **「直ちに」＞「速やかに」＞「遅滞なく」**
> ※左が最も時間的即時性が強い

（7）「前項」「前●項」「前各項」

「前項」、「前●項」、「前各項」の関係についても紛らわしいため、以下の条項をサンプルとしてそれぞれの違いを簡単に説明します。

```
（例）
第●条
第1項　・・・・
第2項　・・・・
第3項　・・・・
第4項　「前項に定める」／「前2項に定める」／「前各項に定める」
```

　上記例において、第4項に規定する「**前項**」とは第●条第3項のことを、「**前2項**」とは第●条第2項及び第3項のことを、「**前各項**」とは直前の項すべて（第●条第1項から第3項まで）を意味します。なお、「第1項から第3項まで」のように、連続する場合は「乃至（ないし）」を使用します。この記載方法は、「項」だけでなく、「条」、「号」、「編」、「章」、「節」などにおいても同様です。

（8）「ものとする」

　契約書をレビューしていますと、「…する」「…しなければならない」「…ものとする」「…するものとする」といった用語が同一の契約書中で混在しているケースを頻繁に見受けます。これらの用語については、その時々の語感によって使い分けている例が多いのではないかと思います。実際、法令においても、「ものとする」「するものとする」という用語は頻繁に登場しますが、その用法は必ずしも一様ではありません。意味合いとしては、「…しなければならない」又は「…する」というような、一定の作為義務を表そうとする場合や一定の事実を断定的に表そうとする場合と近いといえます。もっとも、これらの用語を使うとニュアンスが少しきつく出過ぎるため、もう少し緩和した表現を用いたい場合に、この「ものとする」という表現が使われることが多いといえます。

3　契約書チェックリスト

　　その他、契約書の形式面に関して注意すべき主な点としては以下のとおりです。定義の正確性や空欄の補充漏れ等がないかをチェックするためには、Wordの検索機能も利用すると便利です。

Part 2
契約管理

【契約書形式面のチェックリスト】

- ☐ 誤字・脱字等はないか？
  - ➢ 誤字・脱字等が直ちに契約書の効力に影響を及ぼすことは少ないですが、「甲」と「乙」が入れ替わっていたり、取引金額の桁を間違えていたりするなど、致命的なミスがある場合もあります。
- ☐ 「本件取引」、「本件不動産」等の、契約書において定義付けされた用語が正しく使用されているか？
- ☐ 日付・金額に間違いはないか？　参照条文にズレ等はないか？
  - ➢ 契約締結日付や契約内の各種条項で引用されている日付、また報酬等の金額については、最終稿となった段階で必ずドラフト段階のものとの比較を行い、内容を検証します。
- ☐ 契約書に付随する「別紙」「別添」の漏れはないか？
  - ➢ 契約書本体で概略のみを定め、事務手続や報酬額等の詳細については「別紙」や「別添」に定める場合があります。このような場合には、かかる「別紙」「別添」等を参照する旨が契約書本体に定められ、また、「別紙」「別添」等の内容が契約書本体の規定内容と平仄があっているかを確認します。
- ☐ 空欄にしていた箇所は埋められているか？
  - ➢ 最終稿となった段階では必ずドラフト段階で空欄とした部分が正確に規定されているか確認します。
- ☐ 契約書作成途中での内部コメントはきちんと削除されているか？
  - ➢ 最終稿となった段階では必ずドラフト段階で修正履歴等を付して記載した内部コメントが漏れなく反映され、削除されているか確認します。

Chapter 7 ポイント③ 契約締結準備段階における留意点

1 コンプライアンスリスクの峻別

図表2-4 コンプライアンスリスクの分類

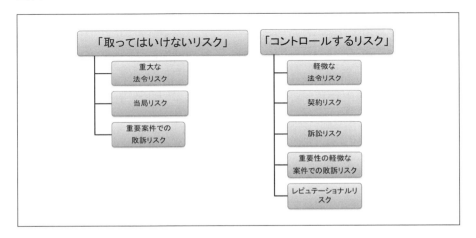

　契約準備段階においては、契約相手も未確定であり、事実関係の詳細も未定・不明確であることが少なくありません。

　もっとも、交渉開始後に重大な法令リスク等の「取ってはいけないコンプライアンスリスク」が顕在化した場合、事後的な対応・修正が困難であり、推進中の案件のスキーム全体を変更せざるをえなくなったり、案件そのものを中止せざるをえなくなったりするなど、重大な悪影響を生じる可能性があります。

　したがって、契約準備段階において、法務担当者・外部弁護士が第一に行うべきは、案件の全体像を早期に把握し、当該案件に係るコンプライアンスリスクの重大性・深刻度を適切に評価・判断し、当該コンプライアンスリスクが「取ってはいけないコンプライアンスリスク」、「取った上でコントロールすべきコンプライアンスリスク」いずれに該当するかを峻別することにあります。

　案件に係る重大な法令違反を犯した場合、当該案件の遂行が困難となるのみならず、違反企業が多大な民事責任及びレピュテーショナルダメージを負う可能性

があります。また、証券会社の役職員がインサイダー取引規制に違反した場合のように、当該企業の業務を規制する業法に違反した場合は、違反企業に対して業務停止命令等の重大な行政処分が下される可能性があるとともに、刑事罰も科される可能性があるなど、致命的なダメージを負う可能性があります。

したがって、案件に係るコンプライアンスリスクが、重大な法令リスク等の「取ってはいけいないコンプライアンスリスク」か否かを、まず評価・判断する必要があります。

2 「取ってはいけないコンプライアンスリスク」の観点

推進中の案件に係るコンプライアンスリスクが「取ってはいけないコンプライアンスリスク」に該当する場合、当該コンプライアンスリスクについて適法に整理することが可能か、可能として、どこまで深く整理する必要があるかを検討する必要があります。

具体的には、法務担当者限りのリーガルチェックで整理することができるか、案件の重大性・違反の可能性等に鑑み規制当局への照会が必要か、取締役等の経営陣の善管注意義務を尽くすべく外部弁護士からリーガルオピニオンを取得する必要があるか、等を検討することとなります。

3 「取った上でコントロールすべきコンプライアンスリスク」の観点

案件に係るコンプライアンスリスクが契約リスク等の「取った上でコントロールすべきコンプライアンスリスク」にとどまる場合、当該リスクをコントロールする手段を契約書に明確に規定する等、適切にコントロールした上で案件遂行に向けて進めていく必要があります。

また、将来の訴訟リスクやレピュテーショナルリスクをコントロールすべく、自社内の取引ルールを確認し、相手方候補との取引が制約されていないか確認する必要がある場合もあります。たとえば、相手方候補が反社会的勢力そのものでなくても、社内規則上の不芳属性先（芳しくない取引先。「反社会的勢力」の概念よりも広い概念）等に該当し、取引が社内ルール上制約されていないか確認する必要があります。

ポイント④　契約交渉段階における留意点

1　契約準備段階と契約交渉開始後の違い

　契約準備段階においては、取引相手方との交渉・関係は発生しておらず、案件推進にあたって障害となる重大な法令リスク等の「取ってはいけないコンプライアンスリスク」の検討・対応が中心となります。

　これに対して、契約交渉開始後においては、取引相手方との交渉・関係が発生したことに伴い、契約締結上の過失に基づく不法行為責任を負わないか、相手方との交渉過程で開示した自社の企業秘密等が第三者に漏洩されるおそれがないか等のリスクが発生します。

　また、M&Aや資本業務提携契約等においては、最終的な株式譲渡契約や業務提携契約の締結に至るまでに長時間の交渉や秘密情報のやり取り等を伴うことから、交渉開始初期の段階から最終合意に対する拘束力の有無や秘密漏洩防止等のリスクコントロール手段を明記しておくことが望ましいといえます。

　このように、契約交渉開始後においては、不用意な交渉に伴う契約締結上の過失に基づく責任や、交渉過程における秘密漏洩のおそれ、最終契約締結にまで至らないおそれなど、契約リスク等の「取った上でコントロールするコンプライアンスリスク」についての検討・対応が中心となります。

2　「取ってはいけないコンプライアンスリスク」の再検討

　ただし、契約交渉開始後においても、取引相手方が具体化したことに伴い、当初想定していた前提事実が変更される可能性があることから、「取ってはいけないコンプライアンスリスク」についても、再度検討が必要となる場合があります。その場合、法務担当者にて再度リーガルチェックを行うことはもちろん、前提事実の変更に伴うコンプライアンスリスクへの影響の重大性によっては、再度外部弁護士に相談する必要も生じえます。

Part 2
契約管理

3 「取った上でコントロールするコンプライアンスリスク」の検討

（1）「契約締結上の過失」に係るリスク

　契約交渉を行っている当事者間において、最終的に契約を締結するか否かは原則として当事者の自由な判断に委ねられています（契約自由の原則）。もっとも、当事者が相当期間の交渉を継続し、主要な契約条件等がまとまってきたにもかかわらず、一方当事者が合理的な理由もなしに自由に契約締結を拒否できるとすると、相手方当事者はそれまでに費やした交渉の時間や経済的負担が無駄になってしまいます。

　このような場合に、合理的な理由もなく契約締結を拒んだ当事者に対して信義則上の責任を認め、不当に契約締結を拒絶された相手方当事者は、契約が締結されると信じて行動したことにより支出した費用や損害（信頼利益）について、不法行為に基づく賠償請求を行うことができることとされています（**契約締結上の過失**。最高裁平成23年4月22日）。

　したがって、特に不動産売買契約やM&A、業務提携契約などのように長期間にわたって交渉が継続され、契約締結の期待が害されることにより大きな損害が生じる可能性のある契約類型の場合は、相手方当事者の契約締結に向けた期待を不当に侵害しないよう、交渉の過程にも慎重な配慮が求められることとなります。また、（3）で述べるような基本合意書を締結する場合には、当該契約を締結しない場合に比して、より相手方当事者の契約締結に向けた期待を高めるといえ、契約締結上の過失が認められやすくなると思われます。

（2）秘密漏洩のリスク

　契約締結に向けた交渉が開始されると、製品情報や顧客情報など、自社のさまざまな機密情報や個人情報等を相手方当事者に開示する必要が生じる場合があります。これらの機密情報等が相手方の企業内部にとどまらず、第三者に漏洩されてしまうと、情報を開示した企業は、個人情報保護法等の法令違反に問われるだけでなく、致命的なレピュテーショナルダ

メージを被る可能性があります。

　かかる秘密漏洩のリスクをコントロールすべく、契約準備段階において、早期に機密情報等の管理方法や守秘義務を定めた秘密保持契約書を取り交わす必要があります。

（3）最終契約締結に係るリスク

　M&Aや資本業務提携などでは、最終的な株式譲渡契約や業務提携契約の締結に至るまでに長期間の交渉や機密情報等のやり取り等を行い、多大なコストと時間を費やすことが少なくありません。

　そして、長期間にわたる交渉を経たとしても、契約自由の原則の下では、相手方に最終契約締結を強制することはできず、契約締結上の過失に基づく責任追及は別として、最終契約締結には至らない可能性を排除することはできません。

　したがって、最終契約が本当に締結されるか不確定なリスクをコントロールすべく、交渉開始後できる限り早い段階で、独占交渉義務の有無や最終契約の締結に関する法的拘束力の有無等を定めた基本合意書を締結することが重要となります。

　なお、独占交渉義務違反が問題になった事例として、住友信託銀行 vs UFJホールディングスほか2社（旧UFJ3社）事件（最高裁平成16年8月30日決定・民集58巻6号1763頁、東京地裁平成18年2月13日判決・判時1928号3頁）があります。当該事件は、両当事者が、協働事業化に関して締結した基本合意書において独占交渉義務及び誠実交渉義務を定めていましたが、旧UFJ3社はそれらに反して三菱東京フィナンシャルグループと協働事業について協議したため、住友信託銀行が差止の仮処分と損害賠償の本訴を提起したものです。当該事件では、基本合意書上、法的拘束力の有無が明記されていなかったこともあり、損害賠償の範囲も含めて紛争が複雑化しましたが、最終的には和解で解決されています。当該事件を踏まえて、基本合意書に法的拘束力の有無を明記することが一般的です。

Chapter 9 ポイント⑤ 契約書作成段階における留意点

1 要件事実論

（1）概要

　契約交渉が順調に進み、契約締結段階に至ったとしても、将来の事情の変更等により、相手方当事者と紛争が生じる可能性は排除できません。不幸にして紛争に至った場合、最終的な解決方法は裁判となります。

　そして、日本の民事訴訟における重要な考え方として、「要件事実論」を理解しておく必要があります。「要件事実論」とは、裁判において一定の法律効果を主張するためには、いずれの当事者が当該法律効果を生じさせる一定の法律要件に該当する具体的事実を主張し、立証する責任を負担するか、に関する考え方をいいます。かかる一定の法律要件に該当する具体的事実のことを「要件事実」といいます。

　「要件事実論」の下では、要件事実の主張責任を負担する当事者が、裁判において当該要件事実の存在を主張・立証できない場合、当該要件事実は存在しないものとして扱われ、敗訴することとなります。したがって、要件事実の主張・立証責任をどちらの当事者が負担するかは、訴訟の結果に直結する重要なポイントとなります。

　そのため、各契約類型に応じた要件事実及びその証拠となる事項を契約書中に明確に規定することにより、当該契約の解釈をめぐって将来紛争が生じた場合において、当該契約書は極めて有力な証拠として機能することとなります。

（2）要件事実論と契約書のドラフティング

　以下、最もシンプルかつ典型的な契約類型の一つである売買契約を例にとって、契約書のドラフティングに際して要件事実論の考え方をどのように反映すべきか、簡単にご説明します。

　買主が弁済期を過ぎても売買代金を支払ってくれず、売主が買主に対して売買

代金支払請求訴訟を提起する場合、売主は、以下の要件事実を主張・立証する必要があります。

---

① 売主が買主との間で売買契約を締結したこと
② 目的物及び売買代金の特定

すなわち、「売主は、買主に対して、平成●年●月●日付売買契約に基づき、商品〇〇〇〇を代金●万円で売却した」旨の要件事実を主張し、当該要件事実を裏付ける証拠を提出して立証していくこととなります。そこで、売買契約書では、以下の内容の条項を規定しておくことが必要です。

第●条（商品の売買）
売主は、以下に定める商品（以下「本件商品」という。）を買主に対して１個●万円で売渡し、買主は、これを買い受けるものとする。
（商品名）〇〇〇〇

有効に作成された上記売買契約書が裁判において提出されれば、裁判所は、通常は、売主の売買代金支払請求に係る要件事実が立証されたものとして、売主の主張を認めることとなります。したがって、買主が何も反論せずにそのまま放置すると、買主は敗訴することとなります。

これに対して、買主からは、「売買代金の支払いは、買主が本件商品について検収を実施し、合格したと認めた場合に限られるところ、裁判の対象となっている商品については検収に合格していない」旨の抗弁を主張することが考えられます。かかる抗弁を主張する場合、買主は、以下の要件事実を主張・立証する必要があります。

---

① 当事者間で、買主による検収に合格した商品についてのみ売買代金を支払う旨の合意をしたこと
② 本件商品は、買主による検収に合格していないこと

買主は、かかる検収の抗弁を主張する場合、あらかじめ売買契約書に以下の条

Part 2
契約管理

項を規定しておくことが望ましいといえます。

第●条（検収）
買主は、本件商品受領後、速やかにこれを検査し、検査に合格した場合はその旨を証する書面を売主に対して交付し、本件商品の瑕疵、数量不足、数量過剰、品目違い等を発見したときは、直ちに売主に書面で申し出るものとし（以下「検収」という。）、買主は、検収に合格した本件商品についてのみ、第●条に規定する売買代金を売主に対して支払うものとする。

　買主からかかる検収の抗弁が主張され、上記条項が規定された売買契約書が裁判において提出された場合、本当に本件商品について買主による検収に合格していないかが争点となり、売主による売買代金支払請求は直ちには認められないこととなります。

　そこで、売主としては、買主から検収の抗弁が主張される場合に備えて、あらかじめ売買契約書に買主がいつまでに検収を終えなければならないかを規定しておき、買主の主張は当該検収期間経過後になされたものであるから成立しない旨再反論することが考えられます。その場合、売買契約書には、たとえば以下の内容の条項を規定しておくこととなります。

第●条（検収）
買主は、本件商品受領後、速やかにこれを検査し、検査に合格した場合はその旨を証する書面を売主に対して交付し、本件商品の瑕疵、数量不足、数量過剰、品目違い等を発見したときは、直ちに売主に書面で申し出るものとし（以下「検収」という。）、買主は、検収に合格した本件商品についてのみ、第●条に規定する売買代金を売主に対して支払うものとする。ただし、買主は検収を本件商品受領後14日以内に完了させるものとし、買主が当該期間内に検収を完了しない場合は、売主は、当該期間の満了時に検収に合格したものとみなすことができる。

　上記但書（下線部）が売買契約書に規定されていれば、売主は、本件商品の引渡しの事実と時期、検収合格の通知が引渡後14日以内になされていないことを

81

立証することにより、買主の検収の抗弁に対して、「既に本件商品を買主に引き渡してから14日以上経過しており、売主は検収に合格したものとみなすことができるため、買主による検収の抗弁は成立しない」旨の反論が可能となります。

このように、実際の訴訟においては、各当事者から要件事実の主張が飛び交い、当該要件事実を契約書等によって立証することとなります。したがって、あらかじめ当事者が主張するであろう要件事実を意識して契約書をドラフトすることにより、いざ訴訟となった場合に、有利に裁判を進めることが可能となります。さらに、契約書上、要件事実に関する条項を明確に規定しておくことにより、裁判にまで至らず、当事者間の話し合いによる和解等の解決を促すことにもつながるものといえます。

2　立証責任

要件事実に沿った主張を行ったとしても、当該要件事実を立証することができなければ、訴訟上、当該要件事実は存在しないものとして扱われ、当該要件事実に基づく自己に有利な法律効果も生じないこととなり、敗訴することとなります。そのため、要件事実を主張する当事者は、当該事実の存在を立証する証拠を自ら探し集め、提出する必要があります。

このように、ある要件事実の存在を立証することができず、真偽不明である場合に、その事実を要件とする自己に有利な法律効果が認められないこととなる一方当事者の不利益のことを「立証責任」といいます。そして、「立証する」とは、当事者が自己に有利な証拠を提出することにより、裁判官に対して要件事実の存在を確信する状態にさせることをいいます。

したがって、訴訟においては、争点となっている法的論点に係る要件事実の分析とともに、当該要件事実を立証するに足る十分な証拠があるかが重要なポイントとなります。

Part 2
契約管理

3　証拠の重要性

（1）証拠の種類

　それでは、裁判においては、いかなる資料が証拠となるのでしょうか。結論としては、およそ訴訟の対象となっている要件事実に関する一切の資料が証拠となり得ますが、大きくは、当事者や関係者から聞き取った内容に基づく人的証拠（「人証」）と、契約書やメモなど、物に基づく物的証拠（「物証」）とに分類することができます。

（2）人証

　「人証」とは、訴訟の原告・被告となる当事者に対する当事者尋問、及び証人に対する証人尋問から得られた供述内容をいいます。
　企業間の取引においては、人証は、物証に対する補完的な証拠にとどまるのが通常です。もっとも、決定的な物証がない場合や、契約書の解釈をめぐって当事者の真意や規定の主旨等が問題となっている場合などにおいては、人証が重要な証拠となる場合もあります。

（3）物証

　「物証」とは、文書や物それ自体等、物による証拠をいいます。「物証」の中でも、裁判実務上、証拠として提出されることが多いのは、文書による証拠方法である「書証」となります。
　書証には、契約書のみならず、取締役会議事録や株主総会議事録、各種帳簿書類、報告書、稟議書、メモ帳など、およそ一切の書面が含まれます。また、物理的な「紙」ベースの資料に限らず、メールやFAXでのやり取り等も書証に含まれますし、自らの備忘としてチラシの裏に走り書きした手書メモであっても立派な証拠となりえます。
　書証は、当事者の主観が混じってしまう人証と比べて客観性が高く、虚偽が混入する可能性が低いことから、証明力（証拠としての価値）が高く評価される傾向にあります。また、書証の中でも、紛争が生じる前から作成されていた契約書

83

や覚書、紛争とは無関係に定期的に作成されていた業務日誌や業務記録等は、特に有力な証拠として認められやすいといえます。

4　契約書の重要性

　裁判では、3（3）で述べたように争点となっている要件事実に関する一切の資料が証拠となりえますが、企業間の取引において最も強い証拠力が認められるのは、やはり契約書です。

　契約書には、契約締結に至るまでの当事者間の交渉の結果が各条項の文言に規定されており、当事者間の合意内容等が明確化されているだけでなく、当該合意がなされた日付が記載され、当事者双方の記名又は署名及び代表者印が押印されているのが通常です。そして、会社の代表者印は、通常は厳格に保管されており、決済権限を有する代表者以外は自由に押印することができないことから、当事者双方の署名権限を有する者による署名押印がなされた契約書が存在すれば、裁判官は、「当事者双方が適法に契約書を作成し、契約書の作成日付時点において、当該契約書に記載された内容の合意が存在した」と判断することとなります。

　したがって、契約書ドラフト段階では、契約書の証拠としての重要性に十分に配慮し、各契約類型の留意事項を踏まえ、文字どおり一字一句に細心の注意を払ってドラフトする必要があります。

　また、繰り返しになりますが、契約自由の原則の下では、原則として、当事者間で合意すれば、法令以上の有利な条件を設定することが認められています（契約内容の自由の原則）。そのため、契約書をドラフティングする際には、法令を逸脱しない範囲で、できる限り自社に有利な内容の条項を盛り込むことが望ましいといえます。

　なお、契約書において、物的担保や人的担保を設定することによって債権回収の可能性を高めたり、強制執行認諾約款付公正証書の作成義務を盛り込むことによって、債権回収に係るリスクを低減することも考えられます。

Part 2
契約管理

5　交渉過程におけるやり取りの証拠化

　書証として最も証拠価値が高いのは契約書ですが、当事者間の交渉力の優劣等によっては、契約書を取り交わすことができない場合もあります。

　しかしながら、契約書はあくまで証拠の中の1つに過ぎず、メールであろうと発注書・注文書であろうと、「いつ」「どこで」「誰が」「誰に対して」「何を」「どのようにして」「いくらで」提供するかが明確になっていれば、立派な証拠として認められることとなります。

　特に、メールの場合、送信日時・送信者・受信者が明確に記載されることから、相手方当事者からの返信があれば、契約の申込みと承諾の意思表示も表れているものとして、実質的に契約書に準ずる証拠価値が認められる可能性があります。ただし、メールでのやり取りの場合、相手方当事者から返信がない場合、そのままでは相手方当事者の承諾の意思表示の確認が困難であることから、別途、相手方当事者の担当者に架電し、通話記録を残す等の方法と併用する場合もあります。

　また、発注書・注文書は、基本的には当事者の一方が相手方に対して差し入れる書面であり、相手方の承諾の意思表示が明確ではないことから、別途、発注書・注文書と同内容を記載したメールを送信したり、相手方に架電してその通話記録を残す等の方法と併用して証拠価値を高める場合があります。

　このように、契約書以外にも、当事者間の交渉過程におけるやり取りをもって証拠とすることも可能ですが、裏を返せば、不用意な交渉過程は、そのまま不利な証拠ともなりうることに十分に注意する必要があります。

Chapter *10* ポイント⑥ 契約履行段階における留意点

1 契約（法律行為）の要件の確認

　契約締結後に相手方とのトラブルが生じる場合、その原因・相手方の主張は事案に応じて多種多様ですが、突き詰めれば「貴社と締結した契約は、法律行為の要件を充足していない」という主張に集約することが可能です。

　すなわち、相手方とのトラブルが顕在化するケースにおいては、①契約が成立していない（成立要件）、②仮に成立していても無効な契約である（有効要件）、③有効に成立していたとしても相手方に効果が帰属していない（効果帰属要件）、④有効に成立し、その効果が相手方に帰属していたとしてもいまだ発生していない（効力発生要件）のいずれかの段階において当事者間で対立が生じているものといえます。したがって、相手方との間で契約の履行段階以降にトラブルが生じた場合、上記法律行為の要件のいずれにおいて対立が生じているのか、1つひとつ事実関係を確認し、検討していく必要があります。

（1）契約の成立要件の確認

　既に述べたように、契約の成立要件とは、申込みと承諾の意思表示の合致（合意）をいいます。意思表示が外形的にも存在しない場合には、法律行為は不成立となります。法律行為によっては、意思表示に加えて目的物の授受（要物契約）や一定の方式でなされること（要式行為）が成立要件とされる場合もあります。たとえば、要物契約である金銭消費貸借契約が成立するためには金員の授受が必要とされ、要式契約である保証契約が成立するためには書面で契約が締結されることが必要となります。

（2）契約の有効要件の確認

　契約が有効であるためには、当該契約に無効原因や取消原因が存在しないことが必要となります。契約の有効要件は、法律行為の内容に関する要件（客観的有効要件）と意思表示に関する要件（主観的有効要件）とに分類できます。

客観的有効要件として、契約内容が利息制限法上の上限利息に違反していないことのように強行規定に違反していないことや、愛人契約のように契約内容自体が公序良俗に違反する場合が挙げられます。

主観的有効要件としては、契約当事者に権利能力・意思能力・行為能力があることや、意思表示に瑕疵がないこと（意思の不存在・瑕疵ある意思表示でないこと）、法人であれば定款記載の目的の範囲内であること等が挙げられます。

なお、契約がいったんは有効に成立したとしても、トラブル発生時点においても有効に存続しているかは別途確認が必要となります。

たとえば、契約の有効期限が切れてしまっている場合、当該契約の自動更新条項等が規定されていない限り、契約は失効することになります。したがって、以前に契約を締結していたから問題はない、などと安易に構えず、契約の有効期限は必ず確認する必要があります。

また、契約書の条項において、支配株主の変更や経営体制の重大な変更等が生じた場合に、相手方当事者に対する通知事由や契約の解除事由等に規定されている場合があります（「チェンジ・オブ・コントロール条項」）。たとえば、A社がB社の主力商品である工作機械に魅力を感じ、B社の100％株主となることを目指してB社との間で株式譲渡契約を締結する場合において、実はB社が当該工作機械の製造に関してC社からライセンスの供与を受けており、B社・C社間のライセンス契約において、「B社の支配株主が変更された場合、C社はB社とのライセンス契約を解除することができる」といったチェンジ・オブ・コントロール条項が規定されている場合がありえます。この場合において、A社がB社・C社間のライセンス契約について何も手当せずにB社との株式譲渡契約を締結し、実行してしまうと、C社はB社とのライセンス契約を解除することができ、結果としてA社はB社の100％株主となったものの、工作機械の製造に必要なライセンスを失うこととなり、当初の目的を達成できなくなってしまうおそれがあります。したがって、重要な契約の履行に際しては、自社と相手方との契約書の条項だけでなく、他の契約書においてチェンジ・オブ・コントロール条項が規定されていないかについても留意が必要です。

（3）契約の効果帰属要件の確認

契約の効果帰属要件とは、代理人による契約締結の効果を当事者本人に及ぼす

場合のように、法律行為の効果を他人に帰属させるための要件をいいます。具体的には、行為者に代理権や処分権が存在する必要があり、これらの権限のない行為は、原則として契約の効果が本人に帰属しないこととなります。

たとえば、会社（法人）としての契約であるにもかかわらず、会社（法人）の業務執行権限を有さない者が署名押印をして契約を締結したとしても、会社（法人）として署名押印をしたことにはならず、有効な契約の締結とはみなされないことになります。

（4）契約の効力発生要件の確認

契約の効力発生要件とは、契約の効力が発生するための要件をいい、一定の事実が生じない限り、契約の効力が発生しないこととなります。

契約の効力発生要件は、「条件」・「期限」（民法127条〜137条）のように、当事者の意思表示によるものと、相続における遺言者の死亡（民法985条）のように、法律の規定によるものとに分類することができます。

たとえば、契約上、停止時条件が設定されている場合には、停止条件が成就しなければ、契約に従った債権を行使できないことになります。停止条件とは、法律行為の効力発生に条件が付されている場合であり、停止条件付法律行為は停止条件が成就した時からその効力を生ずるというものです（民法127条）。停止条件の一例としては、「自社がA銀行から融資を受けることができたら、B社から商品を購入する。」というようなケースが挙げられます。

また、契約上の債権を行使するためには、期限（履行期）が到来している必要があります。たとえば、金銭消費貸借契約上は1億円の貸金返還請求権を有しているとしても、返済期限（履行期）が1年後に設定されている場合は、1年経過しなければ原則として1億円を返済するよう請求することはできないことになります。もっとも、契約上、期限の利益喪失条項が定められているのであれば、当該期限の利益喪失事由が生じていないか、別途確認が必要となります。

なお、金銭消費貸借契約等において、他の契約において期限の利益喪失事由が生じた場合に、当該金銭消費貸借契約等においても連動して期限の喪失事由となる旨の条項が規定されている場合があります（「クロスデフォルト条項」）。かかる条項が規定されている場合、問題となっている金銭消費貸借契約等の履行状況を確認するだけでは足りず、他の契約書においても期限の利益喪失事由が生じて

いないか、その履行状況を確認する必要があるため、注意が必要です。

2 契約の履行に対する抗弁事由の確認

契約が有効に成立しているとしても、契約の履行に対する抗弁事由が付されていないか確認する必要があります。代表的な抗弁事由としては、同時履行の抗弁権（民法533条）が挙げられます。履行期が到来しているとしても、同時履行の抗弁が設定されている場合、相手方に対する債権を行使するためには、自社も相手方に対する債務を履行しなければなりません。

たとえば、売買契約において、買主の代金支払義務の履行期が到来しているとしても、売主に対する同時履行の抗弁が主張できるのであれば、買主は、売主から売買契約の目的となっている商品の引渡しと引き換えでなければ代金の支払いを拒むことが可能となります。このように、同時履行の抗弁が設定されている場合には、自社の相手方に対する債務を履行するにあたっての問題がないかどうかを検討する必要があります。

3 契約の履行の管理

契約が有効に成立し、契約の履行に関して抗弁事由が特になければ、実際に契約に規定した条項に従った債務の履行がなされるかを管理することとなります。

本来、債権者から特に通知しなくとも、債務者は契約に規定した条項に従って債務を履行するはずですが、すべての債務者が契約に従って債務を履行するとは限りません。契約を締結したのだから当然に履行されるはずだ、などと漫然と構えていては、放置されてしまうおそれもあります。

したがって、履行期が到来した都度、債務の履行の有無を確認するとともに、仮に債務が履行されていないのであれば、早急に債務を履行するよう促したり、債務を履行できない事情を確認するなどの対応をとる必要があります。

なお、万が一、契約締結後に相手方が債務を履行しないままであった場合には、紛争に発展する可能性もあります。

Chapter 11

ポイント⑦　契約締結後における留意点

1　総論

　契約締結後に取引先との間で紛争に発展する場合、ある日突然紛争が表面化することは稀であり、通常は紛争に発展する予兆が生じます。

　法務担当者としては、できる限り紛争自体が発生しないよう予防法務の拡充に務める必要がありますが、それでも100%紛争の発生を防ぐことはできません。そのため、いち早く紛争発生の予兆を察知し、紛争の発展・拡大を防止するように努めることも法務担当者の重要な役割となります。

　以下では、紛争発生の予兆に関し、留意すべき事項をご説明します。

2　紛争発生の予兆の事前察知の重要性

　紛争発生の予兆を事前に察知することの意義は、以下の3点にあります。

（1）紛争の「発生」防止

　紛争発生の予兆を察知することができれば、取引先との契約内容を修正すること等によって、紛争の発生そのものを防止できる可能性があります。

　そこで、紛争発生の予兆を察知した場合には、問題となっている契約（以下「原契約」といいます）の内容を再度確認し、場合によっては原契約の内容を修正する旨の「覚書」等を取り交わすことで紛争の発生を予防できる可能性があります。

　「覚書」の締結等、原契約の修正にも相応の時間・コストを要しますが、紛争が発生した場合の対応が必要となった場合には、より多くの時間・コストを要することになります。

　少しでも早期に紛争を解決するとともに、紛争解決に要するコストを抑えるためには、原契約修正によって紛争の発生自体を未然に防止する必要があります。

（2）紛争の「拡大」防止

　仮に紛争の発生自体は避けられないとしても、いち早く対策を講じることによって、紛争の拡大を防止することが期待できます。

　たとえば、売買契約において、取引先の経営状況が悪化し資力に問題が生じているにもかかわらず、安易に取引関係を継続し、商品を供給し続けた場合、後日取引先の経営が破綻し、売掛金の回収が不能となる可能性があります。漫然と売買契約を継続すればするほど回収不能となる売掛金の金額が増え、自社の経営に支障を来たす事態になってしまうこともありえます。

　このような深刻な事態にまで発展することのないよう、紛争の予兆を察知した場合には、できる限り早期に対策を講じ、紛争の拡大を防止する必要があります。

　前記の例で言えば、取引先の経営状況が悪化しているという予兆を察知した場合、商品の販売数を調整したり、各取引における売買代金の支払時期を早めてもらうようにしたりすることで、売掛金の回収が不能になるリスクをできる限り抑えるように対応していく方法が考えられます。

（3）証拠の収集・保全

　将来の紛争の発生は避けられない場合であっても、紛争発生の予兆を事前に察知することで、将来の紛争に備えた証拠の収集・保全をすることが可能となります。

　たとえば、ソフトウェア開発委託契約締結後に、受託者が開発した成果物が完成する前に、当該成果物の著作権の帰属に関する条項の解釈をめぐって受託者と対立が生じている場合には、著作権の帰属について決着がつくまで、受託者が契約内容に従った業務を遂行してくれない可能性があります。

　このように、契約条項の解釈をめぐって紛争に発展する予兆がある場合には、紛争に発展する前の時点から、意識的に有利な証拠を収集・保全するように対応していく必要があります。前記の例でいえば、仮にソフトウェア開発委託契約書上、成果物の著作権の帰属に関する条項そのものがなかったり、規定されていても委託者・受託者いずれに帰属するか明確でなかったりした場合には、口頭でいくら議論しても後日立証することができずに水掛け論で終わってしまうため、意

識的にメールやFAX等、記録として残る媒体で行うようにしたりするほか、場合によっては受託者の担当者に架電する際に電話録音を実施するなどの対策を講じ、契約書以外の証拠を収集する等の対応が考えられます。

自社にとって有利な証拠を収集・保全することができれば、後日紛争に発展したとしても、これらの証拠をもとに交渉をすることで、早期に紛争解決をすることも期待できます。

3　紛争発生の予兆・チェックリスト

図表2-5　紛争発生の予兆

図表2-5ように、紛争発生の予兆は、できる限り早期の把握が重要となります。そこで、紛争発生の予兆の事前察知を可能とするためにお勧めするのは、チェックリストの作成・活用です。

以下でチェックリストの参考例（図表2-6）をご紹介しますが、こうした紛争発生の予兆を事前察知するためのチェックリストは、法令やガイドライン等で規定されているわけではないため、各企業や各取引類型に応じて適宜修正していくことが望ましいでしょう。

なお、以下のチェックリストでは、紛争が発生するリスクを整理するため、紛争発生の危険度を、図表2-5で示した①安定段階（紛争発生の可能性が低い段階）、②要注意段階（紛争発生の可能性が高まっている段階）、③緊急段階（紛争発生を回避できない段階）の3つに分類していますが、この分類も、各企業や各取引類型に応じて、より細分化することも考えられます。

Part 2
契約管理

図表2-6　紛争発生の予兆・チェックリスト

類型別	安定段階 （紛争の可能性 が低い段階）	要注意段階 （紛争発生の可能性 が高まっている段階）	緊急段階 （紛争発生を回避 できない段階）
判断ポイント	□クレームもなく取引を継続している □契約に沿ったサービスが提供されている □期限までに支払に応じる □営業を継続的に行っている形跡がある	□契約内容についてクレームが発生してくる □契約に沿ったサービスが提供されない □期限までに支払いが完了されない □営業を継続的に行っている様子がない □経営状況悪化の様子がみられる	□クレームが代理人（弁護士）名義で送付されてくる □サービスの提供が停止される □債務の支払いが停止される □経営している様子がない □経営状況が極めて悪化している
要因	□長期に及ぶ取引関係がある □自社以外の競合他社が存在しない □経営状況が安定している	□取引関係が短期間にすぎない □競合他社の出現 □経営状況の悪化 　□主要な取引先の喪失・倒産 　□業界全体の不況 　□取引先の競合他社の出現 　□主力事業の失敗 　□製品事故等の発生 　□横領等の被害	□自社の競合他社への切り替え □経営状況の著しい悪化 　□事業全体の失敗 　□資金調達のショート 　□差押 　□従業員不在による事業継続の困難 　□不祥事によるレピュテーションリスクの顕在化
留意事項	□安定段階から要注意段階への移行は不透明 □法務担当者は営業部・現場から情報を収集できる体制を構築する	□要注意段階に移行してからは、従前の取引の履行を優先する □取引の継続・拡大の見直し・停止を検討する □これまでの交渉経過に関する証拠を整理する（メール、FAX、文書等） □弁護士への相談体制を構築する	□弁護士への依頼を検討する □法的手続への移行を含めた紛争の解決方法を検討する

4 チェックリストにおける危険度類型別留意点

（1）安定段階（紛争の可能性が低い段階）

安定段階とは、紛争の可能性が低い段階を指します。

安定段階の判断ポイント、主な要因及び留意事項は以下のとおりです。

ア 判断ポイント

> □ クレームもなく取引を継続している
> □ 契約に沿ったサービスが提供されている
> □ 期限までに支払いに応じる
> □ 営業を継続的に行っている形跡がある（HPの更新が頻繁に行われている、担当者が頻繁に連絡・訪問する等）

① クレームもなく取引を継続している

取引先が契約内容について特にクレームを申し出ることもなく、取引を継続している状況であれば、取引先も現状の契約関係には不満を抱いていないといえます。

仮に取引先が契約内容に不満があるのであれば、取引現場等にてクレームが発生してくる傾向にあります。

② 契約に沿ったサービスが提供されている

取引先が契約に沿ったサービスを提供し続けてくれているのであれば、取引先も現状の契約関係には不満を抱いていないといえます。

また、取引先が契約に沿ったサービスを提供し続けているということであれば、取引先の経営状況にも大きな問題はなく、安定的にサービスを提供できる状況にあるといえます。

③ 期限までに支払いに応じる

取引先が契約どおり、期限までに支払いに応じてくれているということは、契約内容に不満を抱いていないことの現れであるとともに、取引先の経営状況にも大きな問題はないといえます。

Part 2
契約管理

④ 営業を継続的に行っている形跡がある

取引先が営業を継続的に行っている形跡があるかどうかは、取引先の経営状況を判断する1つの指標となります。

仮に取引先の経営状況が悪化し始めている場合、取引先が営業を継続すること自体困難になります。

取引先が営業を継続しているかどうかは、自社営業部等の現場担当者からのヒアリングで確認するほか、取引先企業のホームページが定期的に更新されているかどうか等でも判断することが可能です。

イ 主な要因

- □ 長期に及ぶ取引関係がある
- □ 自社以外の競合他社が存在しない
- □ 経営状況が安定している
- □ 大手取引先が存在する
- □ 十分な資力がある
- □ ニッチな分野で活動している（競争相手の不在）

① 長期に及ぶ取引関係がある

取引先との関係が安定段階にある要因の1つとして、取引先と長期に及ぶ取引関係にあることが挙げられます。

長期に及ぶ取引関係があるということは、これまでにお互いで築いてきた信頼関係があるといえます。できる限り安定的な契約関係を維持することが双方にとってメリットがあるため、紛争に発展することは双方ともに避けようという意識が働きやすいといえます。

また、仮に1つの契約で不備があったとしても、大きなトラブルでなければ、今後の取引関係を見据えて、双方で譲歩することも期待できる関係にあるといえます。

② 自社以外の競合他社が存在しない

取引先との関係が安定段階にある要因の2つ目として、自社以外の競合他社が存在しないことが挙げられます。

自社以外の競合他社が存在する場合、取引先が自社との契約内容に不満

を抱いていた場合、競合他社への変更を検討されることもありえます。

そして、競合他社への変更にあたり、従前の自社との契約への不満から、紛争に発展する可能性が生じるおそれがあります。

③ 経営状況が安定している

取引先との関係が安定段階にある３つ目の要因は、取引先の経営状況が安定していることが挙げられます。

取引先の経営状況が悪化してくると、契約した内容での支払いを期限までに完了することが難しくなってきたり、契約した内容でのサービスを提供することが難しくなってきたりすることが生じてきます。

取引先の経営状況が安定しているかどうかの要因としては、（ⅰ）大手取引先の存在の有無、（ⅱ）十分な資力の有無（資本金、預貯金、不動産等の固定資産等）、（ⅲ）競争相手不在のニッチな分野を押さえているかどうか、等があります。

これらの情報が確認できる場合には、取引先の経営状況には問題がないといえます。

ウ　留意事項

□　安定段階ではあっても、いつ要注意段階へ移行するかは不透明であることを意識する

□　営業部・現場から情報を収集できる体制を構築する

---

① 安定段階ではあっても、いつ要注意段階へ移行するかは不透明であることを意識する

安定段階に分類できる場合には、当面は取引先との関係で紛争が生じる可能性は低いといえます。

とはいえ、紛争が生じる可能性はゼロではありません。

取引先の経営状況が急速に悪化したりした場合には、契約どおりの期限までに支払いに応じなくなったり、サービスの提供が滞る事態も生じえます。

また、自社以上に有利な条件で取引が可能な競合他社が出現することもありえます。

このように、外部環境の変化によって、安定段階から要注意段階へと移行する可能性は否定できませんので、常に警戒は怠るべきではありません。

② 営業部・現場から情報を収集できる体制を構築する

①で述べたとおり、安定段階から要注意段階へいつ移行するかは不透明ですが、その予兆が掴めないわけではありません。

こうした予兆は、取引先と直接接触する営業部や現場から得られる情報に紛れています。

法務担当者は、平時から取引先と直接接触する機会は多くありませんので、まずは自社内部において、安定段階から要注意段階へと移行する予兆となる情報を、営業部や現場から収集できる体制を構築しておく必要があります。

たとえば、月に1回程度、定期的に法務部と営業部や現場との間で、継続案件の進捗状況等についての共有を図るプロジェクトミーティングを開催することなどが考えられます。

（2）要注意段階（紛争の可能性が高まっている段階）

要注意段階とは、紛争の可能性が高まっている段階を指します。

この段階は、紛争の可能性の生じ始めから紛争の発生が不可避となる緊急段階直前までと幅がありますが、判断ポイントに該当する事実の程度に応じて、紛争の可能性の高さが左右されることになります。

要注意段階の判断ポイント、主な要因及び留意事項は以下のとおりです。

ア 判断ポイント

- □ 契約内容についてクレームが発生してくる
- □ 契約に沿ったサービスが提供されない
- □ 期限までに支払いが完了されない
- □ 営業を継続的に行っている様子がない
- □ 経営状況悪化の様子がみられる

① **契約内容についてクレームが発生してくる**

　　取引先が契約内容についてクレームを述べてくるようになった場合、第一義的には当該契約内容に対する修正要求といえます。

　　もっとも、仮に長期に及ぶ取引関係にあった取引先からクレームが生じたということであれば、当該契約内容に対する不満という形をとっただけであり、その背景には自社との取引関係全体に対する不満があるという可能性があります。

　　まずは当該契約に関するクレームについて取引先の主張を傾聴するとともに、その解決に向けて対応する必要がありますが、今回のクレームの背景に自社との取引関係全体に対する不満がないかについても確認する必要があります。

② **契約に沿ったサービスが提供されない**

　　取引先が契約に沿ったサービスを提供してくれないということは、取引先が自社との契約関係を継続することについて不満を抱いている可能性があります。

　　また、取引先の経営状況が悪化し、契約に沿ったサービスを提供するだけの能力を維持することができていないという可能性もあります。

③ **期限までに支払いが完了されない**

　　取引先が契約どおり、期限までに支払いを完了できないということは、自社との契約内容への不満から、契約金額の支払いに応じることを拒否しているという可能性が考えられます。

　　また、自社との契約内容には不満はないものの、取引先の経営状況が悪化したために期限までの支払いができないということも考えられます。この場合、取引先が支払期限の延期や分割払いの申し入れをしてくることもあるでしょうし、将来的には、売掛金等が回収不能になるリスクが生じることもありえます。

④ **営業を継続的に行っている様子がない**

　　取引先が営業を継続的に行っている形跡があるかどうかは、取引先の経営状況を判断する一つの指標となります。

　　仮に、取引先が営業を継続的に行っている様子がない場合、取引先の経営状況が悪化している可能性、あるいは、営業の存続自体が危ういという

可能性があります。

　取引先が営業を継続しているかどうかは、自社営業部等の現場担当者からのヒアリングで確認するほか、取引先企業のホームページが定期的に更新されているかどうか等でも推測することが可能です。

⑤　**経営状況悪化の様子がみられる**

　取引先の経営状況の安定は、今後の安定的な取引継続の指標であるだけでなく、当該契約の紛争発生の可能性にも影響する指標ともなります。

　取引先の経営状況が悪化しているかどうかの判断要素としては、前記③、④のほかに、以下の事項も挙げることができます。

　　　i　　設備投資の大幅な縮小

　　　ii　　店舗の閉店

　　　iii　担当者との連絡がつながりにくくなる

　　　iv　従業員の退職

　　　v　　役員の交代

　　　vi　大量の在庫が目立つようになる

イ　主な要因

- □　取引関係が短期間にすぎない
- □　自社の競合他社の出現
- □　経営状況の悪化
- □　主要な取引先の喪失・倒産
- □　業界全体の不況
- □　取引先の競合他社の出現
- □　主力事業の失敗
- □　製品事故等の発生
- □　横領等の被害

① 　**取引関係が短期間にすぎない**

　取引先との関係が要注意段階に移行する要因の1つとして、取引先との取引関係が短期間にすぎないことが挙げられます。

　（1）イ①で述べたように、長期に及ぶ取引関係がある場合には、これ

までに相互の努力により築いてきた信頼関係もあることから、紛争に発展することは双方ともに避けようという意識が働きやすいといえます。

逆に言えば、取引関係が短期間にすぎない場合、取引先にとって不満を我慢してまで自社との取引関係を継続しようとするメリットが少ないため、契約内容に不満を抱いた場合には、クレーム、ひいては紛争に発展してもやむを得ないと考えやすい傾向にあります。

また、取引関係が短期間にすぎない場合、信頼関係が醸成できていないため、双方ともに譲歩が難しいということも要因として挙げられます。

② 競合他社の出現

自社の競合他社の出現も、取引先との関係が要注意段階に移行する要因の1つです。

自社以外の競合他社が存在する場合において、取引先が自社との契約内容に不満を抱いていたときは、競合他社との契約に変更されることもありえます。また、取引先が潜在的に自社との契約内容に不満を抱いていた場合には、競合他社が出現することで、従前の自社との契約内容への不満が顕在化し、クレームや紛争へと発展する可能性があります。

したがって、自社の競合他社が出現した場合には、従前の契約内容に関し、取引先からの不満がないか、改めてチェックする必要があります。

③ 経営状況の悪化

取引先との関係が要注意段階に移行する3つ目の要因として、取引先の経営状況の悪化が挙げられます。

取引先の経営状況が悪化してくると、契約した内容での期限までの支払いや、契約した内容でのサービスの提供が難しくなってくるということが生じてきます。

なお、取引先の経営状況が悪化する要因として、以下の事項を挙げることができます。

ⅰ．主要な取引先の喪失・倒産

主要な取引先の喪失・倒産は、企業の売上に大きく関わる要素です。複数の事業を展開しているうちの1つの事業のみの影響であればまだよいのですが、ニッチな分野等に着手して業績を伸ばしてきた企業である場合には、限られた取引先との事業のみに依存していることも少なくあ

りません。

取引先がこのような企業である場合には、主要な取引先の喪失・倒産による影響は無視できません。

ⅱ．業界全体の不況

取引先の経営悪化の要因として、業界全体の不況という外環境の変化も挙げられます。

ⅲ．取引先の競合他社の出現

取引先と同一商圏において、より競争力の強い競合他社が出現することによって、取引先の業績が急激に悪化するということもありえます。

競合他社の出現という外部要因は、取引先のみでは防止できない上、突発的に生じるため、取引先としても対応が難しいところです。

ⅳ．主力事業の失敗

取引先の主力事業における失敗について、すぐに改善することができず、長期間に及ぶ事態になるようであれば、取引先の経営全体にも深刻な影響をおよぼすことになりかねません。

ⅴ．製品事故等の発生

取引先の経営状況悪化の要因が製品事故等の発生による場合、製品事故等の規模がどの程度かを確認する必要があります。

短期間に改善できる程度の事故であれば、一時的に経営が悪化したとしても、その後に立て直すことが期待できるために、紛争への警戒はそれほどしなくともよいといえます。

一方で、製品事故等の規模が甚大であり、取引先の主力製品の根本的な見直しにつながるような場合には、取引先の経営の継続の可否にすら影響しかねません。

また、取引先の製品事故等がマスコミに報道された場合、取引先の企業としてのレピュテーショナルリスクにも影響が及ぶことになります。

取引先の経営状況悪化の要因が製品事故等の場合、その後の経営改善等の見通し、ひいては紛争発展の可能性を判断するためにも、製品事故の程度等に関する調査は必須といえます。

ⅵ．横領等の被害

取引先の経営状況悪化の要因が従業員等の横領等の被害である場合、

経済的損害自体によって経営状況が悪化する面もありますが、被害額が大きいケースでは、マスコミ等に報道され、企業としてのレピュテーショナルリスクにも影響が及ぶ可能性があります。

ウ 留意事項

☐ 要注意段階に移行してからは、従前の取引の履行を優先する
☐ 取引の継続・拡大の見直し・停止を検討する
☐ これまでの交渉経過に関する証拠を整理する（メール、FAX、文書等）
☐ 弁護士への相談体制を構築する

---

① 要注意段階に移行してからは、従前の取引の履行を最優先する

要注意段階に移行した場合には、取引先との紛争が発生する可能性は否定できません。

要注意段階に移行した初期段階であれば、取引先との関係改善や、取引先の経営状況の安定化に伴い、再び安定段階に戻る可能性もありますが、安易に期待すべきではありません。

むしろ、将来の紛争のリスクを最小化するためにも、要注意段階が進行し、緊急段階にまで移行する可能性を見据えて対応する必要があります。

要注意段階の兆候が確認できた場合には、まずは従前の取引を速やかに履行し、紛争が発生する前に従前の契約関係を完了することを目指すべきといえます。

既に取引先からクレームが発生したり、債務の支払の遅延やサービスの提供の遅れが生じたりしている場合には、速やかにこれらのクレーム等を沈静化した上で、従前の契約関係を完了・終了させるようにしましょう。

② 取引の継続・拡大の見直し・停止を検討する

従前の取引の履行を完了した次に、取引先との今後の取引関係の継続・拡大の見直し、場合によっては停止を検討することになります。

従前の取引で既に紛争発生の予兆が生じている場合、今後の取引においても紛争発生の可能性が続くことになります。

クレームに対して誠実に対応することで取引先との信頼関係が構築さ

れ、より深く継続的取引関係を維持できることもありますが、取引関係を継続することによる紛争の発生・拡大のリスクも看過すべきではありません。

特に、取引先の経営状況悪化によって要注意段階に移行したような場合には、取引関係を継続することで、より深刻な紛争に発展するおそれが高いといえます。

要注意段階に移行した要因にもよりますが、安易な取引の継続・拡大は見直すべきといえます。

③　これまでの交渉経過に関する証拠を整理する（メール、FAX、文書等）

要注意段階は、紛争が発生する可能性が高まっている状態ですから、将来の紛争発生に備えた証拠を整理する必要があります。

特に契約条項の解釈が問題となるようなケースでは、交渉過程において双方が契約条項の解釈についてどのような理解を有していたのかがポイントになることも少なくありません。

一方で、契約条項の解釈について交渉過程で取引先と議論をしていたとしても、電話や口頭でのやりとりが中心だった場合、明確に記録として残らないために、後日の紛争において、水掛け論となってしまう可能性があります。

そこで、要注意段階に移行した後は、取引先との交渉過程も意識的に記録化・証拠化するようにしていく必要があります。

たとえば、従前の交渉は電話や口頭を中心に行っていた場合には、メールやFAX、通知書等、記録として残る形式で行うことが望ましいといえます。

④　弁護士への相談体制を構築する

将来の紛争発生の可能性が生じている要注意段階では、紛争が発生した場合のコンプライアンスリスク、そしてコンプライアンスリスクを見据えた対応について、外部弁護士へ相談することも検討する必要があります。

外部弁護士としても、紛争が実際に発生した後よりも、発生する前から相談を寄せられていた方が、事前に当該紛争のリサーチを済ませておくことができ、その後の対応もスムーズに着手することが可能となり、望まし

いといえます。

　要注意段階から緊急段階に移行した場合には、すぐに外部弁護士に相談・依頼できるよう、事前に外部弁護士への相談体制を構築しておくべきでしょう。

（3）緊急段階（紛争発生を回避できない段階）

　緊急段階とは、紛争の発生を回避できない段階を指します。

　この段階に至った場合には、もはや紛争が現実化することは時間の問題といえます。ですから、損害の拡大を防ぐためにも、一刻も早い対応が必要です。

　緊急段階の判断ポイント、主な要因及び留意事項は以下のとおりです。

ア　判断ポイント

□　クレームが代理人（弁護士）名義で送付されてくる
□　サービスの提供が停止される
□　債務の支払が停止される
□　経営している様子がない
□　経営状況が極めて悪化している

---

①　クレームが代理人（弁護士）名義で送付されてくる

　　取引先が契約内容について単にクレームを述べるだけにとどまらず、弁護士を選任し、代理人名義でクレームを通知してきた場合には、既に取引先が将来の紛争を見据えた対応に移行したことの現れといえます。

　　この段階においてもなお自社がコンプライアンスリスクを考慮せずに対応することは、コンプライアンスリスクコントロールの観点からすると非常に危険です。

　　前記のとおり、安全段階から要注意段階に移行した時点で、将来の紛争に備えた証拠の整理が重要となりますが、取引先が代理人として弁護士を選任してきたということは、取引先自身も将来の紛争を見据えて交渉過程の証拠化も検討しているといえますし、取引先が弁護士費用を要してもクレームを通知してきているということは、取引先も一定の成果を得られるまでは安易に譲歩することがないということでもあります。

Part 2
契約管理

したがって、弁護士が代理人名義でクレームを通知してきた場合には、紛争の発生は回避できないと認識すべきでしょう。

② **サービスの提供が停止される**

取引先が契約に沿ったサービスの提供を停止するということは、従前の自社との契約関係に違反することになったとしてもやむをえないと判断したということになります。

その背景には、単に取引先が自社との契約関係の継続を希望していないだけではなく、従前の契約内容についても不満があり、法的紛争に発展することも視野に入れていることが考えられます。

また、取引先の経営状態が極めて悪化し、これまで提供していたサービスを維持することさえできない状態であるということも考えられます。

③ **債務の支払いが停止される**

取引先が支払期限の延期や分割払いの申し入れをしてきた場合であれば、まだ将来の支払可能性はありますが、事前に何の連絡もなく、債務の支払いを停止してきた場合には、それだけ取引先の経営状況が悪化していることがうかがわれます。

この場合には、一刻も早く債権回収に向けた対応を選択しなければ、後日取引先の債務整理通知が届き、売掛金等が回収不能になるおそれがあります。

④ **経営している様子がない**

取引先が経営している様子がない場合、要注意段階以上に経営状況が著しく悪化し、経営の存続自体が困難になっている可能性があります。

取引先が経営している様子がない状況とは、以下の事項が挙げられます。

- i 電話をしても誰も出ない
- ii 店舗のシャッターが常に閉まっている
- iii 営業担当から連絡がない
- iv 書類を送付しても受取拒否で戻ってくる
- v 大量の在庫が滞留している
- vi ホームページの更新が長期間にわたって停止している

取引先と直接接触している自社の営業担当者や現場担当者からのヒアリ

ングで、こうした状況を把握する場合もあります。

⑤　経営状況が極めて悪化している

　取引先の経営状況が著しく悪化してくると、契約した内容での支払いの期限までの完了や契約した内容でのサービスの提供が難しくなります。

　取引先の経営状況が著しく悪化していることを判断するポイントとしては、以下の事項を挙げることができます。

ⅰ．大量の在庫が滞留している

　取引先が大量に商品在庫を抱えている状況が続いている場合には、取引先が売上を立てることができずに資金繰りが悪化し、経営状況が著しく悪化していることが予想されます。

ⅱ．大量の在庫が突然に解消される

　一方で、それまで大量に滞留していた取引先の在庫が突然に解消された場合にも警戒が必要です。

　取引先が営業に成功し、大手の販路を確保して大量の在庫をまとめて処分することができたという場合もあるかもしれません。その場合は資金繰りの改善も期待できるため、問題もないのですが、長期間にわたって滞留していた在庫が突然に解消できたということは、会社を精算するために事前に在庫品を処分し始めたということも想定しなければなりません。場合によっては、取引先からどのような内容で在庫品を処分したのかを聴取するなど、状況を調査する必要があります。

ⅲ．赤字決算が続いている

　取引先への資金援助を検討する場合には、取引先から決算報告書等の提出を要請することがあります。こうして入手した取引先の決算報告書等において赤字決算が複数年度にわたって続いている場合には、取引先にはもはや十分な資産さえ残っていない可能性があります。

　また、複数年度にわたって赤字が続いているということは、事業活動を継続しても利益を生み出せない（＝黒字に転換できない）ことを意味しています。これは、事業を継続しても損失しか計上できないことにほかなりません。

　さらに、赤字決算が続いている場合には、金融機関も融資には消極的な姿勢をとることが考えられるため、金融機関からの資金援助によって

Part 2
契約管理

延命を図ることも難しいといえます。

iv．粉飾決算が発覚する

取引先が経営困難な状況に陥ったあまり、金融機関からの資金調達の便宜を図るために、粉飾決算に手を染めることもありえないことではありません。

仮に、取引先の粉飾決算が発覚した場合、もはや当該取引先は、金融機関等からの融資を得ることができなければ事業の継続さえ困難な状況にあるといえ、早晩に経営が破綻するおそれもあることを考える必要があります。

v．従業員が大量に退職する

取引先の従業員が大量に退職している場合、取引先が経営を継続することが困難であると判断し、従業員へ退職を勧奨していることが考えられます。

このような兆候が見られる場合には、取引先の経営が著しく悪化していることが推測できる上、従業員が大量に退職すれば、そもそも今後の業務を継続することさえ困難になることが予想されます。

vi．税金を滞納している

取引先の経営状況著しく悪化している場合には、税金さえ支払うことができなくなることがあります。税金の滞納は、経営状況が著しく悪化していることを判断する1つの指標と言えます。

取引先の税金の滞納は、税務署等が滞納税金の回収のために、自社に売掛金等の調査が来ることで発覚することもあります。

vii．差押えを受ける

取引先の主要な資産（不動産、預貯金、売掛金等）が金融機関や税務署等から差押えを受けた場合、もはや任意に弁済をするだけの資力もないことの証左といえます。

取引先が差押えまで受けるようになった場合には、近い将来の倒産も予想される状況といえるでしょう。

イ　主な要因

- □　競合他社への取引関係の切り替え
- □　経営状況の著しい悪化
- □　事業全体の失敗
- □　資金調達のショート
- □　差押
- □　従業員不在による事業継続の困難
- □　不祥事によるレピュテーショナルリスクの顕在化

①　競合他社への取引関係の切り替え

　取引先との関係が緊急段階に移行する要因の1つとして、自社の競合他社への取引関係の切り替えが挙げられます。

　また、競合他社への切り替えのタイミングで競合他社から取引先に自社と取り交わしていた契約内容についてアドバイスが加わることで、より取引先の不満が高まる可能性もあります。

　今後の取引関係が解消され、競合他社に切り替えられた場合には、従前の契約について紛争に発展する可能性があるため、早期に対応を検討する必要があります。

②　経営状況の著しい悪化

　取引先の経営状況が著しく悪化してくると、従前の契約内容の履行も困難になるばかりか、今後の取引関係の維持はおろか、取引先の事業の継続さえ困難になるおそれがあります。

　取引先の経営状況が著しく悪化した場合には、一刻も早く債権回収等の対応が必要となることもあります。

　取引先の経営状況が著しく悪化する要因としては、以下の事項を挙げることができます。

ⅰ．事業全体の失敗

　取引先が、主力事業だけでなく複数の分野における事業全体を失敗した場合には、もはや売上を挙げることさえままならなくなります。

　また、主力事業以外の分野で立て直しを図る途もなくなるため、取引

先が事業体として存続することも困難といえます。

ii．資金調達のショート

　　取引先の事業全体の失敗によって売上が立たなくなる場合、通常は赤字決算となります。

　　赤字決算に陥ると金融機関からの資金調達も困難となるため、資金調達がショートすることになります。

　　資金調達がショートすることによって、取引先が経営を継続することは一層困難となります。

iii．差押え

　　取引先の資産（預貯金、不動産、売掛金等）が差押えを受けることによって、取引先の資金繰りが一層悪化するだけでなく、信用自体を失うことになります。

　　その結果、取引先が経営を継続することは一層困難となります。

iv．従業員不在による事業継続の困難

　　取引先の経営状況悪化に伴い、従業員の大量の退職が起きることによって、取引先の事業の継続自体が困難となります。

ⅴ．不祥事によるレピュテーショナルリスクの顕在化

　　取引先における製品事故や横領等の不祥事がマスコミによって報道され、深刻なレピュテーショナルリスクが顕在化した場合、取引先の事業への影響も避けられません。

ウ　留意事項

□　弁護士への依頼を検討する
□　法的手続への移行を含めた紛争の解決方法を検討する

---

①　弁護士への依頼を検討する

　　緊急段階に移行した場合、紛争の発生はもはや時間の問題です。このため、紛争が発生した場合のコンプライアンスリスク、そしてコンプライアンスリスクを見据えた対応について、外部弁護士への相談だけでなく、依頼も含めて検討する必要があります。

　　紛争が発生した場合には、迅速な対応が紛争の拡大を防止する上で大切

な視点となります。

② 法的手続への移行を含めた紛争の解決方法を検討する

緊急段階では、紛争発生を前提として、どのような紛争解決方法を選択すべきかも検討する必要があります。

具体的には、外部弁護士と協議して検討していくことになりますが、外部弁護士への相談・依頼も含め、法務担当者としては社内で調整する準備をしていくことになります。

債権管理

Part 3

Chapter

1 本章の目的

---

1 債権管理の重要性の理解
2 債権管理の方法の理解
3 債権管理の経時的変化の理解

　企業活動を行う上では、さまざまなコンプライアンスリスクの検討・対応を行う必要がありますが、数あるコンプライアンスリスクの中でも、事業活動の継続に直結する問題として、債権管理（債権回収）が挙げられます。

　売掛金はあるが取引先企業が期日までに支払いに応じてくれない、取引先企業が経営不振となり債権を回収できる見込みが立たない等の問題で悩む企業は少なくありません。これらの問題は、いわゆる「債権管理」が問題となる場面といえます。

　企業間取引ではもちろん、個人相手の請負契約などでも、債権が回収できないという問題は、日常的に起こりえます。取引先企業は、「お金がないから払えない」「用意できたら必ず払うから待ってほしい」と繰り返したり、場合によっては一切連絡を絶ってしまったりすることもあります。

　債権管理を適切に行うことができなければ、正当な対価を得ることができず、事業運営の継続さえ困難になってしまうおそれもあります。債権管理を行うことは、安定的かつ持続可能な企業活動を実現するために重要な要素であることを認識しなければなりません。

　また、債権管理の方法は、交渉によることもあれば、支払督促、仮差押え等の法的手続のほか、担保を設定したりするなど、さまざまです。どの方法が債権管理を実現する上で適切かは、個別の事案によって異なりますが、最適な方法を選択できるようにするためには、各方法のメリット・デメリットを理解する必要があります。

　さらに、債権管理のリスクは、時間が経過するに従って増してくる傾向にあります。また、最適な債権管理の方法も、経時的に変化してくる傾向にあります。

　本章では、債権管理の重要性を説明するとともに債権管理の方法を紹介し、債権管理の方法が経時的にどのように変わっていくのかを整理します。

Chapter 2

債権管理の3つの特徴

---

1. 企業経営の生命線
2. 債権管理の手段の多面性
3. 債権管理の経時的変化

1　企業経営の生命線

　企業活動において、よく起こりうるトラブルの1つが、「債権・売掛金・請負代金等を回収できない」ということです。

　しかし、安易に諦めてしまっては、本来得るべき正当な報酬が得られないばかりか、今後の企業活動にも支障を来しかねません。

　適切な債権管理は、企業経営の生命線となります。

2　債権管理の手段の多面性

　債権管理を適切に実行するためには、債権管理の対象と方法は1つではなく、多面的に捉える必要があることを認識すべきといえます。

　債権管理の対象となる財産は、預貯金や現金もあれば、売掛金や不動産など、さまざまな種類があります。そして、債権管理の対象となる財産の種類によって、とるべき対応も異なります。

　また、債権管理の方法も、支払遅延が発生したときに請求書を送付したりして交渉するだけでなく、調停や訴訟の提起のほか、仮差押えを申し立てる方法、トラブルが発生することを見越して取り交わしていた契約書に従って設定した担保権を実行するという方法などもあります。

　このように、債権管理の対象及び方法を多面的に捉えることが、適切な債権管理の実効性を上げることにつながります。

113

3 債権管理の経時的変化

　債権管理を適切に実行するためには、トラブルが発生する前の、平時からの準備が重要です。

　特に、債権管理を実行する場合には、一般的に、時間の経過とともに成功率は下がる傾向にありますし、債権管理を適切に実施するために必要な情報の収集も、トラブルが発生する前の段階であれば行いやすい反面、トラブルが顕在化すると容易ではなくなる傾向にあります。さらに、支払遅延や未払いのリスクを低減するための対策も、平時の段階の方が講じやすいといえます。

　このように、債権管理は時系列で捉え、平時からリスクが潜在的に発生する場面、そしてリスクが顕在化した時点でとるべき対応が異なっていくことを理解することが重要です。

Chapter

3

債権管理に関する相談事例

1 請負工事代金が支払期日までに支払われない場合

> X株式会社（製造機器メーカー）は、建築会社であるY株式会社から、大規模工場施設の設計工事（以下「本件請負工事」）の依頼を受けた。X社は、これまでY社とは取引がなかったものの、新規法人開拓に力を入れていたことから、Y社の依頼を前向きに検討することにした。
>
> X社は、Y社と協議を重ねて、本件請負工事について、概ね以下の内容で合意した。
>
> 1 工　　　期：2019年1月1日〜2019年6月30日
> 2 工事場所：●県●市
> 3 工事代金：1億円
> 4 支払時期：2019年8月末日
>
> X社は、工期に間に合うように請負工事を進め、予定どおり2019年6月30日には工事を完成させ、Y社に引き渡した。
>
> ところが、X社が工事を完成させた後、Y社の業績が思わしくないという噂を耳にするようになった。
>
> そして、2019年7月中旬ころ、Y社からX社に連絡があり、代金の支払時期について待ってほしいという打診があった。

115

2 想定される問題点

図表3-1　相談事例の想定ポイント

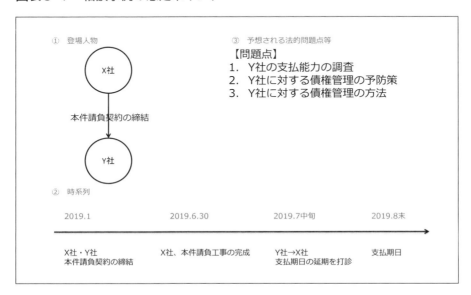

　上記相談事例では、X社がY社に対する債権管理を適切に行うことができるかという問題があります。

　X社がY社に対する債権管理を行うにあたっては、Y社に本件請負工事代金を支払う支払能力があるのか、また、Y社の支払能力の有無をどのように調査するかということを検討する必要があります。さらには、そもそもX社が事前にY社に対する債権管理を適切に行うための予防策を講じていたかどうかも検証しなければなりません。

　その上で、X社がYに対して債権管理を実行する場合、どのような時期に、どのような方法を選択することが最適かということを検討することになります。

Chapter 4 7つのポイント

　適切な債権管理を実行するためには、図表3-2に示す7つのポイントに留意する必要があります。

図表3-2　債権管理の7つのポイント

Point1	**債権管理の心構えの留意点**
Point2	**債権管理の時系列の留意点**
Point3	**債権管理におけるトラブルの予防策の留意点**
Point4	**債権管理方法選択の留意点**
Point5	**民事保全の留意点**
Point6	**訴訟手続の留意点**
Point7	**強制執行の留意点**

Chapter 5 ポイント① 債権管理の心構えの留意点

1 企業法務の目的

図表3-3 債権管理における企業法務の目的

債権管理における企業法務の目的

臨床法務
➢ 債権管理・紛争解決を実行するための法的対応

予防法務
➢ 債権管理・紛争防止の事前準備を行うための法的対応

戦略法務
➢ 新規事業の展開等のための法務対応

前記のとおり、債権管理も企業法務の一場面となります。

まずは債権管理の場面における企業法務の目的について解説します。

企業法務は、究極的には企業活動を法務の側面から支援していくことが目的といえますが、債権管理の場面に照らすと以下の3つの目的に整理することができます(図表3-3)。

2 企業法務を目的から捉え直す

通常の企業経営では、予算管理等、具体的な数値目標や達成度を設定し、この実現に向けて逆算して具体的な事業運営を検討し、実行していきますが、この目的から逆算する考え方は、企業法務を検討するにあたっても非常に重要です。

紛争が発生してからの場当たり的対応は禁物といえます。

債権管理の場面でも、紛争が発生してから慌てて対応するのではなく、契約交

Part 3
債権管理

渉の時系列に沿って、債権管理リスクが生じない取引相手の選定、債権管理リスクの予防策の構築等を設定して、事前に対応することが求められます。

3 債権管理の主体—債権管理のポイント

図表3-4 債権管理の主体

```
① 債権管理は弁護士に一任すればよいのか
    □  債権回収の方法は法的手続だけではない

② 債権管理の成否は当事者意識にある
    □  債権回収は情報戦
    □  債権回収はスピードが重要

③ 債権回収の役割分担
    □  当事者：情報の収集、資料の収集等
    □  弁護士：交渉、裁判等のサポート
```

（1）債権管理は弁護士に一任すればよいのか

　債権管理は、問題が起きたときにはすべて弁護士に一任すればよいと考えている企業は少なくありません。ところが、これは誤解です。

　債権管理の方法は法的手続だけではありません。また、法的手続によりさえすれば必ず成功するというものでもありません。

　このように、債権管理は、弁護士に一任すればそれだけで解決するわけではないということに留意する必要があります。

（2）債権管理の成否は当事者意識にある

　むしろ、債権管理の成否はいかに当事者意識をもってこの問題に取り組むかによるといえます。

　債権管理は情報戦です。例えば、相手方の預貯金の口座を差し押さえるという方法がありますが、預貯金の差押えを成功させるためには、相手方が使用している預金口座に関する情報を入手する必要があります。また、相手方の取引先に対

する売掛金を差し押さえるためには、当該取引先に関する情報を入手しなければなりません。

　また、スピードも重要です。相手方の預貯金があったとしても、差押えを警戒して預金を引き出されたり、他の預金口座に移動されたりすれば差押えも奏功しません。少しでも早く債権管理に動くことがポイントです。

　このように、債権管理のメインはあくまでも当事者にあるということをご理解いただきたいと思います。

（3）債権管理の役割分担

　債権管理の「当事者」が企業側にあるとして、債権管理における弁護士との役割分担はどう考えるべきでしょうか。

　債権管理の成功率を高める弁護士の役割は、債権管理の予防策の構築や、債権管理の解決としての交渉や裁判等、法的手続の対応としての位置づけておくとよいでしょう。

　なお、債権管理では、ともすれば回収率を上げるために強硬な取り立て等、無理をしてしまうこともあるかもしれません。とはいえ、あまりにも強引であったり、反社会的勢力の力を借りての取り立ては、債権者であっても強要罪等の刑事責任や、行政処分等を受けることになりかねません。どこまでの債権管理行為が許されるのかということも、弁護士に相談して対応していく必要があります。

　以上をまとめると、債権管理のポイントは以下の3つとなります。

---

① 　債権管理は情報戦
② 　債権管理はスピード重視
③ 　債権管理は無理をしない（刑事責任のリスク／行政法規違反のリスク）

Part 3
債権管理

4 債権管理の一例

（1）設例

債権管理が問題となる上記chapter 3の1の事例を参考に、実際にどのように債権管理を進めていくべきなのかをご説明します。

【事例のおさらい】

建築設計会社A社がB社から新築工事を受注し、工事を完成させたが、B社は工事代金の一部を期日までに支払わなかった。

未払工事代金は数億円にのぼっており、A社がB社に対して何度催促しても、B社は弁解をするばかりで進展はなかった。

（2）対応

この事例で考えられる対応は、①交渉を継続する、②弁護士による請求を行う、③訴訟を提起する、④仮差押え申立てをする、の4つになります。

まず、①ですが、既に何度督促しても進展がないことから、交渉を継続したとしてもB社の対応の変化は期待できないでしょう。次に、②については、B社の対応の変化は期待できますが、弁護士が間に入ったことで、A社が本格的に債権管理に着手したことをB社に察知され、財産を隠されてしまうかもしれません。

また、③は、強制力はあるものの、判決が出るまでには相当の時間を要します。それまでにB社の財産が維持できていないおそれも懸念されます。

以上を踏まえると、このケースでは④の仮差押えを選択することが望ましいといえます。

（3）ポイント

この事例の要点を、上記3のポイントに沿って分類すると、以下のようになります。

① 債権管理は情報戦
　　□　Ｂ社の財産がどこにあるのかの見極め
　　□　Ｂ社の資力がいつまで維持できるのかの見極め
② 債権管理はスピード重視
　　□　他の債権者に先んじて対応する必要
　　□　Ｂ社が財産を移動する前に対応する必要
③ 債権管理は無理をしない
　　□　弁護士に依頼しても無理強いはできない

　債権管理は、個別の事例によってどのような方法が最適かは異なります。適切な方法を選択するためにも、上記３で紹介した①情報戦、②スピード重視、③無理をしない、の債権管理のポイントを意識して対応を検討していく必要があります。

Chapter 6　ポイント②　債権管理の時系列の留意点

1　債権管理の時系列

図表3-5　契約締結交渉～紛争発生までの流れ

```
契約締結     契約締結    契約履行    紛争の    紛争の
準備段階      段階       段階      発生     解決
```

① **契約締結準備段階**
　□　企業調査の実施
② **契約締結段階**
　□　契約書の活用
③ **契約履行段階**
　□　債権管理
④ **紛争の発生**
　□　紛争発生の予兆の把握

債権管理は、契約締結交渉から紛争発生・解決までの時系列（図表3-5）に沿って整理するとイメージしやすいといえます。

以下では、それぞれの場面ごとの留意点をご説明します。

2　契約締結準備段階：企業調査の重要性

（1）企業調査を怠った場合のリスク

契約締結準備段階で重要なことは、企業調査です。

企業調査を怠った場合には、以下の3つのリスクが想定されます。

①	企業不祥事に巻き込まれるおそれ
②	債権不払いのおそれ
③	債権管理失敗のおそれ（担保の設定不存在等）

　したがって、契約締結準備段階における企業調査は、コンプライアンス・債権管理の観点からも必須といえます。

（2）契約締結交渉前に行うべき調査

　契約締結準備段階で行うべき企業調査の一例としては、以下のような調査が考えられます。

（1）	法人登記簿謄本の調査
	➢　登記情報提供サービスで取得可能
（2）	不動産登記簿謄本の調査
	➢　登記情報提供サービスで取得可能
（3）	インターネット上の調査
	➢　ホームページ
	➢　フェイスブック
	➢　ツイッター
	➢　ブログ
（4）	業界新聞、業界雑誌等
（5）	調査報告書（㈱帝国データバンク、㈱東京商工リサーチ等）

3　契約締結段階：契約書の重要性

（1）契約とは

　次に、契約締結段階では、契約書によってリスク管理をすることが重要です。
Part 2でも述べたとおり、そもそも契約とは、「二人以上の複数の当事者の意

思表示が合致することによって成立する法律行為」と定義されます。

契約のポイントは、以下の2点に整理できます。

---

① 当事者の意思表示の合致（一方が独断で決めるわけではない）

② 法律行為　＝　法律効果が発生する

この2点を当事者間で確認するため作成されるのが、契約書なのです。

（2）契約書の重要性

契約書を作成する目的は、以下の4点に整理できます。

---

① トラブルの防止

② リスクコントロール

③ 担保の設定

④ 証拠の作成

これらの目的を意識して契約書を作成・管理することによって、債権管理のリスク管理は相当程度実施することが可能となります。そのためにも、契約書は企業にとって「楯」であると同時に「武器」でもあるという意識をもって、契約書を積極的に作成・管理していただく必要があります。

なお、契約書を有効に活用することが債権管理におけるトラブルの予防策となることは、後記Chapter 7で解説します。

4　契約履行段階：契約内容の管理

（1）契約の有効性の確認

契約書を作成し、実際に契約書記載のとおり債権を回収しようとする場合には、当然のことながら契約自体が有効かどうかの確認が必要です。

契約の有効性の判断にあたってはいくつもの検討事項がありますが、少なくとも以下の形式的な事項は事前にチェックしておく必要があります。

①	有効期限が切れていないか
②	適法な署名権限を有する者による署名捺印がなされているか
③	合併等で当事者に変更が生じていないか

（2）契約の履行条件の確認

　また、契約書の形式面に問題はなくとも、以下のような契約の履行条件を満たしているかどうかも別途確認しなければなりません。

①	履行時期の確認
②	同時履行の抗弁の有無
③	停止条件の有無

5　紛争の発生の予兆

（1）紛争発生の予兆の把握

　Part 2 でも述べたとおり、契約締結後に取引先との間で紛争に発展する場合、ある日突然紛争が表面化することは稀であり、通常は紛争に発展する予兆が生じます。

　法務担当者としては、できる限り紛争自体が発生しないよう予防法務の拡充に務める必要がありますが、それでも100％紛争の発生を防ぐことはできません。そのため、いち早く紛争発生の予兆を察知し、紛争の発展・拡大を防止するように努めることも、法務担当者の重要な役割となります。

　以下では、紛争発生の予兆に関し、留意すべき事項を説明します。

（2）紛争発生の予兆の事前察知の重要性

　紛争発生の予兆を事前に察知することの意義は、以下の３点にあります。

Part 3
債権管理

ア　紛争の「発生」防止

　　紛争発生の予兆を察知した場合には、問題となっている契約（**原契約**）の内容を再度確認し、場合によっては原契約の内容を修正する旨の「覚書」等を取り交わすことで紛争の発生を予防できる可能性があります。

　「覚書」の締結等、原契約の修正にも相応の時間・コストを要しますが、紛争が発生した場合の対応が必要となった場合には、より多くの時間・コストを要することになります。

　　少しでも早期に紛争の芽を未然に摘むとともに、紛争解決に要するコストを抑えるためには、原契約修正によって紛争の発生自体を未然に防止する必要があります。

イ　紛争の「拡大」防止

　　仮に紛争の発生自体は避けられないとしても、いち早く対策を講じることによって、紛争の拡大を防止することが期待できます。

　　たとえば、売買契約において、取引先の経営状況が悪化し資力に問題が生じているにもかかわらず、安易に取引関係を継続し、漫然と商品を供給し続けた場合、後日取引先の経営が破綻した際に回収不能となる売掛金の金額が増えることになり、ひいては自社の経営に支障を来たす事態も生じかねません。このような深刻な事態にまで発展することのないよう、紛争の予兆を察知した場合には、この例であれば商品の販売数を調整したり、各取引における売買代金の支払時期を早めてもらうなど、売掛金の回収が不能になるリスクをできる限り抑えるよう早期に対策を講じ、紛争の拡大を防止する必要があります。

ウ　証拠の収集・保全

　　将来の紛争の発生は避けられない場合であっても、紛争発生の予兆を事前に察知することで、将来の紛争に備えた証拠の収集・保全をすることが可能となります。例えば、紛争が顕在化する前に相手方の主な取引先に関する情報（売掛金の金額、入金時期等）や、主な利用金融機関等の情報を把握することで、債権管理を実行する必要がある場合には、相手方から債権を回収できる可能性を高めることが期待できます。

　　自社にとって有利な証拠を収集・保全することができれば、後日紛争に発展したとしても、これらの証拠をもとに交渉をすることで、早期に紛争

解決をすることも期待できます。

（3）紛争発生の予兆・チェックリスト

図表3-6　紛争発生の予兆

（2）で述べたように、紛争発生の予兆は、できる限り早期の把握が重要となります。そこで、紛争発生の予兆の事前察知のためにお勧めするのは、チェックリストの作成・活用です（図表3-7）。

ただし、こうしたチェックリストは法令やガイドライン等で規定されているわけではないため、各企業や各取引類型に応じて適宜修正していくことが望ましいといえます。

なお、以下のチェックリストでは、紛争が発生するリスクを整理するため、紛争発生の危険度を、図表3-6で示した①安定段階（紛争発生の可能性が低い段階）、②要注意段階（紛争発生の可能性が高まっている段階）、③緊急段階（紛争発生を回避できない段階）の3つに分類していますが、この分類も、各企業や各取引類型に応じて、より細分化することも考えられます（なお、危険度類型別の留意点については、「Part 2　契約管理」Chapter 11を参照してください）。

Part 3
債権管理

図表3-7　紛争発生の予兆・チェックリスト

類型別	安定段階 （紛争の可能性が低い段階）	要注意段階 （紛争発生の可能性が高まっている段階）	緊急段階 （紛争発生を回避できない段階）
判断ポイント	□クレームもなく取引を継続している □契約に沿ったサービスが提供されている □期限までに支払に応じる □営業を継続的に行っている形跡がある	□契約内容についてクレームが発生してくる □契約に沿ったサービスが提供されない □期限までに支払いが完了されない □営業を継続的に行っている様子がない □経営状況悪化の様子がみられる	□クレームが代理人（弁護士）名義で送付されてくる □サービスの提供が停止される □債務の支払いが停止される □経営している様子がない □経営状況が極めて悪化している
要因	□長期に及ぶ取引関係がある □自社以外の競合他社が存在しない □経営状況が安定している	□取引関係が短期間にすぎない □競合他社の出現 □経営状況の悪化 　□主要な取引先の喪失・倒産 　□業界全体の不況 　□取引先の競合他社の出現 　□主力事業の失敗 　□製品事故等の発生 　□横領等の被害	□自社の競合他社への切り替え □経営状況の著しい悪化 　□事業全体の失敗 　□資金調達のショート 　□差押 　□従業員不在による事業継続の困難 　□不祥事によるレピュテーションリスクの顕在化
留意事項	□安定段階から要注意段階への移行は不透明 □法務担当者は営業部・現場から情報を収集できる体制を構築する	□要注意段階に移行してからは、従前の取引の履行を優先する □取引の継続・拡大の見直し・停止を検討する □これまでの交渉経過に関する証拠を整理する（メール、FAX、文書等） □弁護士への相談体制を構築する	□弁護士への依頼を検討する □法的手続への移行を含めた紛争の解決方法を検討する

6　紛争発生後の対応

　紛争が実際に生じてしまった場合には、紛争の解決方法を検討する必要があります。

　紛争が発生した場合における債権管理の方法については、後記Chapter 8で解説します。

Chapter 7 ポイント③ 債権管理におけるトラブルの予防策

1 新規取引の際の注意点

　債権管理におけるトラブルを予防するためには、そもそも契約締結交渉時点からの注意が重要です。

　特に、債権管理の問題が生じやすいケースは、新規取引の場面です。

　そもそも、新規取引先の信用・資力は未知数です。したがって、新規取引先に何らかのトラブルが生じた場合、高額の取引を行っていたとしても問題なく支払いが可能かは不明と言わざるをえません。

　また、新規取引であるにもかかわらず高額な取引を持ちかけてくる場合には、取り込み詐欺の手口である可能性も考えておく必要があります。

2 取引先の情報管理

（1）取引先の情報を取得しやすい時期

　そこで、新規取引を開始する場合、特に取引先の情報管理を徹底することを意識する必要があります。

　なお、取引先の情報を取得しやすい（警戒されない）時期は、「平常時」です。平常時に取引先の事務所を訪問するなどすれば、従業員が何名くらい実働しているのか、また取引先の売掛先に関する情報等を入手できることもあります。

（2）取引先の情報を取得する方法

　また、取引先の情報を取得する方法としては、Chapter 6 でも紹介したとおり以下の方法も挙げられます。

（1） 登記簿謄本の調査

    ➤　登記情報提供サービスで取得可能

（2） 不動産登記簿謄本の調査

    ➤　登記情報提供サービスで取得可能

（3） インターネット上の調査

    ➤　ホームページ

    ➤　フェイスブック

    ➤　ツイッター

    ➤　ブログ

（4） 業界新聞、業界雑誌等

（5） 調査報告書（㈱帝国データバンク、㈱東京商工リサーチ等）

3　紛争発生の予兆

　このように、債権管理におけるトラブルの予防策としては事前の情報収集が重要です。

　そして、債権管理のリスクは、前記のとおり、時系列に沿って高まっていくことを意識しておく必要があります。

　紛争発生の予兆・チェックリストを再掲すれば以下のとおりです。

Part 3
債権管理

図表3-7（再掲）

類型別	安定段階（紛争の可能性が低い段階）	要注意段階（紛争発生の可能性が高まっている段階）	緊急段階（紛争発生を回避できない段階）
判断ポイント	□クレームもなく取引を継続している □契約に沿ったサービスが提供されている □期限までに支払に応じる □営業を継続的に行っている形跡がある	□契約内容についてクレームが発生してくる □契約に沿ったサービスが提供されない □期限までに支払いが完了されない □営業を継続的に行っている様子がない □経営状況悪化の様子がみられる	□クレームが代理人（弁護士）名義で送付されてくる □サービスの提供が停止される □債務の支払いが停止される □経営している様子がない □経営状況が極めて悪化している
要因	□長期に及ぶ取引関係がある □自社以外の競合他社が存在しない □経営状況が安定している	□取引関係が短期間にすぎない □競合他社の出現 □経営状況の悪化 　□主要な取引先の喪失・倒産 　□業界全体の不況 　□取引先の競合他社の出現 　□主力事業の失敗 　□製品事故等の発生 　□横領等の被害	□自社の競合他社への切り替え □経営状況の著しい悪化 　□事業全体の失敗 　□資金調達のショート 　□差押 　□従業員不在による事業継続の困難 　□不祥事によるレピュテーションリスクの顕在化
留意事項	□安定段階から要注意段階への移行は不透明 □法務担当者は営業部・現場から情報を収集できる体制を構築する	□要注意段階に移行してからは、従前の取引の履行を優先する □取引の継続・拡大の見直し・停止を検討する □これまでの交渉経過に関する証拠を整理する（メール、FAX、文書等） □弁護士への相談体制を構築する	□弁護士への依頼を検討する □法的手続への移行を含めた紛争の解決方法を検討する

4 契約書の活用

　企業としては、契約書を活用することで、トラブルの予防策を講じることが考えられます。

　以下では、予防策として契約書に盛り込んでおくべき一般的な条項を紹介します。なお、実際の契約交渉では、下記条項以外にも債権管理を有効に行う上で必要な条項があることにはご留意ください。

（1）期限の利益喪失条項

　期限の利益とは、債務者が、弁済期が到来するまでは債権者から返済請求を受けないという利益をいいます。そして、**期限の利益喪失条項**とは、債務者（又は契約の内容によっては連帯保証人）に一定の事由（**デフォルト事由**）が生じた場合に、かかる期限の利益を失わせ、債権者が直ちに貸付金全額の弁済を求めることができるようにする条項をいいます。

　この点、民法137条各号は、①「債務者が破産手続開始の決定を受けたとき」、②「債務者が担保を滅失させ、損傷させ、又は減少させたとき」、③「債務者が担保を供する義務を負う場合において、これを供しないとき」の３つを債務者が期限の利益を主張できない場合として規定していますが、これらだけでは債権者にとっては十分とはいえません。債権者にとっては、期限の利益喪失事由ができる限り多数列挙されている方が有利な内容といえます。

　なお、期限の利益喪失条項には、債権者の通知によって期限の利益を喪失させる場合と、債権者の通知がなくても、デフォルト事由が生じた場合には当然に期限の利益を喪失させる場合との２種類があり、債務者にデフォルト事由解消の機会を与えるのであれば前者を、影響が重大であったり債務履行の可能性が期待できない場合であれば後者を規定することが一般的です。

Part 3

債権管理

【期限の利益喪失条項の例】

第●条（期限の利益喪失）

1　乙（債務者）は、本契約に定める条項に違反した場合、甲の書面による通知により、相手方に対する一切の債務について期限の利益を喪失し、直ちに甲に弁済するものとする。

2　乙について本条各号の事項の一つにでも該当する事由が生じたときは、何らの通知、催告がなくとも当然に、乙は一切の債務について期限の利益を喪失するものとし、直ちにその債務を弁済する。

（1）　支払の停止又は破産、民事再生、会社更生手続若しくは特別清算の申立てがあったとき

（2）　手形交換所の取引停止処分を受けたとき

（3）　仮差押、仮処分、強制執行若しくは任意競売の申立て又は滞納処分のあったとき

（4）　合併による消滅、資本の減少、営業の廃止・変更又は解散決議がなされたとき

（5）　資産、信用又は支払能力に重大な変更を生じたとき

（6）　その他、前各号に準ずる事態が生じたとき

（2）契約解除条項

　契約解除条項とは、一定の事由が生じた場合に、契約を解除できる場合を規定した条項をいいます。

　債権者にとって有利にするのであれば、当然に期限の利益を喪失する旨の条項を設定することが考えられます。また、解除できる条件として甲（債権者）の請求も不要とすることが考えられます。

　さらに、「本契約の全部又は一部を解除できる」と設定することで、甲（債権者）にとって都合のよい部分のみを残すことが可能となります。

【契約解除条項の例】

第●条　（契約解除）

1　甲は、以下の各号に規定する事由に該当した場合には、甲は何らの通知催告を要せず、直ちに本契約の全部又は一部を解除することができる。

（1）　乙が個別契約に基づく本件商品の代金の支払を行わないとき

（2）　乙が振り出し、引受、又は裏書した約束手形・為替手形・小切手が不渡りになったとき

（3）　乙が銀行取引停止処分を受けたとき

（4）　乙に対して、競売、差押え、仮差押え、又は仮処分の申立てがなされたとき

（5）　乙が破産手続開始、民事再生手続開始、会社更生手続、特別清算手続の開始の申し立てを行い、又はこれらの申し立てを受けたとき

（6）　乙の信用及び資力が悪化したと甲が認めたとき

（7）　そのほか、本契約に定める各条項に違反したとき

2　前項に基づいて、本契約が解除されたときは、乙は、甲に対して、本契約の解除により乙が被った損害を賠償するものとする。

（3）所有権留保特約

　所有権留保とは、売主が売買代金を担保するため、代金が完済されるまで引渡しの終えた目的物の所有権を留保することをいいます。

　債務者（乙）の支払いがなされない場合のリスクに備えて、代金を完済するまでは、所有権を移転しないと定めることが考えられます。

　所有権留保特約を設定することで、代金を完済できない場合には商品の返却を求められるという債務者（買主・乙）への圧力をかけることが可能となり、他の債権者よりも優先的に支払われることが期待できるといえます。

　同様に、債務者（買主・乙）が売買代金の支払いを怠った場合には商品を引き上げることで債権管理を実現でき、回収可能性を高めることが可能といえます。

Part 3
債権管理

【所有権留保特約条項の例】

第●条（所有権留保）
甲及び乙は、甲が乙に対して引渡した本件商品の所有権が、乙が甲に対して代金の全額を支払うまでは、すべて甲に帰属することを確認する。

5 相殺の利用

図表3-8 相殺の要件

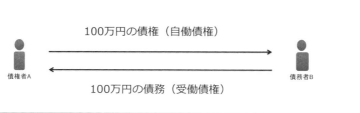

(1) 相殺とは

相殺とは、ある2人がお互いに同種の目的の債務を負担している場合に、自己の相手方に対して有している債権と相手方に対して負担している債務とを対当額で消滅させる意思表示をいいます（民法505条以下）。

相殺を利用することによって、実質的に簡易迅速な債権回収を実現することが可能となります。

(2) 相殺の要件

相殺の要件は、以下の3つとなります。

① 相殺適状にあること

② 相殺禁止に当たらないこと

③ 相殺の意思表示をすること

（3）相殺の効果

自己の相手方に対する債権（自働債権）と、相手方が自己に対して有している債権（受働債権）とを、対当額で消滅させることができます。

（4）相殺の意義

相殺を利用することによって、債権者は、相殺の意思表示をするだけで実質的に債務者から債権を回収したことと同様の効果を得ることができます。これによって、他の債権者よりも優先して債務者に対する債権の回収を図ることが可能といえます（簡易迅速な決済の実現）。

また、相殺適状を作出することによって、債務者からいつでも債権回収を図ることができる状態になるといえます（相殺の担保的効力）。

6 保証金の設定

保証金とは、新規取引契約を開始する前に一定金額をあらかじめ予納することを求める金員となります（例：不動産賃貸借契約で設定される「敷金」など）。

このように、新規取引契約を開始するにあたり、保証金を設定することで、取引先に対する債権をいつでも回収できる状態を作出することが可能となります。

7 担保権の設定

（1）担保権の分類

　トラブルの予防策の1つとして、担保権の設定も考えられます。
　担保権は、大きく分けて、①物的担保と②人的担保に整理することができ、さらに①物的担保は、典型担保物権と非典型担保物権に分類することができます。
　担保権の分類を整理すれば、図表3-9のとおりです。

図表3-9　担保権の分類

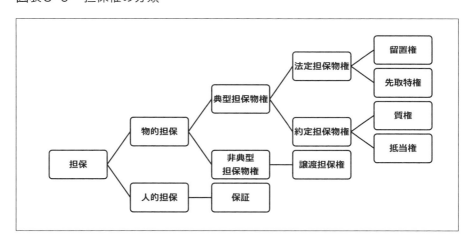

（2）抵当権の利用

　物的担保の中でも、実務上よく活用される担保権として、抵当権が挙げられます。
　抵当権とは、債務の担保に供した物について他の債権者に先立って自己の債権の弁済を受ける権利をいいます（民法369条以下）。
　抵当権を利用した場合の効果として、以下の一例を挙げることができます。

債権者（A）の債務者（B）に対する被担保債権2000万円を担保するために、B所有の不動産（時価1500万円）に抵当権を設定する。

↓

2000万円のうち、1500万円の債権管理の可能性を高めることが可能となる。

抵当権を利用する際には、以下の3つに留意する必要があります。

① 担保に設定する不動産の選定
② 最新の不動産登記簿謄本の取得・確認
③ 現地調査・物件調査

ア 担保に設定する不動産の選定

　　抵当権は不動産に設定することになりますが、被担保債権の回収を図ることができるだけの資産価値のある不動産かどうかを事前に確認する必要があります。

イ 最新の不動産登記簿謄本の取得・確認

　　また、不動産自体の資産価値に問題はないとしても、抵当権を設定する直前に、他の債権者から差押えを受けてしまい、抵当権を設定しても優先的に回収できなくなってしまう場合もありえます。

　　そこで、抵当権を設定する際には、必ず抵当権設定契約を締結する直前に再度再審の不動産登記簿謄本を取得し、他の債権者から差押等を受けていないかどうかを確認する必要があります。

ウ 現地調査・物件調査

　　さらに、不動産登記簿謄本等の書類上には問題がなかったとしても、実際には抵当権の対象となる不動産を第三者が占拠していたり、不法投棄等をされたりしている場合もありえます。

　　したがって、抵当権を設定する前に、現地調査や物件調査を行っておくことが無難でしょう。

Part 3

債権管理

8 人的担保の利用：保証人と連帯保証人の違い

物的担保のほかに、人的担保を利用することも考えられます。

人的担保は、保証人との間で保証契約を締結することが一般的ですが、保証契約を締結する場合には、以下の点にご留意ください。

まず、保証人には、保証人（民法446条以下）と連帯保証人（民法454条）の２種類があります。

保証人と連帯保証人には、以下のような相違があります。債権者としては、保証契約を締結する際には、連帯保証契約を締結したほうが有利でしょう。

（1）催告の抗弁権（民法452条）の有無

催告の抗弁権とは、債権者が保証人に債務の履行を請求したときに、保証人が、まず主たる債務者に催告をなすべき旨を請求することができる権利をいいます。

ところが、連帯保証人の場合には、催告の抗弁権が認められないため、債権者から請求された場合には連帯保証人は支払いに応じなければなりません（民法454条）。

（2）検索の抗弁権（民法453条）の有無

検索の抗弁権とは、保証人が、債権者に対し、主たる債務者の財産につき執行をなすまで自己の保証債務の履行を拒むことができる権利をいいます。

ところが、連帯保証人の場合には、検索の抗弁権も認められていません。このため、主債務者の資産の有無にかかわらず、連帯保証人は債権者から請求された場合には支払いに応じなければなりません（民法454条）。

ポイント④　債権管理の方法選択の留意点

1　債権管理の方法

　債権管理の方法はさまざまな種類がありますが、典型的な方法としては以下の種類を挙げることができます。どの方法を選択するかは、ケース・バイ・ケースで判断することになります。
　以下では、各方法の概要、メリット・デメリットについて説明します。

1. 口頭による催促
2. 請求書の送付
3. 内容証明郵便
4. 支払督促
5. 民事保全
6. 少額訴訟
7. 通常訴訟
8. 強制執行・担保権実行
9. 相殺による債権管理
10. 債権譲渡による債権管理

2　口頭による催促

（1）口頭による催促とは

　債権者から債務者に対し、面談や電話で、未払債権の支払いを求める手続です。

（2）メリット

　口頭による催促のメリットは、手続として簡易であり、費用も時間も要しないほか、話し合いによる柔軟な解決を図ることが可能という点が挙げられます。

（3）デメリット

　一方で、口頭による催促のデメリットは、支払催促をしたということを証拠化することが困難であり、後日支払いを催促したかどうかが問題になる場合には不適当であるほか、債務者に対する支払催促の効果は期待しにくいことが挙げられます。

3　請求書の送付

（1）請求書の送付とは

　債権者から債務者に対し、未払債権の支払いを求める旨の書面を作成・送付する手続です。

（2）メリット

　請求書の送付のメリットは、手続としては比較的簡易でありながら、支払いを催促したということを証拠化しやすいほか、具体的な請求金額や支払時期、また請求理由を明確にすることによって、債務者に対する圧力となり、支払いを促す効果が期待できる点にあります。

（3）デメリット

　一方で、請求書の送付のデメリットは、内容証明郵便とは異なり、請求書を送付したことを記録化できるにとどまり、送付した内容の記録化までは困難であること、あくまで任意交渉にとどまり、債務者に対する支払いを促す効果は「期待」にとどまることが挙げられます。

4　内容証明郵便

（1）内容証明郵便とは

　債権者から債務者に対し、未払債権の支払いを求める旨の書面を作成・送付する手続である点は、請求書の送付と共通しますが、請求内容を証拠化できる点が異なります。

（2）メリット

　内容証明郵便の送付のメリットは、請求書の送付と共通する点に加えて、その請求内容も証拠化できる上、債務者に対する支払催促の心理的圧力はより大きいことにあります。

（3）デメリット

　一方で、内容証明郵便の送付のデメリットは、請求書の送付とは異なり、請求を裏付ける資料等を同封することができないことや、請求書の送付と同様にあくまで任意交渉にとどまり、債務者に対する支払いを促す効果は「期待」にとどまることが挙げられます。

5　支払督促

（1）支払督促とは

　支払督促とは、金銭、有価証券、その他の代替物の給付に係る請求について、債権者の申立てにより、その主張から請求に理由があると認められる場合に、裁判所が支払督促を発する手続をいいます。

（2）メリット

ア　簡易迅速な手続

　　　債務者が支払督促を受け取ってから２週間以内に異議の申立てをしなけ

Part 3
債権管理

れば、裁判所は、債権者の申立てにより、支払督促に仮執行宣言を付さなければならず、債権者はこれに基づいて強制執行の申立てをすることができます。

支払督促では、裁判所の簡易な書類審査のみで強制執行も可能となるため、簡易迅速な手続ということができます。

イ　訴訟費用の低額さ

支払督促に要する手数料は、通常訴訟の半額で済むとされています。このため、訴訟費用を低額で済ませることが可能といえます。

（3）デメリット

ア　裁判管轄が相手方の住所地を基準とすること

支払督促は、相手方の住所地を管轄する簡易裁判所に起こさなければなりません。

イ　支払督促に対する異議による通常訴訟への移行

債務者が支払督促に対して異議を申し立てた場合には、通常訴訟へ移行することになります。したがって、債務者から異議が出されることが予想されるケースでは、支払督促を選択しても、かえって余計な時間と費用の負担が生じることになります。

また、裁判管轄は相手方の住所地を管轄する裁判所となるため、遠方の債務者に対する支払督促で異議が出されると、債権者側が遠方の裁判所まで出廷する負担を負うことになります。

6　少額訴訟

（1）少額訴訟とは

民事訴訟のうち、60万円以下の金銭の支払いを求める訴えについて、原則として1回の審理で紛争解決を図る手続です。

（2）メリット

1回の期日で審理を終えて判決をすることを原則とするため、迅速に結論を得

ることが期待できます。

（3）デメリット

少額訴訟は、60万円以下の金銭の支払いを求める場合にしか利用することができません。

また、債権者（原告）の言い分が認められる場合でも、分割払い、支払猶予、遅延損害金免除の判決が下されることがあります。

7 通常訴訟

（1）通常訴訟とは

通常訴訟とは、個人の間の法的な紛争、主として財産権に関する紛争の解決を求める訴訟をいいます。

通常訴訟の手続の流れについては、**後記Chapter 10**で詳述します。

（2）メリット

訴訟は、任意交渉やＡＤＲ／調停と異なり、当事者間の合意がなくとも、裁判所の判断によって終局的な解決を図ることが可能です。

そもそも相手方の言い分に何ら理由がないような場合には、任意交渉等を重ねるよりも、訴訟を利用したほうがかえって早期の解決が期待できることもあります。

（3）デメリット

ア 厳密な主張・立証が認められるため時間的・経済的負担が大きい

訴訟は、裁判所に対し、当事者が主張する事実を「証明」するに足りるだけの主張・立証が求められるため、任意交渉等、他の手続に比べて時間的負担が大きいといえます。

また、訴訟を提起する場合には、印紙代や予納郵券等の裁判費用を要することになりますが、請求金額（訴額）に比例して印紙代も高額となるため、経済的負担も考慮しなければなりません。

Part 3
債権管理

イ　和解が成立しなければ柔軟な解決は期待しにくい

　　訴訟は、当事者間の合意がなくとも裁判所の判断によって終局的な解決が可能ではありますが、裁判所の判断は、原則として「請求の趣旨」の内容に沿うことになります。

　　訴訟であっても当事者間の合意が成立すれば、裁判上の和解によって柔軟な解決を図ることは可能ですが、裁判所の判断（判決）による解決の場合には、「請求の趣旨」の内容に沿ったものにとどまることに留意しなければなりません。

8　民事保全

（1）民事保全とは

　民事保全とは、民事訴訟の本案の権利の実現を保全するために行う仮差押えや仮処分の裁判上の手続をいいます。

　将来の訴訟を予定した付随的な手続ですが、訴え提起前に申立てが可能である（密行性）上、申立てには厳格な証明までは要求されず（「疎明」で足りる）、迅速に手続を進めることができます。

　そして、仮差押えが認められることによって、債務者の預貯金等の財産を押さえることが可能となり、早期の債権回収を実現することも期待できる、強力な解決方法の1つです。

（2）メリット

ア　訴え提起前に申立てが可能（密行性）

　　民事保全は、裁判手続の1つではありますが、訴え提起前であっても申立てを行うことが可能です。

　　相手方からすれば、反論する機会もないまま、突然に仮差押え等を受けることになりますので、申立人側は自己に有利な状況で交渉を進めることが可能です。

イ　「疎明」で足りる（厳格な証明が求められない）

　　民事保全は、訴訟とは異なり、具体的事実の主張は「疎明」で足りると

されます。

「疎明」とは、「証明」よりも立証の程度が弱くても足りるとされ、「一応確からしい」との推測を裁判官が得た状態にすれば足りることをいいます。

したがって、民事保全の場合、訴訟による場合よりも証拠収集の負担は少なく済むといえます。

ウ 早期に相手方の資産を保全したり、権利状態を保全したりことができる

民事保全の最大のメリットは、訴え提起前に、相手方の資産を保全したり、権利状態を保全したりすることができることにあります。

例えば、相手方がたびたび支払期日の延期を申し入れたり、分割払いを申し入れたりするなど、相手方の資力に不安があり、契約書記載のとおり売買代金等が支払われるか疑わしい場合には、民事保全を利用して相手方の預金を動かすことができないよう仮差押えを行うことで、相手方も諦めて任意の支払に応じることが期待できます。

また、他の債権者に先んじて仮差押えを行うことで、少なくとも差し押さえた債権相当額については優先して回収することが期待できます。

（3）デメリット

ア 担保金を予納しなければならない

民事保全は相手方に反論の機会が与えられないまま進めることも可能な手続であり（「密行性」）、債権回収等にも有力な手続である反面、不当な民事保全であると後日判断された場合には、不当な民事保全によって相手方が被った損害を補償しなければならないとされています。

このように、相手方が被る可能性がある損害を担保するために、民事保全を利用する場合には、申立て時に相当額の担保金を納付することが要求されます。

担保金の金額は事案によって異なりますが、貸金や売買代金等の請求事案において預金債権を差し押さえる場合には、担保金は被保全債権額の10〜30％程度とされています。

イ 理由が認められない場合には損害賠償が請求されるリスクがある

民事保全は、相手方の反論の機会がないまま、相手方の資産を保全する強力な手続であり、相手方の業務には深刻な影響を及ぼすことも少なくあ

りません（たとえば、債権回収のために相手方の預金債権を仮差押えした場合、相手方は差し押えられた預金で他の債務を支払うことができなくなってしまい、資金繰りへの影響が出る上、仮差押えをされるということにより資金調達が悪化しているか、コンプライアンスリスクを抱えていると考えられ、金融機関からの信用を失うことにもなりかねません）。

民事保全に正当な理由が認められれば、相手方がかかる不利益を被ることはやむをえないとはいえ、民事保全に正当な理由が認められない場合には、不当な民事保全を申し立てたことについて、損害賠償責任を負うことになります。

したがって、安易に民事保全を利用すれば、かえって申立人側が後損害賠償責任を負うことにもなりかねません。

9　強制執行

強制執行とは、国家機関が関与して、債権者の給付請求権の内容を強制的に実現する制度をいいます。

強制執行手続は、後記Chapter 11で詳述します。

10　相殺による債権管理

（1）相殺による債権管理とは

相殺による債権管理とは、債権者の債務者に対する債権（自働債権）と、債務者の債権者に対する別債権（受働債権）を相殺させることによって、事実上、自働債権の回収を図る手続をいいます。

（2）メリット

ア　相殺の効果

（1）でも述べたとおり、自己の相手方に対する債権（自働債権）と、相手方が自己に対して有している債権（受働債権）とを、対当額で消滅させることが可能となります。

イ　相殺の意義

相殺の意義は、以下の2点です。

①　簡易迅速な決済の実現
②　相殺の担保的効力（債権管理の実現）

相殺可能であれば、1通の通知書のみで解決が可能ですので、債権管理の方法の中でも、非常に強力かつ簡易といえ、利便性の高い手続といえます。

（3）デメリット

相殺による債権管理は有効な方法ですが、以下の相殺の要件を満たす必要があるということがデメリットとして挙げられます。

実務上は、この相殺の要件をどのように創出するかに留意する必要があります。

【相殺の要件】
①　当事者双方が同種の債権を対立させていること
②　双方の債権が弁済期にあること
③　債権が相殺できるものであること

11　債権譲渡による債権管理

（1）債権譲渡による債権管理とは

債権譲渡による債権管理とは、自社が有する債権を第三者に売却することによって、実質的に債権回収を実現する方法をいいます（図表3-10）。

図表3-10　債権譲渡による債権管理

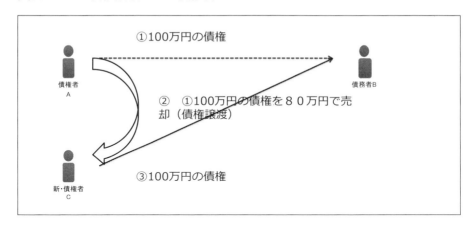

（2）メリット

　債権譲渡による債権管理のメリットは、譲渡対象の債権を割り引いて売却することになるとはいえ、債務者に対する回収のコストや、回収不能のリスクを回避することができる点にあります。

（3）デメリット

　債権者の立場としては、譲渡対象の債権を割り引いて売却するというデメリットがあります。
　したがって、債権譲渡による債権管理を検討する際には、譲渡債権を割り引くことのコストと、回収コストや回収不能リスクを天秤にかけることになります。

Chapter 9 ポイント⑤ 民事保全の留意点

1 民事保全の手続

　債権管理を実現する方法の一つとして、民事保全が挙げられます。
　保全処分には、民事訴訟の本案の権利を保全するための仮差押えと、本案の権利関係について仮の地位を定める仮処分があります。
　以下では、仮差押えと仮処分について説明します。

2 仮差押命令申立

図表3-11　仮差押えの流れ

(1) 仮差押えとは

　仮差押えとは、金銭債権の執行を保全するために、債務者の財産をあらかじめ仮に差し押さえる裁判所の決定をいいます。

訴訟を行っている最中に相手方が資産を隠したり散逸したりすれば、最終的に勝訴したとしても、回収ができなくなる可能性があります。そこで、訴訟提起前に仮差押命令を申し立て、債務者の預貯金や売掛金等を差し押さえ、債権管理の実効性を担保しておく必要が生じます。

以下では、仮差押命令申立手続の流れを説明します。

（2）仮差押命令申立書の提出

仮差押命令申立書は、管轄である「本案の管轄裁判所」又は「仮に差し押さえるべき物若しくは係争物の所在地を管轄する地方裁判所」に提出します（民事保全法12条1項）。

なお、仮差押は、債務者に与える影響が大きいため、保全の必要性は慎重に判断される傾向にあります。保全の必要性が認められない等の理由で仮差押命令が認められないこともありえます。

（3）債権者面接

仮差押命令申立事件では密行性が重視され、口頭弁論が行われず、書面審理のほか、必要に応じて債権者面接が行われる一方、債務者の面接は行われない傾向にあります。

（4）担保決定

債権者面接の結果、裁判所が仮差押命令の発令を相当と判断すると、担保決定がなされます。

担保金の額については明確な基準はありませんが、被保全債権の10 ～ 30％とされる傾向にあります。

3 仮処分申立

図表3-12　仮処分の流れ

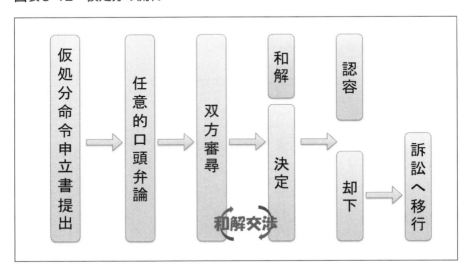

（1）仮処分とは

　仮処分とは、紛争により生じている現在の危険や負担を取り除くために、本案訴訟の判決が確定するまでの間について、裁判所に暫定的な措置を求める手続をいいます。

　仮処分には、係争物に関する仮処分（①処分禁止の仮処分、②占有移転禁止の仮処分）と、仮の地位を定める仮処分の2種類があります。

　以下では、仮処分命令申立手続の流れを説明します。

（2）仮処分命令申立書の提出

　仮処分命令申立書は、管轄である「本案の管轄裁判所」又は「仮に差し押さえるべき物若しくは係争物の所在地を管轄する地方裁判所」に提出します（民事保全法12条1項）。

（3）双方審尋

　仮差押命令申立事件とは異なり、仮処分命令申立事件では、債権者のみならず債務者の双方を面接する手続を経なければ仮処分命令を発することができないという運用をされる傾向にあります。

　審尋の方法については特段の制限はなく、裁判所が適当と認める方法によって行われます。債権者と債務者が交互又は同時に裁判官と面接して口頭で説明することもあれば、交互に書面を提出しあうこともあります。

（4）和解等の解決

　仮処分命令申立事件では、双方審尋が行われた後、裁判所から和解の勧告がされることもあります。

　裁判所の和解勧告の結果、仮処分命令申立事件のみならず、請求債権自体に関する和解が成立し、終局的な解決に至ることもありますが、和解が成立せずに本案訴訟まで発展してしまうこともあります。

Chapter 10 ポイント⑥ 訴訟手続の留意点

　もう1つの債権管理を実現する方法のとして、訴訟手続が挙げられます。以下では、通常訴訟手続の流れを大まかに解説します。

図表3-13　訴訟の流れ

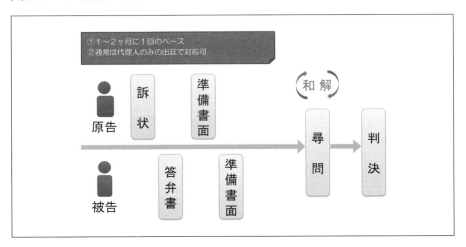

1　訴訟の提起

　訴訟の提起にあたっては、訴状を裁判所に提出することになります。

2　訴訟の審理

　第1回口頭弁論期日では、訴状及び答弁書の陳述が行われた後、次回期日の指定がなされます。第2回期日以降は、各争点に関する主張・立証を当事者双方で行って進めていくことになります。

　各期日は、概ね1～2か月に1回の頻度で行われます。各期日において争点に

関する主張・立証が整理され、十分に争点整理が行われた段階で、証人尋問が行われます。

訴訟の進行状況に応じて、裁判所から和解が打診されるケースもあります。

3 訴訟の終了

（1）判決

判決は、裁判所による判断によって終局的な解決を得る手続です。

判決に至る前に、それまでの訴訟における主張・立証の状況をみて、裁判所から和解の打診が行われることがあります。裁判所から和解の打診があった場合には、判決に至った場合のメリット・デメリットと比較し、和解による解決か、判決による解決のいずれを選択するかを検討する必要があります。

判決による解決を選択した場合、控訴審についても視野に入れておく必要があります。控訴期間は判決書の送達を受けた日から2週間と定められていますが、いざ判決書が届いてから対応しようとすると、控訴の準備が間に合わなくなるおそれがあります。特に、社内調整が必要な事案の場合には、2週間以内で意思統一を図ることが難しいことも少なくありません。

このような場合には、1審判決の内容について、①全部勝訴、②一部勝訴、③全部敗訴の3つのケースをあらかじめ想定しておき、事前にそれぞれのケースにおける対応を検討しておくことが望ましいといえます。

（2）和解

（1）でも触れたとおり、訴訟では和解による解決も考えられます。

和解による解決のメリットは、判決では得ることができない内容を獲得することも期待できる点にあります（謝罪条項や紛争再発防止に向けた取り組みを約束する旨の条項等）。また、和解による解決であれば、判決と異なり、上訴審まで紛争が継続することはなくなり、早期解決を実現することが可能となります。

和解は双方が譲歩することになるため、すべての主張が認められるわけではありませんが、和解特有のメリットを踏まえ、積極的な活用が望ましいといえます。

Chapter
11 ポイント⑦ 強制執行の留意点

1 はじめに

　紛争が発生し、示談交渉や訴訟等の手続によって、相手方に対する債権（請求権）が確定したとしても、相手方が任意に履行に応じない場合もあり得ます。

　相手方が任意に履行に応じないまま放置していては、債権を取得したとしても有名無実と化してしまうため、債権を現実に履行させる必要があります。このような場合に必要となる手続が、強制執行・担保権の実行となります。

　以下では、強制執行・担保権の実行の手続を説明します。

2 強制執行・担保権の実行の概要

　強制執行、担保権の実行としての競売及び民法、商法その他の法律の規定による換価のための競売（形式的競売）並びに債務者の財産開示を総称して、「民事執行」といいます（民事執行法1条参照）。

　民事執行のうち、強制執行及び担保権の実行としての競売は、債権者の債務者に対する私法上の請求権を、国家権力をもって強制的に実現する手続です。

　また、債権者が担保権を有している場合に、債務者が任意に債務の履行をしないときには、債権者は、その担保権を実行して、担保目的物を換価し、その換価代金をもって自己の債権の弁済に充てることになります。

　民事執行手続の概要を整理すると、図表3-14のとおりです。

図表3-14　強制執行・担保権実行の概要

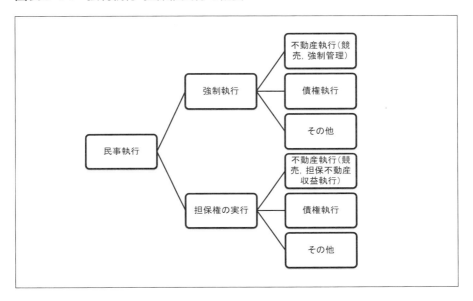

（1）強制執行とは

　強制執行とは、国家機関が関与して、債権者の給付請求権の内容を強制的に実現する制度です。

　言い換えれば、強制執行とは、債権者の請求を認容する判決や裁判上の和解が成立したにもかかわらず、相手方が債務の支払い等に応じない場合に、判決等の債務名義を得た債権者の申立てに基づいて相手方に対する請求権を、裁判所が強制的に実現する手続です。

（2）担保権の実行手続とは

　担保権の実行手続は、債権者が債務者の財産について抵当権などの担保権を有しているときに、これを実行して当該財産から満足を得る手続をいいます。

　担保権の実行の場合、判決などの債務名義は不要であり、裁判所は、担保権が登記されている登記簿謄本などが提出されれば手続を開始することになります。

　なお、担保権の実行手続の申立て後の手続は、債務名義の要否の違いはあるものの、強制執行とほぼ同じです。

3 債権執行手続の流れ

ここでは、強制執行の一類型である債権執行手続の流れを説明します。

（1）債権執行とは

債権執行とは、債務者の第三債務者に対する債権を差し押さえ、これを換価して債務者の債務の弁済に充てる執行手続です。

（2）債権執行の対象

債権執行の対象は、金銭債権及び動産・船舶・自動車・建設機械・航空機の引渡請求権となります（民事執行法143条・162条・163条、民事執行規則142条・143条）。

（3）債権執行手続の流れ

図表3-15　債権執行手続の流れ

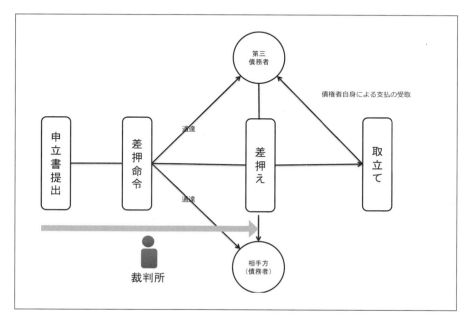

Part 3
債権管理

ア　申立て

　　債権執行の申立ては、申立書を裁判所に提出する必要があります。

　　なお、申立書の提出先である管轄執行裁判所は、第一次的には債務者の普通裁判籍所在地（債務者の住所地）の地方裁判所（支部を含みます）となります。債務者の普通裁判籍がない場合は、第二次的に差押債権の所在地を管轄する地方裁判所となります（民事執行法144条）。

　　なお、申立てにあたり、差押えの対象となる差押債権の有無及びその金額等を確認する場合には、第三債務者に対する陳述催告の申立てをすることになります。債権者は、裁判所書記官に対し、第三債務者に被差押債権の存否、種類、額等の事項について、2週間以内に書面で陳述すべき旨の催告を申し立てることができます（民事執行法147条、民事執行規則135条）。

　　第三債務者に対する陳述催告の申立てとは、被差押債権が支払いを受けられる債権かどうか、他に競合する債権者が存在するかどうか等を第三債務者に陳述させ、債権者に債権の取立てあるいは転付命令等の申立てなど、その後の手続選択の判断資料を得させようとする制度です。

　　第三債務者に対する陳述催告の申立てをする場合には、債権差押命令申立てと同時に行うことになります。

イ　差押命令

　　裁判所は、債権差押命令申立てに理由があると認めるときは、差押命令を発し、債務者と第三債務者に送達します（民事執行法145条3項）。

　　なお、差押えの効力は、差押命令が第三債務者に送達されたときに生じます（民事執行法145条4項）。

ウ　差押え

　　差押命令において、執行裁判所は債務者に対しては債権の取立てその他の処分の禁止を命じ、第三債務者に対しては債務者への弁済の禁止を命じます（民事執行法145条1項）。したがって、差押えの効力が生ずると、第三債務者は、債務者へ弁済することができなくなり、差押債権者への支払い又は供託によらなければ債務を免れることができなくなります（民事執行法155条、156条）。

　　また、債務者は、差押えの効力が生じた後に、当該債権を譲渡したり、

免除したりしても、当該債権執行手続との関係では、その効力は無視されます（民事執行法166条2項・84条2項）。

エ　取立て

差押債権者は、差押命令が債務者に送達された日から1週間を経過したときは、債権者は被差押債権を自ら取り立てることができます（民事執行法155条1項本文）。

差押債権者が第三債務者から支払いを受けると、その債権及び執行費用は、支払いを受けた額の限度で弁済されたものとみなされます（民事執行法155条2項）。

ただし、第三債務者は、差押えにかかる金銭債権の全額を供託して債務を免れることができます（権利供託、民事執行法156条1項）。

第三債務者が供託をした場合には、裁判所が配当を行うため、直接取り立てることはできません。

4　不動産執行手続の流れ

次に、不動産執行手続の流れについて説明します。

（1）競売手続

図表3-16　競売手続の流れ

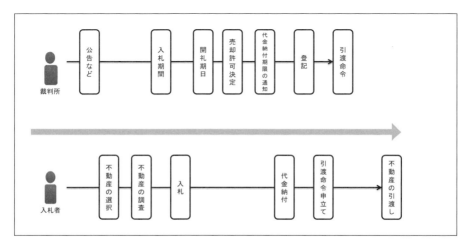

Part 3
債権管理

ア　申立て

　　不動産強制競売は、執行裁判所が債務者の不動産を売却し、その代金を
もって債務者の債務の弁済に充てる執行手続です。

　　不動産強制競売の申立ては、書面でしなければなりません。

　　債権者は、目的不動産の所在地を管轄する地方裁判所に対し、申立書を
提出する必要があります（民事執行法44条1項）。

イ　開始決定

　　執行裁判所は、申立てが適法にされていると認められた場合は、不動産
執行を始める旨及び目的不動産を差し押さえる旨を宣言する開始決定（強
制競売開始決定）を行います（民事執行法45条1項）。

　　開始決定は、債務者に送達されます（民事執行法45条2項）。

ウ　差押え

　　差押えの効力は、開始決定が債務者に送達された時、又は差押えの登記
がなされた時のいずれか早い時期に生じます（民事執行法46条）。

　　なお、実務上、債務者が差押不動産の登記名義を第三者に移転すること
を防ぐため、書記官は、債務者への送達より差押えの登記嘱託（民事執行
法48条1項）を先行させています。

エ　売却の準備

　　民事執行法では、差押不動産について適正な競売が行われるよう、以下
の売却準備手続を規定しています。

①　売却のための保全処分

　　執行裁判所は、債務者又は不動産の占有者が不動産の価格を減少させる
行為又はそのおそれがある行為をするときには、民事執行法55条所定の
保全処分又は公示保全処分（執行官に当該保全処分の内容を公示させる保
全処分）を命ずることができます。

②　現況調査と評価

　　執行裁判所は、適正な売却基準価額を定め、売却条件を明確にするた
め、執行官に対し差押不動産の現況調査を命じ（民事執行法57条）、現況
調査報告書を提出させるとともに（民事執行規則29条）、評価人を選任し
てこれに不動産の評価を命じ（民事執行法58条1項）、評価書を提出させ
ます（民事執行規則30条）。

③　売却基準価額の決定

　売却基準価額とは、不動産の売却の基準となるべき価額をいいます。

　入札における買受申出の額は、売却基準価額の8割を下回ることはできません（民事執行法60条3項）。

④　3点セットの作成

　執行裁判所は、執行官や評価人に調査を命じ、目的不動産について詳細な調査を行い、買受希望者に閲覧してもらうための3点セットを作成します。

　3点セットとは、以下の3つの書類をいいます。

ⅰ．現況調査報告書

　　土地の現況地目、建物の種類・構造など、不動産の現在の状況のほか、不動産を占有している者やその者が不動産を占有する権原を有しているかどうかなどが記載され、不動産の写真などが添付された書類

ⅱ．評価書

　　競売物件の周辺の環境や評価額が記載され、不動産の図面などが添付された書類

ⅲ．物件明細書

　　そのまま引き継がなければならない賃借権などの権利があるかどうか、土地又は建物だけを買い受けたときに建物のために底地を使用する権利が成立するかどうかなどが記載された書類

オ　売却実施

　売却の準備が終了した後、裁判所書記官は、売却方法を決定します（民事執行法64条）。

　売却の方法として、入札、競り売り（競売）、特別売却があります（民事執行法64条）。

　執行裁判所は、売却決定期日において、最高価買受申出人に対する売却の許否を審査し、売却の許可又は不許可を言い渡します（民事執行法69条）。この決定は確定しなければ効力は生じません（民事執行法74条5項）。

Part 3
債権管理

カ　入札～所有権移転

　　入札は、公告書に記載されている保証金を納付し、売却基準価額の8割以上の金額でしなければなりません。

　　最高価で落札し、売却を許可された買受人は、裁判所が通知する期限までに、入札金額から保証金額を引いた代金を納付します。買受人が納付期限までに代金を納付しないときは、期限の経過によって売却許可決定は当然にその効力を失い、買受人は原則として保証金の返還を請求できません（民事執行法80条1項）。

　　なお、この保証金は、売却代金の一部として保管され、配当金に充当されます（民事執行法86条1項3号）。

キ　不動産の引渡し

　　対象不動産に占有権原を有さない者が居住している場合、執行裁判所は、対象不動産の占有者に対し、不動産を引き渡すべき旨を命ずることができます（民事執行法83条1項）。

　　引渡命令は、代金を納付した日から6か月（民法395条1項に規定する建物使用者が占有していた場合は9か月）を経過すると申立てをすることができません（民事執行法83条2項）。

ク　配当

　　配当とは、執行裁判所が、差押債権者や配当の要求をした他の債権者に対し、法律上優先する債権の順番に従って売却代金を配る手続です。

　　原則として、抵当権を有している債権と、抵当権を有していない債権とでは、抵当権を有している債権が優先します。また、抵当権を有している債権の間では、抵当権設定日の先後の順に優先し、抵当権を有していない債権の間では優先関係はなく、平等に扱われることになります。

（2）担保不動産収益執行

図表3-17　担保不動産収益執行の流れ

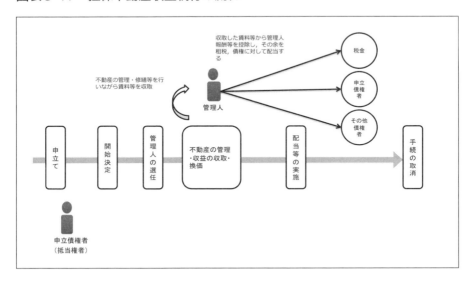

　担保不動産収益執行手続は、担保不動産から生ずる収益（賃料等）を被担保債権の弁済に充てる方法による不動産担保権の実行方法です。

　不動産について先取特権、抵当権、質権を有する担保権者の申立てに基づき、執行裁判所が収益執行の開始決定をし、管理人を選任します。あわせて、担保不動産の賃借人等に対して、その賃料等をこの管理人に交付するよう命じます（民事執行法188条・93条1項・94条1項）。

　管理人は、執行裁判所の監督の下、担保不動産の賃料等の回収や、事案によっては、既存賃貸借契約の解除又は新賃貸借契約の締結を行います（民事執行法188条・95条1項・99条）。

　管理人又は執行裁判所は、執行裁判所の定める期間ごとに、債権者に対し配当等を実施します（民事執行法188条・107条・109条）。

情報管理

Part 4

Chapter 1

本章の目的

1 情報の財産的価値の理解
2 情報漏洩リスクの理解
3 情報漏洩時の初動対応の理解

　業種や企業規模を問わず、企業には、その事業活動に伴ってさまざまな情報を扱うことが不可避的に求められます。また、企業には、取締役や監査役等の経営層のみならず、その従業員等のほか、取引先や債権者等、社内外に多数の利害関係者（ステークホルダー）を生じる「人の集合体」という側面があります。

　このような性質上、企業には、社内外の多数の情報を適切に管理することが求められます。こうした情報を適切に管理し、漏洩を未然に防ぐとともに、情報を有効に活用して事業活動を推進していく「情報管理」の姿勢は、今後ますます重要性を増していくことでしょう。

　企業として永続的かつ発展的事業活動を行うためには、日々蓄積する情報を有効に活用する一方で、機密性の高い情報は適切に管理し、漏洩等のトラブルが発生することを未然に防止する必要があります。

　企業法務における情報管理では、企業がもつ情報を有効活用するという「戦略法務」としての視点が求められる一方で、不測の事態によるリスクを可能な限り最小化するための「予防法務」としての視点も求められる分野といえます。そして、仮に故意又は過失によって情報漏洩等のトラブルが生じた場合、どのようにトラブルを適切に解決するかという「臨床法務」の視点も求められます。

Chapter 2

情報管理の3つの特徴

1 情報の財産的価値
2 情報及び情報管理規制の分類
3 情報漏洩リスクの一般化及び深刻化

1 情報の財産的価値

　企業が保有する情報には、後記のとおりさまざまな種類がありますが、こうした情報はいずれも「無体物」ですから、その重要性や財産的価値についてはイメージしにくいところもあるかもしれません。

　しかしながら、高度情報化社会と言われる現在では、情報それ自体に財産的価値があります。特許権や著作権等の知的財産権のみならず、個人の住所や氏名等の個人情報、さらには単なるデータでさえも、財産的価値があるといえます。

　そして、仮に故意の不正持出し等ではなかったとしても、情報の管理が適切に行われておらず、不備があると認められれば、企業は管理責任の不備を理由として多額の損害賠償責任を負うリスクもあります。

2 情報及び情報管理に関する規制の分類

　企業の保有する情報（以下、「企業情報」と表記する場合があります）とは、広く定義すれば、企業の経営や事業活動のすべてに関わる情報ということができます。この定義に従えば、自社のみならず他社に関する営業情報や特許等の知的財産に係る情報（こちらは「狭義の企業情報」ということができます）や、自社内外の個人情報も、企業の経営や事業活動に関わる以上、すべて企業情報ということができます。

　一方、企業情報といっても、前記のとおり、狭義の企業情報もあれば、いわゆる個人情報と呼ばれるものもあります。狭義の企業情報であれば、その漏洩や不

正持出しは不正競争防止法や刑法による処罰対象となる一方、個人情報である場合には、個人情報保護法の規制対象となることもあります。

このように、企業情報の種類によって、規制される法律も異なり、また求められる管理方法も異なります。企業が適切に企業情報を管理するためには、多数の利害関係者から預かる情報の種類や性質に応じて、社内管理体制と社外管理体制、双方の視点から適切な情報管理を検討する必要があります。

3 情報漏洩リスクの一般化及び深刻化

上記のように、企業には情報管理を適切に行うべき義務がありますが、ITやSNSの普及に代表される高度情報化社会の到来により、どのような業種であっても（故意や過失、さらには不正アクセス等の被害によっても）情報漏洩が発生するリスクがあります。こうした情報漏洩は、ひとたび発生すると企業の存続にすら影響を及ぼしかねない甚大な損害を与えるおそれがあり、年々、その被害は深刻化の一途を辿っています。

こうした被害を未然に防ぐ、あるいは万一の際の被害を最小限に抑えるためにも、企業は常に情報管理を適切に行うとともに、情報漏洩リスクに向かい合った対応をとることが求められるようになっています。

Chapter

3

情報管理に関する相談事例

1 相談事例

X株式会社は、情報通信業を営む法人である。

X社は順調に業績を拡大する中で、さらに売上を増やすために、優れた営業マンであるA氏を取締役に迎えた。

A氏は、新規インターネットサービスを展開して売上を増やすことを提案する一方で、新サービスのセキュリティは後回しにしていた。

ところがある日、X社はハッカーYから不正アクセス攻撃を受け、顧客情報（氏名・住所・電話番号・メールアドレスほか）約100万件分及び社内の人事情報を漏洩してしまった。

X社の情報漏洩はたちまちSNSでも話題になり、X社の情報管理体制にも多数の批判が寄せられるようになった。

2 想定されるポイント

図表4-1　相談事例のポイント

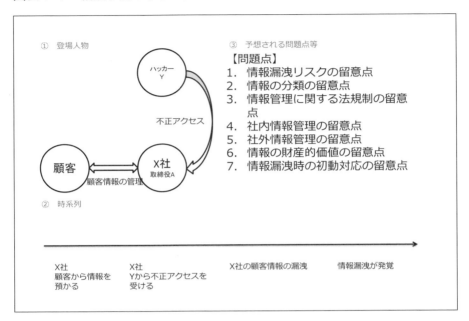

　相談事例において、X社はハッカーYから不正アクセス受け、顧客情報約100万件分を漏洩してしまいました。

　Yから不正アクセス攻撃を受けたという点では、X社は被害者という見方もできますが、顧客との関係では、X社が情報管理者としての責任を問われることが想定されます。その際、X社は、どのような法規制の抵触が問題となるのか、そして、直接の被害者である顧客に対してはどの程度の補償をする必要があるのかを検討することになります。なお、この事例ではX社の社内の人事情報も漏洩していますので、社内情報の管理についてもX社は責任を問われるでしょう。

　さらに、X社は取締役Aを迎えて新規サービスの展開を行っていますが、取締役Aの経営判断には問題がなかったのかについても考える必要があります。

　また、今回の情報漏洩は既にSNS上で拡散してしまっていることから、レピュテーションリスクの発生も懸念されます。X社としては、レピュテーションリ

Part 4
情報管理

スクを軽減するために、情報漏洩後の対応として何をすべきかについても検討す
る必要があります。

7つのポイント

情報管理のポイントは、図表4-2に示すとおり7つに整理することができます。

以下では、この各ポイントについて解説します。

図表4-2　7つのポイント

Point1	情報漏洩リスクの留意点
Point2	情報の分類の留意点
Point3	情報管理に関する法規制の留意点
Point4	個人情報（社内情報）管理の留意点
Point5	個人情報（社外情報）管理の留意点
Point6	企業情報管理の留意点
Point7	情報漏洩時の初動対応の留意点

ポイント① 情報漏洩リスクの留意点

1 近時の情報漏洩事件

　情報管理の重要性をイメージしていただくために、まずは情報漏洩リスクの現状について紹介します。

　図表4-3は、近時に発生した情報漏洩事件の一部をまとめたものです。

図表4-3　近時の情報漏洩事件

日付	業種	漏洩件数	漏洩原因	漏洩内容
2014年 6月	学校	33件	持ち出し	男性教諭が、担当する児童の名前や写真、連絡網などを私物のUSBメモリに保存・持ち帰り、紛失
2014年 7月	教育関連 会社	約3500万件	不正持ち出し	業務委託先の元社員が顧客情報約3500万件（登録者及び子の氏名、性別、生年月日及び続柄、住所、電話番号、出産予定日、メールアドレス）を、名簿屋への売却等をして流出
2014年 9月	航空会社	約4000件	ウィルス感染	標的型攻撃メールにより社内PCがウィルス感染
2015年 6月	年金機構	約125万件	不正アクセス	外部から標的型攻撃メールが送られ、その結果年金管理システムに保管されていた125万人分の個人情報が漏えい
2015年 6月	郵便事業	約7500件	誤操作	建築工事発注情報メールサービスの登録業者7500件のExcelデータをメールに誤って添付し、一斉送信
2015年 11月	金融機関	約1万4000件	不正アクセス	振り込みを行ったサイト利用者の約1万4000件の振込情報が外部流出
2015年 12月	人材派遣 会社	約3万7000件	誤操作	会員情報（氏名・生年月日・性別、勤務先、年収等）が流出
2016年 9月	大学	約2万8000件	ウィルス感染	卒業生の連絡先や特許概要などの情報が保存・共有された業務用パソコンが、マルウェアに感染
2016年 10月	大学	約1400件	フィッシング	職員がメールにより誘導されたフィッシングサイトで誤ってIDとパスワードを入力したことにより、在学生や卒業生の個人情報が漏えい
2017年 1月	ゲーム 関連会社	約14万件	不正アクセス	WEBサーバーに対し不正アクセスが行われ、過去に同社サービスを利用した顧客情報の一部が流出
2017年 2月	地方公共 団体	約1990件	職員の作業 ミス	本人のマイナンバーとは異なる他者のマイナンバーを記載した通知書を送付
2017年 3月	地方公共 団体	約67万件	不正アクセス	利用者のクレジットカード情報が外部へ流出
2017年 6月	通販会社	約5万件	設定不備	キャッシュサーバーの切り替え作業において、通常はキャッシュされないよう設定されていた個人情報が残ってしまう状態

　上記の一覧表から、情報漏洩事件の特徴は以下のように整理できます。

Part 4
情報管理

---

① 情報漏洩事件は、業種・企業規模・民間／公共団体を問わずに発生する

② 情報漏洩件数は、数十件〜数千万件まで幅がある

③ 漏洩原因は、紛失や誤操作などの「過失型」もあれば、不正持出しなどの企業内部者による「犯罪型」、不正アクセス攻撃による「被害型」に分類できる

こうしてみると、情報漏洩事件は、いつ、どのような企業であっても起こりうる類型の事件ということが理解できるかと思います。

また、情報漏洩事件では、企業側の故意ではなく、過失であったり、不正アクセス攻撃による被害を受けたときであっても、情報管理責任を問われるおそれがあるのです。

2 SNSによる情報漏洩リスク

（1）SNSによる不祥事事例

近時の情報漏洩事件は、従業員によるSNSを介した情報漏洩が目立つようになっています。

例えば、最近の事例では、以下のような不祥事が挙げられます。

ア コンビニエンスストアの事例①

店員が、店内でアイスクリームを販売する冷蔵ケースの中で別の店員が寝転がる様子を撮影した写真をSNSに投稿し、不衛生などとの批難が殺到した。後日、当該店舗は本部からフランチャイズ契約を解消されることとなった。

イ コンビニエンスストアの事例②

店員が商品を袋に入れる際に、商品のパッケージやペットボトルの飲み口などを舐める様子が撮影され、SNSに投稿された。

ウ 大手飲食店の事例

アルバイト店員が、食材をゴミ箱に捨てた後、ふざけてまな板に載せようとする動画が撮影され、インターネット上に投稿された。

エ　ホテルの事例

　　　ホテル内の飲食店のアルバイト店員が、芸能人が来店した情報等を
　SNSに投稿した。

　このように、軽い気持ちでSNSに投稿してしまった結果、インターネット上
で情報が拡散し、企業が特定されて非難されるだけでなく、不祥事を起こした従
業員本人までも特定され、インターネット上に晒されてしまうという事態も発生
しています。

　SNSは私たちの多くにとって身近なサービスであり、気軽に利用できるもの
ですが、その影響力が想像以上に大きいことにも留意する必要があります。

（2）SNSの普及

ア　SNSとは

　　　SNSとは、登録された利用者（ユーザー）同士が交流できるWebサイ
　ト上の登録制・会員制のサービスであり、Social Networking Service
　（ソーシャルネットワーキングサービス）の略称です。

　　　近時の代表的なSNSは以下のとおりです。

---

　　①　Facebook（フェイスブック）

　　②　Twitter（ツイッター）

　　③　Instagram（インスタグラム）

　　④　mixi（ミクシィ）

　　⑤　LINE（ライン）

　　⑥　YouTube（ユーチューブ）

イ　SNSの分類

　　　SNSは、次々と新しいサービスが誕生していますが、以下のようにい
　くつかの種類に分類することができます。

　　　①　交流系SNS：ユーザー同士が情報交換や意見交換ができるSNS
　　　　　（FacebookやTwitter）

　　　②　メッセージ系SNS：ユーザー同士のメッセージのやり取りが主体
　　　　　のSNS（LINE）

Part 4
情報管理

③ 写真系SNS：写真を投稿（共有）して、ユーザー同士がコミュニケーションを行うSNS（Instagram）

④ 動画系SNS：動画を投稿（共有）して、ユーザー同士がコミュニケーションを行うSNS（YouTube）

ウ　SNSの「拡散」と「炎上」

（1）で紹介したように、近時、TwitterやFacebookなどのSNSでの不用意な投稿が原因となって投稿者本人が非難に晒されたり、これらのSNSでの消費者の投稿を契機として企業が予期せぬ非難に晒されたりする、いわゆる「炎上」が注目されており、大手メディアでも頻繁に取り上げられるようになっています。

「炎上」事例は増加傾向にあると言われていますが、「炎上」事例が増加する原因として、SNSの「投稿の容易さ」と「拡散の容易さ」が考えられます。

（3）SNSリスクの特徴

SNSによる情報漏洩リスクの特徴は、以下の6点が挙げられます。

---

① 簡易性：情報発信・拡散が簡易

② 情報の恒久性：一度発信された情報は半永久的に残存し続けるおそれがある

③ 伝播の迅速性：情報が第三者に拡散・伝達されるまでが早い

④ 公共空間性：オンライン上で誰でも閲覧できる

⑤ 特定可能性：発信者や投稿内容の該当者を特定が可能

⑥ 被害の甚大性：社会的信用が毀損される

（4）SNSリスクにおける従業員個人の責任

SNSによる情報漏洩が発生した場合、SNSを発信した従業員自身の法的責任は、図表4-4のとおりです。

図表4-4　SNSリスクにおける従業員個人の責任

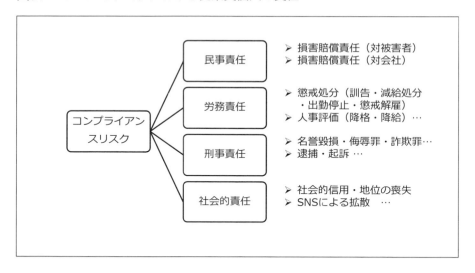

ア　民事責任

　　SNSを発信した従業員は、投稿内容によってプライバシーや名誉を毀損された被害者に対する損害賠償責任を負うことになります（民法709条）。

　　また、SNSの投稿によって勤務先企業の社会的信用を毀損した場合には、勤務先企業に対する職務上の注意義務違反として損害賠償責任を負うことになります。

イ　労務責任

　　各企業の職務規程などでは、通常、従業員が業務中に知りえた事項を漏洩したり、企業の社会的信用を失墜するような言動をしたりした場合には懲戒事由に該当すると定められています。このような場合には、当該従業員は懲戒処分の対象になります。

ウ　刑事責任

　　従業員の投稿内容が悪質なプライバシー侵害や名誉毀損行為に該当する場合のほか、勤務先の営業妨害行為に該当する場合には、刑事責任を追及されることも考えられます。

エ 社会的責任

SNSに投稿した従業員の個人情報がインターネット上で特定されてしまった場合、当該従業員の社会的信用も失墜することになります。

（5）SNSリスクにおける企業の責任

SNSによる情報漏洩が発生した場合、SNSを発信した従業員を雇用する企業の法的責任は、図表4-5のとおりです。

図表4-5　SNSリスクにおける企業の責任

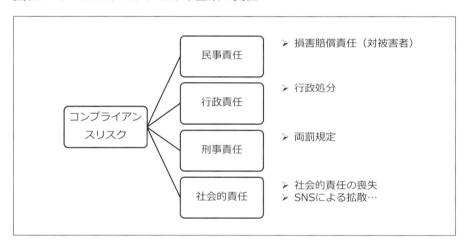

ア 民事責任

企業は、従業員の使用者としての管理責任を負っています。このため、従業員の投稿により被害者のプライバシーや名誉を毀損した場合には、使用者責任に基づく損害賠償責任を負うことがあります（民法715条）。

イ 行政責任

従業員の投稿により深刻な個人情報漏洩事件が発生してしまった場合には、個人情報保護法違反として、個人情報保護委員会による行政処分を受けるおそれがあります。

ウ 刑事責任

個人情報保護法違反などには、両罰規定が設定されており、企業も罰金

刑などを受ける場合があります。

エ　社会的責任

　　従業員の投稿による情報漏洩が起きた場合には、企業の従業員に対する教育や研修体制、企業の見識が疑われることになる上、こうした批判がSNS等を通じてインターネット上にも拡散し、企業の社会的信用が毀損されるというレピュテーションリスクを負うことになります。

Chapter 6 ポイント② 情報の分類の留意点

1 情報の種類

　企業情報を分類すると、まずは①個人情報と②企業内機密情報(狭義の企業情報)に大別されます(図表4-6)。

図表4-6　情報の種類

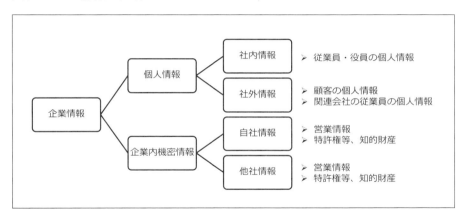

2 企業内機密情報とは

　企業内機密情報とは、営業情報や特許権等の知的財産権に関する情報等、財産的価値や秘匿性が高い、企業活動にとって重要な情報です。狭義の企業情報は、この企業内機密情報を指します

　そして、企業は社内外に多数の利害関係者が存在し、それらの情報を管理していることから、さらに自社情報と他社情報の2つに分類することができます。

3　個人情報とは

　個人情報とは、生存する個人に関する情報であり、特定の個人を識別することができる一定の要件を満たした情報をいいます（個人情報保護法）。

　個人情報は、さらに社内情報（従業員や役員の個人情報）と社外情報（顧客の個人情報や、関連会社の従業員の個人情報）に分類されます。

4　情報を分類する意義

（1）規制法令の分類

　このように、企業情報をその種類や利害関係者との関係性によって分類する意義は、規制法令が異なることにあります。

　詳細については後記Chapter 7 のとおりですが、個人情報は個人情報保護法や番号利用法による規制対象となりえます。

　一方、企業内機密情報は、不正競争防止法や、インサイダー取引に関する情報であれば金融商品取引法による規制対象となりえます。

（2）情報の管理方法の峻別

　それぞれの企業情報を規制する法律が異なると、その適切な管理方法や求められる保護の要件も異なります。このため、企業としては、情報の性質ごとにその管理方法を構築する必要があります。

5　情報の財産的価値

　このように、情報の種類に応じた適切な管理体制を構築することの必要性は、情報の財産的価値に照らしてみるとイメージしやすいかもしれません。

　以下で紹介する実際に起きた過去の情報漏洩事件おける企業の損害から、それぞれの情報の財産的価値を確認できます。

Part 4
情報管理

（1）教育関連企業による情報漏洩事件

ア 事件のあらまし

　　2014年、教育関連企業A社におけるグループ会社B社の業務委託先の元社員Cが、顧客情報約3500万件（登録者及び子の氏名、性別、生年月日及び続柄、住所、電話番号、出産予定日、メールアドレス）を名簿屋Dに売却するなどして流出させるという事件が発生しました（図表4-7）。

図表4-7　教育関連企業における情報漏洩事件

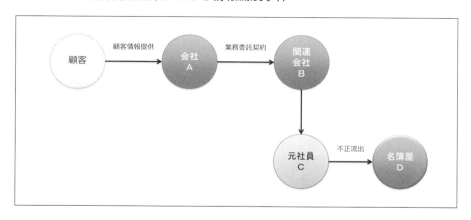

イ 当事者の責任

　　本件では、情報漏洩を行った元社員Cは不正競争防止法違反に問われ、刑事処分を受けています。

　　一方、グループ会社B社に顧客情報約3500万件を預けていたA社は、顧客の個人情報を漏洩したことの補償として、各顧客に対し、1件あたり500円の商品券を配布することを決定しました。

　　1件あたり500円という補償をどのように評価するかは、価値観によってさまざまあるかと思いますが、A社はこの補償のために約200億円もの費用を支出したとされています。またA社は、この事件によって会員の解約が相次ぐことになったとも言われています。

　イで紹介したように、本件では企業側から任意に情報漏洩被害者に対する補償を行っています。情報漏洩が発生した際に企業自ら補償対応をするかはケースバ

イケースとなりますが、他社の事例などもみると、企業自ら保証対応する場合には、補償額は1件あたり500円から1000円程度になる傾向にあります。もっとも、1件あたりの補償額が低額であったとしても、漏洩件数が多数に上れば、本件のように企業の経済的損失は甚大なものとなります。

（2）訴訟に発展した事例

一方、情報漏洩に対する損害賠償請求を訴訟で求める場合には、賠償額はより高額になる事例が散見されます。

情報漏洩に対して訴訟で損害賠償を請求した主な事例は以下のとおりです。

ア　大洲市情報公開国家賠償請求事件（松山地判平成15年10月2日（事件番号：平成14年（ワ）第262、第400号））

　　住民投票条例制定請求において条例制定請求代表者から署名収集の委任を受けた住民らが、その氏名等を記載された署名収集委任届出書を市情報公開条例に基づき市長により公開され、プライバシーの権利を侵害されたとして、市に対し国家賠償法1条1項に基づき損害賠償を請求したところ、1人当たり5万円の損害賠償が認められる。

イ　TBC顧客情報漏洩事件（東京高判平成19年8月28日（事件番号：平成19年（ネ）第1496号、第3013号））

　　ウェブサイトで、無料体験や資料送付等に応募した者の氏名、住所、電話番号、メールアドレス等の個人情報が、エステティック会社が業務委託した会社の過失により流出した事案で、1人当たり慰謝料3万円（ただし内1名については慰謝料1万7000円）、弁護士費用5000円の損害賠償が認められる。

Chapter 7 ポイント③ 情報管理に関する法規制の留意点

図表4-8　情報に関する法規制

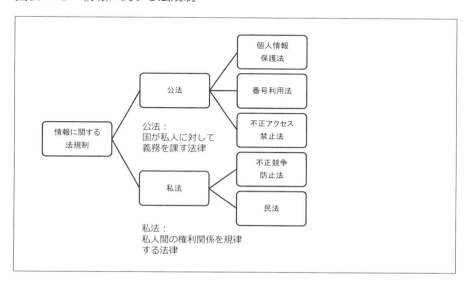

1 情報管理に関する法規制の分類

　企業情報を規制する法律は、まず、公法（国が私人に対して義務を課す法律）と私法（私人間の権利関係を規律する法律）に大別することができます。図表4-8の概念図は情報に関する法規制を大別したものですが、掲載する各法令は公法と私法の一例といえます。

　このほかにも、例えばインサイダー取引に関する情報であれば金融商品取引法の規制対象ともなります。

2 公法関係

(1) 個人情報保護法（個人情報の保護に関する法律）

個人情報保護法は、民間企業と公共事業の双方における個人情報の保護を目的とする法律です。

図表4-9の概念図は、個人情報保護に関する法律・ガイドラインの体系イメージとなります[1]。

図表4-9　個人情報保護に関する法律・ガイドラインの体系イメージ

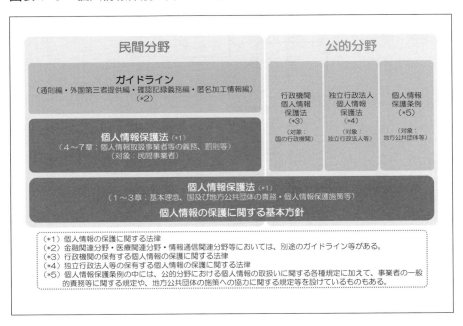

1　出典：個人情報保護委員会ウェブサイト
　　https://www.ppc.go.jp/files/pdf/personal_framework.pdf

Part 4
情報管理

（2）番号利用法（行政手続における特定の個人を識別するための番号の利用等に関する法律）

　番号利用法は、行政機関、地方公共団体等が、個人番号・法人番号の対象者特定機能を活用し、効率的な情報の管理・利用・迅速な情報の授受を行うことにより、行政運営の効率化・国民の利便性の向上を図ることを目的とする法律です。

（3）不正アクセス禁止法（不正アクセス行為の禁止等に関する法律）

　不正アクセス禁止法は、不正アクセス行為を禁止することによる犯罪の防止等を目的とする法律です。
　不正アクセス禁止法の概要は図表4-10のとおりです。

図表4-10　不正アクセス禁止法の概要

```
高度情報通信社会の健全な発展

サイバー犯罪の防止・電気通信に関する秩序の維持

不正アクセス行為等の禁止・処罰          防御側の対策

第3条：不正アクセス行為の禁止           第8条：アクセス管理者による防御
第4条：他人の識別符号を不正に取              措置
       得する行為の禁止               第9条：都道府県公安委員会による
第5条：不正アクセス行為を助長す              援助等
       る行為の禁止                 第10条：国家公安委員会等による
第6条：他人の識別符号を不正に保               情報提供等
       管する行為の禁止
第7条：識別符号の入力を不正に要
       求する行為の禁止
```

http://police.pref.toyama.jp/sections/6110/high-tech/fusei.html

　不正アクセス禁止法では、以下の行為が規制対象となっています。
　ア　不正ログイン（不正アクセス禁止法第2条4項1号）
　イ　セキュリティ・ホール攻撃（同法第2条4項2号・3号）
　ウ　フィッシング行為（同法7条）
　エ　ID等の不正取得行為（同法4条）

オ　ID等の不正保管行為（同法6条）

カ　正当な理由のないID等の提供行為（同法5条）

3　私法関係

（1）不正競争防止法

　不正競争防止法は、事業者間の公正な競争を確保することや、これに関する国際約束の実施を目的とする法律であり、企業の「営業秘密」が保護の対象とされています。

　不正競争防止法にいう「営業秘密」とは、企業が事業活動の中で秘密として使用している技術上または営業上の秘密情報をいいます。不正競争防止法が「営業秘密」を保護する趣旨は、営業秘密は企業の長年のノウハウと投資の集積であるとともに、企業の収益の根源となるとともに、営業秘密が漏洩した場合の回復は困難であると考えられるためです。

　不正競争防止法上、営業秘密として保護されるための要件は、以下の3つです（不正競争防止法2条6項）。

---

①　秘密として管理されていること（**秘密管理性**）

②　有用な営業上又は技術上の情報であること（**有用性**）

③　公然と知られていない情報であること（**非公知性**）

　また、営業秘密と認められた情報例としては、以下のようなものがあります。

---

①　顧客名簿

②　派遣従業員名簿

③　仕入先情報、仕入明細

④　設計図、部品図

⑤　フッ素樹脂シートの溶接技術に関するノウハウ

⑥　DVDのコピーガード技術

（2）民法

　私人間（企業、個人）の責任関係を規律する法律です。

　情報管理との関係でいえば、民法上問題となりうる概念として、プライバシー侵害が挙げられます。

　プライバシーとは「私生活をみだりに公開されないという法的保障ないし権利」（東京地判昭和39年9月28日（事件番号：昭和36年（ワ）第1882号））とされ、故意又は過失により他人のプライバシー権を侵害した場合、不法行為が成立しうることになります（民法709条）。

　この点、個人情報が公開された場合、すべてがプライバシー権侵害となるか問題とされることがありますが、個人情報保護法と民法上のプライバシー権は、それぞれ保護されるべき権利が異なりますので、私事や私生活に関する個人情報が公表されたからといってただちにプライバシー権侵害が成立するわけではありません。

　逆に、個人情報保護法を遵守したとしても、プライバシー侵害の問題をすべて回避できるわけではありません。

　公表等されない法的利益と公表等する理由とを比較衡量し、前者が後者に優越する場合に不法行為となるという判断基準が示されているように（最三小判平成6年2月8日（事件番号：平成元年（オ）第1649号））、プライバシー侵害の有無は、個別の事案に応じて検討する必要があります。

Chapter 8 ポイント④ 個人情報(社内情報)管理の留意点

1 個人情報(社内情報)の位置付け

これまで情報の分類及び法規制の分類についてみてきましたが、ここでは個人情報(社内情報)(図表4-11)管理上の留意点について、相談事例をふまえて検討します。

図表4-11　個人情報(社内情報)

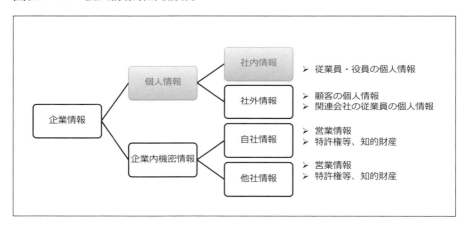

2 個人情報(社内情報)管理に関する相談例

1　甲株式会社の部長Aは、部下の社員Bが好成績を挙げて昇給したことを自分のことのように喜んでいた。Aは、他の社員の発奮材料になると思い、Bの昇給額や賞与額を他の社員にも伝えて、Bを見習うよう話した。

2　Aは、新しく配属された新入社員Cが1日でも早く職場に馴染むよう、社内で公開されているイントラネットに掲載されているCの家族構成や

Part 4
情報管理

趣味などを他の社員に話した。

3　Aは、新入社員Cが関連会社とも早く打ち解けることができるよう、甲株式会社の子会社である株式会社乙の従業員に、Cの家族構成や趣味などを伝えた。

4　Aは部下との親睦を深めるために懇親会に参加したところ、懇親会は大いに盛り上がった。Aはその時の様子を写真で撮影し、SNSにアップした。なお、写真撮影時に嫌がる様子の社員はいなかった。

3　相談例に関する対応

（1）相談例1

　相談例1では、AがBの昇給額や賞与額を話したことへの情報管理上の問題の有無が問われています。

　この点、上司である部長A自身は、Bが好成績を挙げて昇給したことを喜んでおり、Bにとっても肯定的な情報であることから、問題がないと考えているかもしれません。

　しかしながら、昇給・賞与額等の人事評価に関する情報はプライバシー性が高い情報といえます。したがって、AがBに無断でBの昇給や賞与額等を他の社員に話すことは、Bのプライバシーを侵害する行為となります。

　なお、相談例1ではBの昇給や賞与額を取り上げていますが、Bの病歴等の情報に関してもプライバシー性が高い情報に当たりますので、Aが無断で第三者に話すことは同様にBのプライバシーを侵害する行為となります。

（2）相談例2

　相談例2では、AがCの家族構成や趣味などを甲社で話したことへの情報管理上の問題の有無が問われています。

　Cの家族構成や趣味なども、相談例1における昇給や賞与額同様にCのプライバシー性の高い情報といえます。

　もっとも、相談例2の場合には、家族構成や趣味などはC自ら甲社の社内イン

193

トラネットで公開しているため、少なくとも甲社の内部で話す限りでは、Cも公開に同意していると考えられますので、AがCの家族構成や趣味などを甲社で話したことには問題がないといえます。

ただし、Aが甲社で話したことが甲社のイントラネットに公開されている範囲を超えている場合には、Cが公開に同意していないプライバシー情報を第三者に漏洩したとして、プライバシーを侵害する行為となる可能性があることには留意しなければなりません。

（3）相談例3

相談例3では、AがCの家族構成や趣味などを乙社の従業員に話したことへの情報管理上の問題の有無が問われています。

この点、Aが話したことは相談例2と同じ内容であり、しかも乙社は甲社の関連子会社であることから問題はないようにも思われるかもしれません。

しかしながら、Cの家族構成や趣味などは、甲社の社内イントラネットで公開されていますが、これはあくまでも甲社内部で話す限りでの公開に同意しているにすぎません。

そして、乙社は、甲社の関連子会社であるとはいえ、あくまでも甲社とは別の法人です。個人情報保護法においても、乙社の位置付けはグループ会社であっても「第三者」に該当するとされていますので、第三者である乙社の従業員にまでAが話したことは、情報管理上問題があると言わざるを得ません。

（4）相談例4

相談例4では、Aが懇親会の様子を写真で撮影し、SNSにアップした行為への情報管理上の問題の有無が問われています。

この点、Aが懇親会の様子を写真で撮影する際に嫌がっている様子の社員は誰もいなかったことからすれば、同意があると考えるかもしれません。

しかしながら、被撮影者が同意したことは、あくまでもAの写真撮影までであり、Aが写真をSNSにアップすることにまで同意したわけではありません。このため、Aが被撮影者に無断で写真をSNSにアップしたことは、被撮影者の肖像権、プライバシー権侵害にあたるおそれがあるといえます。

Part 4
情報管理

4 個人情報（社内情報）管理の留意点

　相談事例の解説からも、個人情報（社内情報）であっても、個人情報保護法やプライバシー権、肖像権等の法的保護の対象となるものであり、その取扱いは慎重に行う必要があるということがわかります。

　また、社内で共有されている個人情報であっても、共有・公開できる範囲が設定されている場合には、問題となっている行為がその範囲内での利用といえるかどうかも考える必要があります。

　さらに、個人情報の開示者が外形上は共有・公開に同意しているように思われたとしても、実際にはどの範囲までの共有・公開に同意しているのかということも慎重に考えなければなりません。

Chapter 9 ポイント⑤ 個人情報(社外情報)管理の留意点

1 個人情報(社外情報)の位置付け

次に、個人情報(社外情報)(図表4-12)管理上の留意点について相談事例を踏まえて検討します。

図表4-12 個人情報(社外情報)

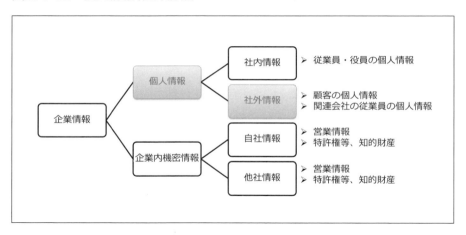

2 個人情報(社外情報)管理に関する相談例

情報通信業を営む法人X株式会社は、順調に業績を拡大していたが、さらなる売上向上のため、優れた営業マンであるA氏を取締役に迎えた。A氏は、新規インターネットサービスを展開して売上を増やすことを提案したが、その新サービスのセキュリティについては後回しにしていた。
ところがある日、X社はハッカーYから不正アクセスを受け、顧客情報(氏名・住所・電話番号・メールアドレスほか)約100万件分及び社内の人事情

報を漏洩してしまった。

X社の情報漏洩はたちまちSNSでも話題となり、X社の情報管理体制にも多数の批判が寄せられるようになった。

3 相談例に関する対応

本章の冒頭で紹介した相談例を基に、個人情報（社外情報）管理上の留意点について検討すると、個人情報の漏洩によって想定されるX社、取締役Aの責任は以下のように整理できます。

（1）X社の責任

ア 民事責任

X社は、ハッカーYから不正アクセス攻撃を受けたとはいえ、顧客から預かっている個人情報を漏洩してしまった以上、顧客から債務不履行責任に基づく損害賠償請求を受けるリスクを負うことになります（民法415条）。

イ 行政責任

また、X社が個人情報を漏洩してしまったことに対し、個人情報保護法違反として、個人情報保護委員会から指導・助言、措置勧告、措置命令といった行政処分を受けるおそれがあります（個人情報保護法41条、42条）。

ウ 刑事責任

X社が個人情報保護委員会から上記のような措置命令を受けていながらこれに違反した場合、罰則を受けるおそれもあります（個人情報保護法84条）。なお、同法84条は両罰規定となっているため、行為当事者のみならず法人も罰金刑に処されることになります。

エ レピュテーションリスク

情報漏洩事件を起こしてしまったことで、X社にSNS等で多数の批判が寄せられているように、企業としての信用を毀損される、レピュテーションリスクを負うことになります。

（2）取締役Ａの責任

　取締役Ａの責任は、Ｘ社の取締役としての善管注意義務に基づく損害賠償責任が考えられます。

　この点、Ａが取締役ではなく従業員の場合には、Ｘ社とＡとの契約関係は雇用契約に過ぎないことから、ＡはＸ社に対し、雇用契約上の職務専念義務を負うにとどまります。そして、故意による情報漏洩であれば別ですが、通常の業務遂行過程で生じた漏洩のであれば、ＡがＸ社に対して情報漏洩による損害を全額賠償しなければならないまでの責任を問われることは通常は考えにくいといえます（報償責任の法理）。

　しかしながら、本事例でのＡは取締役であるため、Ｘ社との契約関係は委任契約となります。そもそもＡはその能力を評価されてＸ社との間で委任契約を締結し、取締役として招聘されていることから、Ｘ社の運営に関し、善管注意義務（法人経営に携わる者として、その法人の規模、業種等のもとで通常期待される程度の注意義務）、具体的にはＸ社の情報セキュリティ体制の構築義務を負担することになります。

　もっとも、取締役Ａは、情報管理体制の専門家として招聘されたのではなく、営業能力があることを評価されて招聘されたという経緯があります。この点、取締役の善管注意義務の判断要素としては、以下の諸事情が挙げられます。

【役員の善管注意義務の判断要素】
① 　法人の規模
② 　法人の業種
③ 　事業内容
④ 　役員の担当業務
⑤ 　専門的知見の有無　等
　　□ 　特に専門的知見を評価されて役員に選任されている場合には、善管注意義務として要求される水準も高くなる

　そして、取締役の善管注意義務違反は、結果責任ではなく、結果発生に至るプロセスの正当性・合理性があるかが評価されます。

Part 4
情報管理

したがって、上記相談例では、取締役Aがその専門的知見に照らして要求される水準に鑑みて、情報漏洩リスクに見合った適正な情報セキュリティ体制を構築しているかどうかが争点になると考えられます。

4　個人情報（社外情報）管理の留意点

　個人情報（社外情報）が漏洩した場合には、個人情報（社内情報）が漏洩した場合とは比較にならないほどの経済的・社会的損失を生じるそれがあります。

　また、企業自身の故意や過失による漏洩ではなく、第三者の不正アクセスによって個人情報（社外情報）を漏洩した場合であっても、情報漏洩による損害賠償責任や行政責任、刑事責任を負うリスクが生じ、さらには、企業だけでなく取締役などの役員にも責任が及ぶ可能性があります。

　企業としては、Chapter 11の6で後述する個人情報（社外情報）の管理体制構築方法を参考にしながら、順次、情報漏洩リスクに備えた管理体制を構築していくことが求められます。

Chapter 10 ポイント⑥ 企業内機密情報管理の留意点

1 企業内機密情報の位置付け

残る企業内機密情報（図表4-13）の管理上の留意点についても、相談事例を踏まえて検討します。

図表4-13 企業内機密情報

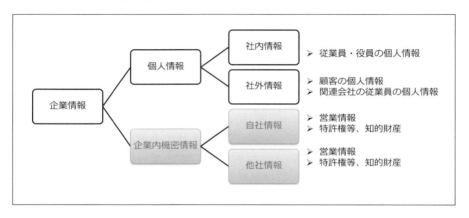

2 企業情報管理に関する相談例

> Aは、電子部品メーカーであるX株式会社に技術職として勤務していたが、その経験を評価され、競合会社であるY社に誘われ、Y社に転職した。
> Aは、X社で培った知見を活かしてY社でより優れた電子製品の開発に成功した。
> ところが、X社が調査により、AがY社で開発した製品が、Aが在籍中にX社の企画していた新製品と酷似していることが発覚した。

Part 4
情報管理

3　相談例に関する対応

　企業情報の漏洩によって想定されるA、Y社の責任は以下のように整理できます。

（1）Aの責任

ア　民事責任

　　Aが、X社に在籍中に知り得たX社の営業秘密を流用してY社で電子製品の開発をしたということであれば、不正競争防止法上の営業秘密侵害行為に該当し、Aは、X社に対し、損害賠償責任を負うことになります。

イ　刑事責任

　　前記の場合には、Aは不正競争防止法違反を問われることになりますが、営業秘密侵害罪に該当するとして、刑事責任を問われることにもなります（不正競争防止法21条）。

ウ　労務責任

　　就業規則等によっては、従業員の行為が重大な懲戒事由に該当する場合に適用される退職金の支給の減免規定が設定されていることがあります。

　　仮にX社の就業規則に退職金支給の減免規定がある場合、既にAがX社を退職する際に退職金を支給されていたとしても、X社からAに対して退職金の返還請求がなされるおそれがあります。

（2）Y社の責任

ア　民事責任

　　Y社が、Aの営業秘密の不正持出しを知りながらこれを利用した場合には、Y社も不正競争防止法に抵触し、X社に対して損害賠償責任を負うことになります。

イ　刑事責任

　　前記の場合には、Y社は不正競争防止法上の営業秘密侵害罪に問われます。不正競争防止法には両罰規定が設けられている（同法22条）ことから、法人であっても刑事責任を問われることになります。

ウ　レピュテーションリスク

　　Ｙ社がＡと共謀してＸ社の営業秘密を流用したことが明らかになれば、Ｙ社は積極的に不正競争防止法違反行為に加担したことになり、社会的信用を毀損するレピュテーションリスクを負うことになります。

4　企業情報管理の留意点

　企業情報の管理にあたっては、まず社内から社外へと不要に情報が漏洩しないような体制を構築する必要があります。企業情報は、特許権に代表されるような知的財産権の内容によっては、競合他社に流出することで企業の存続自体も危ぶまれる事態になるおそれもあるため、厳重に管理しなければなりません。

　また、仮に企業情報が漏洩した場合、事実関係を調査した上で、早急に以下のような被害拡大防止のための措置を講じることが必要です。

（1）事実関係の調査

　企業情報の漏洩が発覚した場合には、まずは事実関係の調査に着手します。早急に企業が管理する情報の漏洩範囲と漏洩原因を精査し、さらなる被害拡大の防止と、回復措置を検討しなければなりません。

　なお、企業情報の漏洩が、元従業員などの特定の人物が原因である場合には、当該従業員の行動も調査する必要があります。

（2）さらなる情報流出の防止

　企業情報が従業員から第三者に持ち出された場合には、持ち出した当該従業員に対する警告書の送付を検討します。

　また、第三者に持ち出されたことが裏付けられた場合には、第三者に対しても警告書を送付するとともに、場合によって差止請求の申立ても検討します。

（3）刑事告訴の検討

　企業情報の漏洩が不正競争防止法上の営業秘密侵害罪に該当すると考えられる場合には、持ち出した従業員や流用している第三者に対する損害賠償請求・差止請求等の民事責任の追及のみならず、刑事責任を追及するための刑事告訴も検討

します。

（4）再発防止措置

　企業秘密の漏洩の再発を防ぐためには、社内の情報管理体制を構築・改善する必要があります。

　詳細はChapter 11で後述しますが、社内の情報管理規程を整備したり、情報の種類に応じた管理体制を構築したりするほか、従業員に対する社内研修を行うことも考えられます。

Chapter 11

ポイント⑦　情報漏洩時の初動対応の留意点

　情報漏洩が発生した場合、企業に甚大な影響を及ぼすおそれがあることは、これまでにも述べてきたとおりです。

　ここでは、情報漏洩原因を踏まえ、情報漏洩リスクが発生した場合の初動対応と、情報漏洩リスクを未然に防ぐための管理体制の構築方針について説明します。

1　情報漏洩原因の分類

　冒頭でも述べたとおり、情報漏洩事件はいつ、どのような企業であっても起こりうる類型の事件であり、企業側の故意ではなく、過失や不正アクセスの被害によるものであっても、情報管理責任を問われるおそれがあります。

　情報漏洩原因を分類すれば、図表4-14のように①過失型、②不正型、③被害型、に整理することができます。

　情報管理体制の構築・見直しにあたっては、自社においてどの類型による情報漏洩のリスクが高いのかを見極め、優先順位をつけて着手することが望ましいといえます。

Part 4
情報管理

図表4-14　情報漏洩原因の分類

類型	漏洩原因分類	具体例
過失型	設定ミス	Web等の設定ミスにより外部から閲覧できる状態
	誤操作	メール・FAX等の送信・送付ミス
	紛失・置き忘れ	外部にPC等の端末の置き忘れ
	管理ミス	引継ぎ時の受渡し漏れ等
	バグ・セキュリティホール	OS等のバグ・セキュリティホールによる外部から閲覧できる状態、漏洩
	目的外使用	関係会社など、開示範囲外の組織への公開
不正型	内部犯罪・内部不正行為	社員が機密情報を不正に持ち出し、売却した
	不正な情報持ち出し	社員や外部業者等が機密情報を持ち出して漏洩した
被害型	不正アクセス	ハッカー等に外部から不正アクセスされて漏洩した
	ワーム・ウィルス	ワーム感染による意図しないメール送信
	盗難	車上荒らし等

2　情報漏洩時の対応

　仮に情報漏洩が発生してしまった場合、企業は、迅速に事後的被害拡大防止のための措置を講じる必要があります。

　もっとも、情報漏洩が発生したことで動転し、誤った事実認識に基づいて情報を公開すれば、企業のレピュテーションリスクをかえって拡大することになるだけでなく、被害拡大の防止も遅れてしまうおそれもあります。

　情報漏洩が発生した場合、企業として講じるべき措置については、図表4-15の手順に沿って進めることが考えられます[2]。

2　「個人データの漏えい等の事案が発生した場合等の対応について」（平成29年個人情報保護委員会告示1号）を参照。

図表4-15 情報漏洩時の対応

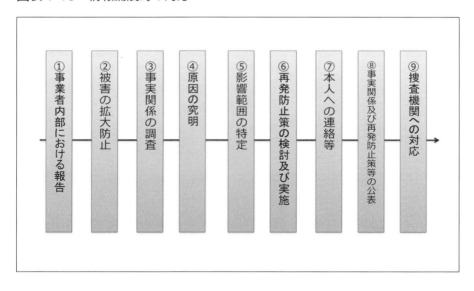

① 事業者内部における報告
② 被害の拡大防止
③ 事実関係の調査
④ 原因の究明
⑤ 影響範囲の特定
⑥ 再発防止策の検討及び実施
⑦ 本人への連絡等
⑧ 事実関係及び再発防止策等の公表
⑨ 捜査機関への対応

（1）事業者内部における報告及び被害の拡大防止（図表4-12①②）

　情報漏洩発生時には、まず責任ある立場の者に直ちに報告するとともに、漏洩等事案による被害が発覚時よりも拡大しないよう必要な措置を講じます。

（2）事実関係の調査及び原因の究明（図表4-12③④）

　漏洩等事案の事実関係の調査及び原因の究明に必要な措置を講じます。

（3）影響範囲の特定（図表4-12⑤）

　上記（2）で把握した事実関係による影響の範囲を特定します。

（4）再発防止策の検討及び実施（図表4-12⑥）

　上記（2）の結果を踏まえ、速やかに漏洩等事案の再発防止策の検討及び実施に必要な措置を講じます。

（5）影響を受ける可能性のある本人への連絡等（図表4-12⑦）

　漏洩等事案の内容等に応じて、二次被害の防止、類似事案の発生防止等の観点

Part 4
情報管理

から、事実関係等について速やかに本人へ連絡し、又は本人が容易に知りうる状態に置きます。

（6）事実関係及び再発防止策等の公表（図表4-12⑧）

漏洩等事案の内容等に応じて、二次被害の防止、類似事案の発生防止等の観点から、事実関係及び再発防止策等について、速やかに公表します。

（7）捜査機関への対応（図表4-12⑨）

情報漏洩の原因が不正アクセスや不正持出しによる場合には、加害者に対する刑事責任の追及もありうることになりますので、捜査機関への被害届や告訴手続を検討します。

3　個人情報保護法上の安全管理措置

情報漏洩原因及び情報漏洩発生時の初動対応については前記2のとおりですが、企業として情報漏洩を未然に防ぐとともに、再発防止策を講じるために、どのような情報管理体制が望ましいのかを把握しておく必要があります。

まず、個人情報保護の観点でみると、個人情報保護委員会の定める「個人情報の保護に関する法律についてのガイドライン（通則編）」（平成28年11月策定・一部改正平成31年1月）[3]が個人情報の管理方法について個人情報取扱事業者に対し求める措置が参考となります。同ガイドラインによると、図表4-16に示すような管理措置体制の構築が考えられます。以下、同ガイドラインを参照して管理措置体制について大まかに紹介します。

3　https://www.ppc.go.jp/files/pdf/190123_guidelines01.pdf

図表4-16　個人情報保護法上の安全管理措置

措置の類型	要求される措置
組織的安全管理措置	①組織体制の整備 ②個人データの取扱いに係る規律に従った運用 ③個人データの取扱状況を確認する手段の整備 ④漏洩等の事案に対応する体制の整備 ⑤取扱状況の把握及び安全管理措置の見直し
人的安全管理措置	①従業者の教育
物理的安全管理措置	①個人データを取り扱う区域の管理 ②機器及び電子媒体等の盗難等の防止 ③電子媒体等を持ち運ぶ場合の漏洩等の防止 ④個人データの削除及び機器、電子媒体等の廃棄
技術的安全管理措置	①情報システムの使用に伴う漏洩等の防止 ②外部からの不正アクセス等の防止 ③アクセス者の識別と認証 ④アクセス制御

（1）組織的安全管理措置

ア　組織体制の整備

　　企業は、安全管理措置を講ずるための組織体制を整備しなければならなりません。

イ　個人データの取扱いに係る規律に従った運用

　　企業は、「あらかじめ整備された個人データの取扱いに係る規律」に従って個人データを取り扱わなければなりません。

　　なお、整備された個人データの取扱いに係る規律に従った運用の状況を確認するため、利用状況等を記録することも重要です。

ウ　個人データの取扱状況を確認する手段の整備

　　企業は、個人データの取扱状況を確認するための手段を整備しなければなりません。

Part 4
情報管理

エ　漏洩等の事案に対応する体制の整備

　　企業は、漏洩等の事案の発生又は兆候を把握した場合に適切かつ迅速に対応するための体制を整備しなければなりません。なお、漏洩等の事案が発生した場合には、二次被害の防止、類似事案の発生防止等の観点から、事案に応じて事実関係及び再発防止策等を早急に公表することが重要です。

オ　取扱状況の把握及び安全管理措置の見直し

　　企業は、個人データの取扱状況を把握し、安全管理措置の評価、見直し及び改善に取り組まなければなりません。

（2）人的安全管理措置

ア　従業者の教育

　　企業は、従業者に個人データの適正な取扱いを周知徹底するとともに適切な教育を行わなければなりません。

（3）物理的安全管理措置

ア　個人データを取り扱う区域の管理

　　企業は、個人情報データベース等を取り扱うサーバやメインコンピュータ等の重要な情報システムを管理する区域（以下「管理区域」といいます）及びその他の個人データを取り扱う事務を実施する区域（以下「取扱区域」といいます）について、それぞれ適切な管理を行わなければなりません。

イ　機器及び電子媒体等の盗難等の防止

　　企業は、個人データを取り扱う機器、電子媒体及び書類等の盗難又は紛失等を防止するために適切な管理を行わなければなりません。

ウ　電子媒体等を持ち運ぶ場合の漏洩等の防止

　　企業は、個人データが記録された電子媒体又は書類等を持ち運ぶ場合、容易に個人データが判明しないよう、安全な方策を講じなければなりません。

　　なお、ここでいう「持ち運ぶ」とは、個人データを管理区域又は取扱区域から外へ移動させること又は当該区域の外から当該区域へ移動させるこ

とをいいます。事業所内の移動等であっても、個人データの紛失・盗難等に留意する必要があります。

エ　個人データの削除及び機器、電子媒体等の廃棄

　　企業は、個人データを削除し又は個人データが記録された機器、電子媒体等を廃棄する場合は、復元不可能な手段で行わなければなりません。また、個人データを削除した場合、又は個人データが記録された機器、電子媒体等を廃棄する作業を委託する場合には、委託先が確実にデータを削除し、又は機器や電子媒体等を廃棄したことについて証明書等により確認することも重要です。

（4）技術的安全管理措置

ア　アクセス制御

　　企業は、担当者及び取り扱う個人情報データベース等の範囲を限定するために、適切なアクセス制御を行わなければなりません。

イ　アクセス者の識別と認証

　　企業は、個人データを取り扱う情報システムを使用する従業者が正当なアクセス権を有する者であることを、識別した結果に基づき認証しなければなりません。

ウ　外部からの不正アクセス等の防止

　　企業は、個人データを取り扱う情報システムを外部からの不正アクセス又は不正ソフトウェアから保護する仕組みを導入し、適切に運用しなければなりません。

エ　情報システムの使用に伴う漏洩等の防止

　　企業は、情報システムの使用に伴う個人データの漏洩等を防止するための措置を講じ、適切に運用しなければなりません。

4　番号利用法上の安全管理措置

　次に、番号利用法に関連し、マイナンバーの保護に関しては、個人情報保護委員会の定める「特定個人情報の適正な取扱いに関するガイドライン（事業者編）」

Part 4
情報管理

（平成26年12月11日策定・最終改正平成30年9月28日）[4]は、個人番号を取り扱う事業者（独立行政法人等個人情報保護法（独立行政法人等の保有する個人情報の保護に関する法律）2条1項に規定する独立行政法人等及び地方独立行政法人法2条1項に規定する地方独立行政法人を除きます。以下、「事業者」といいます）が特定個人情報の適正な取扱いを確保するための具体的な指針を定めています。同ガイドラインによると、マイナンバーに関しては、図表4-17のような情報管理体制の構築が考えられます。以下、同ガイドラインをもとに管理体制の概要を紹介します。

図表4-17　番号利用法上の安全管理措置

措置の類型	ガイドライン上要求される措置
基本方針	①基本方針の策定（任意）
取扱規程等の策定	①取扱規程等の策定
組織的安全管理措置	①組織体制の整備 ②取扱規程等に基づく運用 ③取扱状況を確認する手段の整備 ④情報漏洩事案に対応する体制の整備 ⑤取扱状況把握及び安全管理措置の見直し
人的安全管理措置	①事務取扱担当者の監督 ②事務取扱担当者の教育
物理的安全管理措置	①特定個人情報等を取り扱う区域の管理 ②機器及び電子媒体等の盗難等の防止 ③電子媒体等を持ち出す場合の漏洩等の防止 ④個人番号の削除、機器及び電子媒体等の廃棄
技術的安全管理措置	①アクセス制御 ②アクセス者の識別と認証 ③外部からの不正アクセス等の防止 ④情報漏洩等の防止

4　https://www.ppc.go.jp/files/pdf/my_number_guideline_jigyosha.pdf

（1）基本方針

　同ガイドラインにおいては、事業者が特定個人情報等の適正な取扱いの確保について組織として取り組むためには、「基本方針」を策定することが重要であるとされ、その策定の具体的な手法として、以下の方法が例示されています。

> ＊　基本方針に定める項目としては、次に掲げるものが挙げられる。
> ・　事業者の名称
> ・　関係法令・ガイドライン等の遵守
> ・　安全管理措置に関する事項
> ・　質問及び苦情処理の窓口　等

（2）取扱規程等の策定

　同ガイドラインでは、第四1 A〜Cで明確化した事務において 事務の流れを整理し、特定個人情報等の具体的な取扱いを定める取扱規程等を策定しなければならないとされています[5]。取扱規程等の策定の具体的な手法として、以下の方法が例示されています。なお、本稿で紹介する同ガイドラインのいう、A〜Fとは、「A 個人番号を取り扱う事務の範囲の明確化」、「B 特定個人情報等の範囲の明確化」、「C 事務取扱担当者の明確化」、「D 基本方針の策定」、「E 取扱規程等の策定」、「F 技術的安全管理措置」をいいます。

> ＊　取扱規程等は、次に掲げる管理段階ごとに、取扱方法、責任者・事務取扱担当者及びその任務等について定めることが考えられる。具体的に定める事項については、C〜Fに記述する安全管理措置を織り込むことが重要である。
> ① 取得段階
> ② 利用段階
> ③ 保存段階

5　https://www.ppc.go.jp/files/pdf/my_number_guideline_jigyosha.pdf

Part 4
情報管理

④　提供段階

⑤　削除・廃棄段階

（3）組織的安全管理措置

　事業者は、特定個人情報等の適正な取扱いのために、次に掲げる組織的安全管理措置を講じることが求められます。

ア　組織体制の整備

　　安全管理措置を講ずるための組織体制を整備します。

イ　取扱規程等に基づく運用

　　取扱規程等に基づく運用を行うとともに、その状況を確認するため、特定個人情報等の利用状況等を記録します。

ウ　取扱状況を確認する手段の整備

　　特定個人情報ファイルの取扱状況を確認するための手段を整備します。なお、取扱状況を確認するための記録等には、特定個人情報等は記載しないようにします。

エ　情報漏洩事案に対応する体制の整備

　　情報漏洩等の事案の発生又は兆候を把握した場合に、適切かつ迅速に対応するための体制を整備します。なお、情報漏洩等の事案が発生した場合には、二次被害の防止、類似事案の発生防止等の観点から、事案に応じて、事実関係及び再発防止策等を早急に公表することが重要です。

オ　取扱状況把握及び安全管理措置の見直し

　　特定個人情報等の取扱状況を把握し、安全管理措置の評価、見直し及び改善に取り組まなければなりません。

（4）人的安全管理措置

　事業者は、特定個人情報等の適正な取扱いのために、次に掲げる人的安全管理措置を講じることが求められます。

ア　事務取扱担当者の監督

　　特定個人情報等が取扱規程等に基づき適正に取り扱われるよう、事務取扱担当者に対して必要かつ適切な監督を行わなければなりません。

イ　事務取扱担当者の教育

　　事業者は、事務取扱担当者に、特定個人情報等の適正な取扱いを周知徹底するとともに適切な教育を行わなければなりません。

（5）物理的安全管理措置

　事業者は、特定個人情報等の適正な取扱いのために、次に掲げる物理的安全管理措置を講じることが求められます。

ア　特定個人情報等を取り扱う区域の管理

　　特定個人情報ファイルを取り扱う情報システム（サーバ等）を管理する区域を明確にし、物理的な安全管理措置を講じます。

　　また、特定個人情報等を取り扱う事務を実施する区域については、事務取扱担当者等以外の者が特定個人情報等を容易に閲覧等できないよう留意しなければなりません。

イ　機器及び電子媒体等の盗難等の防止

　　管理区域及び取扱区域における特定個人情報等を取り扱う機器、電子媒体及び書類等の盗難又は紛失等を防止するために、物理的な安全管理措置を講じます。

ウ　電子媒体等の取扱いにおける漏洩等の防止

　　特定個人情報等が記録された電子媒体又は書類等を持ち運ぶ場合、容易に個人番号が判明しないよう、安全な方策を講じなければなりません。なお、ここでいう「持ち運ぶ」とは、特定個人情報等を管理区域又は取扱区域から外へ移動させること、又は当該区域の外から当該区域へ移動させることをいい、事業所内での移動等であっても、特定個人情報等の紛失・盗難等に留意する必要があります。

エ　個人番号の削除、機器及び電子媒体等の廃棄

　　個人番号関係事務又は個人番号利用事務を行う必要がなくなった場合で、所管法令等において定められている保存期間等を経過した場合には、個人番号をできるだけ速やかに復元不可能な手段で削除又は廃棄しなければなりません。

Part 4
情報管理

（6）技術的安全管理措置

　事業者は、特定個人情報等の適正な取扱いのために、次に掲げる技術的安全管理措置を講じることが求められます。

ア　アクセス制御

　　　情報システムを使用して個人番号関係事務又は個人番号利用事務を行う場合、事務取扱担当者及び当該事務で取り扱う特定個人情報ファイルの範囲を限定するために、適切なアクセス制御を行わなければなりません。

イ　アクセス者の識別と認証

　　　特定個人情報等を取り扱う情報システムは、事務取扱担当者が正当なアクセス権を有する者であることを、識別した結果に基づき認証する必要があります。

ウ　外部からの不正アクセス等の防止

　　　情報システムを外部からの不正アクセス又は不正ソフトウェアから保護する仕組みを導入し、適切に運用しなければなりません。

エ　情報漏洩等の防止

　　　特定個人情報等をインターネット等により外部に送信する場合、通信経路における情報漏洩等を防止するための措置を講じる必要があります。

5　営業秘密の管理（営業秘密管理指針）

　次に、企業情報に関しては、経済産業省が定める「営業秘密管理指針」（平成15年1月30日策定・最終改訂平成31年1月23日）[6]では、媒体ごとに典型的な秘密管理措置を例示しており、参考となります（図表4-18）。

6　https://www.meti.go.jp/policy/economy/chizai/chiteki/guideline/h31ts.pdf

図表4-18　営業秘密の管理（営業秘密管理指針）

媒体の種類	典型的管理方法
紙媒体	①文書に「マル秘」など秘密であることを表示する ②施錠可能なキャビネットや金庫等に保管する方法
電子媒体	①記録媒体へのマル秘表示の貼付 ②電子ファイル名・フォルダ名へのマル秘の付記 ③電子ファイルの電子データ上にマル秘の付記 ④電子ファイルそのもの又は当該電子ファイルを含むフォルダの閲覧に要するパスワードの設定 ⑤記録媒体を保管するケースや箱に、マル秘表示の貼付
物件に営業秘密が化体している場合	①扉に「関係者以外立入禁止」の貼り紙を貼る ②警備員を置いたり、入館IDカードが必要なゲートを設置したりして、工場内への部外者の立ち入りを制限する ③写真撮影禁止の貼り紙をする ④営業秘密に該当する物件を営業秘密リストとして列挙し、当該リストを営業秘密物件に接触しうる従業員内で閲覧・共有化する
媒体なし	①営業秘密のカテゴリーをリストにすること ②営業秘密を具体的に文書等に記載すること

（1）紙媒体

ア　同指針によると、営業秘密はファイルの利用等により一般情報からの合理的な区分を行ったうえで、当該文書に「マル秘」など秘密であることを表示することにより、秘密管理意思に対する従業員の認識可能性は確保されるとされています。

イ　なお、個別の文書やファイルに秘密表示をする代わりに、施錠可能なキャビネットや金庫等に保管する方法も、認識可能性を確保する手段であるとされています。

ウ　情報の漏えい事案が社内で多発しているなど不正取得のリスクが顕在化している場合には、紙媒体のコピーやスキャン・撮影の禁止、コピー部数の

Part 4
情報管理

管理（余部のシュレッダーによる廃棄）、配布コピーの回収、キャビネットの施錠、自宅持ち帰りの禁止といった追加的な措置を講じることによって、秘密管理意思の明示がより確固としたものになるとされています。

（2）電子媒体

ア　基本的には紙媒体と同様ですが、電子情報の場合は、通常、次のような方法のいずれかによって、秘密管理性の観点から充分な秘密管理措置となりうるとされています。

① 記録媒体へのマル秘表示の貼付

② 電子ファイル名・フォルダ名へのマル秘の付記

③ 営業秘密たる電子ファイルを開いた場合に端末画面上にマル秘である旨が表示されるように、当該電子ファイルの電子データ上へのマル秘の付記（ドキュメントファイルのヘッダーにマル秘を付記等）

④ 営業秘密たる電子ファイルそのもの又は当該電子ファイルを含むフォルダの閲覧に要するパスワードの設定

⑤ 記録媒体そのものに表示を付すことができない場合には、記録媒体を 保管するケース（CDケース等）や箱（部品等の収納ダンボール箱）に、マル秘表示の貼付

イ　外部のクラウドを利用して営業秘密を保管・管理する場合も、「秘密」として管理されていれば、秘密管理性が失われるわけではないとされています。例えば、階層制限に基づくアクセス制御などの措置が考えられます。

ウ　なお、不正利用・不正取得のリスクが顕在化している場合には、追加的に、人事異動・退職毎のパスワード変更、メーラーの設定変更による私用メールへの転送制限、物理的にUSBやスマートフォンを接続できないようにすること等によって、秘密管理意思の明示がより確固としたものになるとされています。

（3）物件に営業秘密が化体している場合

製造機械や金型、高機能微生物、新製品の試作品など、物件に営業秘密情報が化体し、物理的にマル秘表示の貼付や金庫等への保管に適さないものについては、次のような方法を講じることによって、秘密管理性の観点から秘密管理措置

となりうるとされています。

① 扉に「関係者以外立入禁止」の張り紙を貼る

② 警備員を置いたり、入館IDカードが必要なゲートを設置したりして、工場内への部外者の立ち入りを制限する

③ 写真撮影禁止の貼り紙をする

④ 営業秘密に該当する物件を営業秘密リストとして列挙し、当該リストを営業秘密物件に接触しうる従業員内で閲覧・共有化する

（4）媒体なし

例えば、技能・設計に関するものなど、従業員が体得した無形のノウハウや従業員が職務として記憶した顧客情報等については、従業員の予見可能性を確保し、職業選択の自由にも配慮する観点から、原則として、以下のような形でその内容を紙その他の媒体に可視化することが必要です。

① 営業秘密のカテゴリーをリストにすること

② 営業秘密を具体的に文書等に記載すること

6 情報管理措置体制の構築手順

ここまで、個人情報保護、マイナンバー保護、企業情報保護における情報管理措置体制の考え方を説明しました。

これらの情報管理措置体制を整理すると、企業が情報管理措置体制を構築する際に検討すべき事項は、以下のようになります。

---

① 保護の対象とすべき情報の整理

② 管理方法の区別

③ 社内規程の整備

④ 従業員の教育・研修

⑤ 定期的なモニタリング

Part 4

情報管理

（1）保護の対象とすべき情報の整理

ア　企業内の情報の整理・特定

　　　企業が情報管理を厳密に行うのであれば、企業が接触・管理するあらゆる情報を厳重に管理することが理想といえますが、企業の業種や企業規模、取扱情報量等によっては、すべての情報を厳重に管理することが現実的ではないこともありえます。企業が情報管理体制を構築する上では、情報管理の安全性と実現可能性のバランスを考慮する必要があります。

　　　企業が情報管理体制の構築に着手する際には、まずは企業内の情報が物理的にどの場所にあるのか、またどの部署が、どのような種類の情報を管理しているのか等の情報の内容・種類を整理すること、管理すべき情報の優先順位をつけることから始めるべきでしょう。

イ　情報の内容・種類に応じたランク分け

　　　企業が管理している情報の内容・種類を整理した後に、情報の内容・種類に応じたランク付けを行い、ランクに応じた管理方法を検討すべきといえます。

　　　情報のランク付けの一例としては、以下のような方法が考えられます（名称等は、各企業が任意に設定することになります）。

---

① 　極秘情報：ごく一部の者しかアクセスできない

② 　関係者外秘：関係者しかアクセスできない

③ 　社外秘：社内の者しかアクセスできない

（2）管理方法の区別

　次に、情報の具体的な管理方法としては、前出の個人情報保護委員会の各ガイドラインや、経済産業省の営業秘密管理指針等が参考となりますが、情報の重要度に応じて、以下のような管理方法を検討することになります。

---

① 　保管場所

② 　媒体

③　表示方法

④　アクセス制限

⑤　管理責任者の設定

⑥　取扱者の範囲

⑦　管理責任者・取扱者の権限

（3）社内規程の整備

また、情報のランク付けや管理方法を整理するとともに、組織的な情報管理体制の構築のためには社内規程の整備が必要です。企業によっては、情報管理に関する規則を就業規則に盛り込んでいる場合もありますが、情報管理のルールを詳細に設定する必要がある場合には、就業規則とは別に情報管理規程を別途設けることも考えられます。

また、就業規則や情報管理規程とは別に、従業員の入退社時や、重要なプロジェクト参加時に、情報を外部に漏らすことがない旨を約する誓約書や秘密保持契約書を締結することも検討の余地があるでしょう。

（4）従業員の教育・研修

社内規程を整備したとしても、企業の情報に接触する従業員の情報の取扱いに対する認識に不足があれば、情報管理体制としては十分とはいえません。

そこで、従業員に対し、情報管理に関する社内規程の周知徹底を図るための研修の実施や、社内掲示板等に活用による啓蒙を行う必要があります。

（5）定期的なモニタリング

以上の情報管理体制を構築・改善を図ったとしても、即座に効果が発揮できるとは限りません。新たに作成・修正した社内規程に不備があったり、うまく活用できない事態が生じたりすることもあるでしょう。

そこで、企業としては、情報管理体制を一度構築（Plan）しただけで取組みを終えるのではなく、実際に運用（Do）した後に、情報管理状況がどのようになっているのかを監査（Check）し、監査結果を踏まえて既存の情報管理体制の不備を修正していく（Act）、というPDCAサイクルを回し続けることが求められ

ます（図表4-19）。

図表4-19　定期的なモニタリング

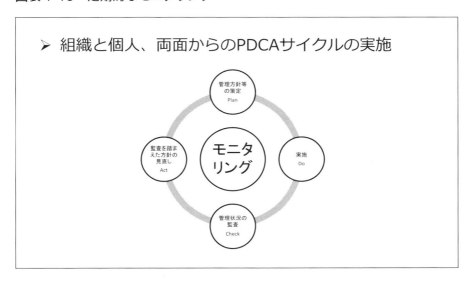

労務管理

Part 5

Chapter 1

本章の目的

```
1  労務管理の重要性の理解
2  労務紛争の解決方法の理解
3  労務紛争の予防策の理解
```

　企業は人の集合体であり、労使関係が伴う以上、労働問題も不可避的に発生します。企業経営を続けていく上では、労働問題を避けて通ることはできません。

　近年は、働き方改革関連法にも象徴されるように、コンプライアンスへの意識の高まりや人手不足もあり、労働問題への関心、そして労働者の権利意識も高まっています。

　このような状況において、旧態依然の労務管理を漫然と続けていては、労働問題が発生するリスクはさらに高まります。労働問題への対応を誤れば、会社の経営全体を揺るがすトラブルにも発展しかねません。

　労働問題は労働契約法等の労働諸法によって規律されていますが、労働諸法は労働者保護に重点が置かれており、労働問題となった場合、経営者側は厳しい立場に置かれることとなります。このため、企業にとっては「いかに未然に労働に関するトラブルの発生を防ぐか」が重要となります。

　労働に関するトラブルを未然に防ぐには、職場環境を整備するとともに、就業規則や秘密保持規程など、十分な社内ルールを整備することが必要です。

　また、既に労働問題が起きてしまった場合には、問題の原因を見極めた上で、交渉やADR、民事訴訟や労働審判等、多岐にわたる解決方法から適切な方法を選択しなければなりません。個々の事案に適切な解決方法を見極め、解決することを通じて、より労使にとってふさわしい組織運営を実現し、組織とともに従業員個々人が成長できる環境を整備していくことが、企業が労務管理を行うにあたって求められる視点といえます。

　近年では、働き方改革関連法の影響もあり、ワークライフバランスの重要性が叫ばれ、長時間労働の是正に向けて積極的に取り組む企業も増えていますが、それでもなお、私たちの多くにとって「働く時間」は日常生活の大半を占めていま

す。

　私たちにとって、「働くこと」は「生きること」にほかなりません。「働くこと」
で、労使ともに健全かつ持続可能な形で成長することができるようにするために
も、適切な労務管理を実現することが求められます。

労務管理の3つの特徴

1 使用者の視点：コンプライアンス・ガバナンスの土台

　労務管理を使用者側の視点から見ると、「コンプライアンスやガバナンスの土台になる」と捉えることもできます。

　本書で何度も述べているとおり、「コンプライアンス」とは「法令等を遵守すること」ですが、どのようなコンプライアンスリスクも、必ず「人」がきっかけで発生します。コンプライアンスリスクを未然に防ぐためには、組織内外の人を適切に管理できる体制の構築が必要です。

　また、適切な組織運営を実現するためには、ガバナンス（統治）体制が構築されることが不可欠です。コンプライアンスリスクは、人によって起きる、言い換えれば現場で起きるものですが、現場で生じうる不祥事を未然に防いだり、既に生じた不祥事の被害を最小化したり、再発を防止したりするためには、現場の声をしっかりと拾い上げて見直すことができる管理・統治体制が必要です。ところが、コンプライアンスリスクを繰り返す企業には、この管理・統治体制に問題があり、現場で発生した不祥事を見過ごしたり、管理・統治側がコンプライアンスリスクを隠蔽しようとしたりする事例も散見されます。このような行為は、かえってコンプライアンスリスクを拡大させるだけであり、厳に避けなければなりません。こうしたリスクを拡大させないためにも、ガバナンスの構築が非常に重要です。

　コンプライアンスもガバナンスも、最終的には人の問題に帰着します。組織にとって労務管理は、コンプライアンス及びガバナンス体制を構築するための土台ということができます。

2 労働者の視点：メンタルヘルス・モチベーションの土台

　一方、労働者側の視点から見た労務管理は、メンタルヘルスやモチベーションの土台になる、と見ることができます。

Part 5
労務管理

「ストレス社会」と言われて久しいですが、労働者は、職場内外でさまざまなストレスに晒されています。近年、労働局に寄せられる労働トラブルの相談では、解雇や退職などの雇用契約の終了に関する相談以外に、「いじめ・いやがらせ」など、職場におけるメンタルヘルスに関する相談が急増しています。労働者が職場におけるストレスに晒され、うつ病等の精神疾患に罹患したりしてメンタルヘルスを損なえば、当該労働者への影響はもちろん、組織にとっても深刻な影響が生じます。1人の労働者のメンタルヘルスの失調は職場にも蔓延し、他の労働者のモチベーションも大きく損なうことで労働生産性が低下し、長時間の残業につながるおそれもあります。そして、長時間残業などの労務環境の悪化は労働者のさらなるモチベーションの低下を招き、離職率が増加します。さらに、こうした職場の雰囲気の悪化が外部にも広まれば（近年では、インターネット上で会社の職場環境に関する評価を見ることができるサイトがあるなど、職場の雰囲気を内部だけに留めることは困難です）、採用活動も困難になり、慢性的な人手不足によって1人あたりの負担は増加し、さらに離職率が高まる……という悪循環に陥ることも想定されます。

このような事態になれば、企業が事業を存続することができず、廃業を余儀なくされる最悪の事態に陥る可能性もゼロではありません。

このような状況を避けるために、適切な労務管理と、個々の従業員のメンタルヘルスとモチベーションの維持管理を行う必要があります。

3　紛争の視点：長期化・深刻化

このように、労務管理は労使双方にとって「健全な組織運営を持続的に行うための土台」となりますが、その不備のためにひとたび労務紛争が発生すると、長期化かつ深刻化するおそれがあります。

例えば、慢性的な長時間労働が放置されているような職場では、1人の退職した従業員が残業代請求を行い、その請求の事実が他の従業員にも伝われば、従業員たちが次々と残業代請求を行うという事態が生じることもあります。また、従業員が長時間労働やハラスメントに起因する精神疾患によって休職を余儀なくされた場合、どのような形での復職が望ましいのか、復職が困難として労働契約を終了させることができるのかといった問題を、年単位で考える必要があります。

Chapter 3 労務管理に関する相談事例

1 相談事例

甲株式会社は、和食レストランを経営し、乙県内に多数の営業店を出店するなど、拡大路線を続けていた。一方で、甲社は、拡大にあわせた社内体制の整備が間に合っておらず、具体的な労務管理は各店舗の自主性に任せていた。

甲社の中でもトップの営業成績を誇る乙県の県庁所在地にある店舗の店長A（男性）は、県庁所在地の店舗を任されたことで、「売上のトップを維持しなければならない」と躍起になっていた。Aは、自身も強いプレッシャーを感じていたことの反動から、部下に対しても厳しい姿勢で接していた。中でも、接客でミスを繰り返してはクレームを受けたり、売上管理でも計算間違いをするなどミスの多い新人女性社員Bには、以前から叱責を繰り返していた。

あるとき、Bは、古くから付き合いのある会社による100名もの忘年会の予約の手配において、日程を取り違えるというミスを犯した。

Bがミスをした翌日、Aは、店舗の全従業員を集めての朝礼で「Bはミスばかりしており、まったく期待外れだ」「ミスばかり繰り返している人間は給料泥棒だ」「自分で判断して仕事を進めようなんて100年早い」「見た目ばかり気にして、中身は何もない」、「言い訳せずに、身体でも何でも使ってさっさと謝罪してこい」などと大声で叱責した。

Bは、Aからの叱責に強いショックを受け、甲社本部に連絡し、Aからハラスメント被害に遭ったと訴えた。さらにBは、「Aのハラスメントに加え、長時間労働の常態化によりうつ病に罹患したため、しばらく仕事を休ませてほしい」「これまで残業代も適切に支払われていないのはおかしいのではないか」などと訴え、「できれば退職せずに仕事を続けたいが、Aと一緒に仕事を続けることを考えると怖くて仕方がないため、今後の対応を労働組合や弁護

士にも相談したい」と述べていた。

甲社としては、Bの訴えが事実かどうかという問題もあるものの、Bをこのまま雇用し続けるべきなのかどうかということも悩んでいる。

2 想定されるポイント

図表5-1　相談事例の想定ポイント

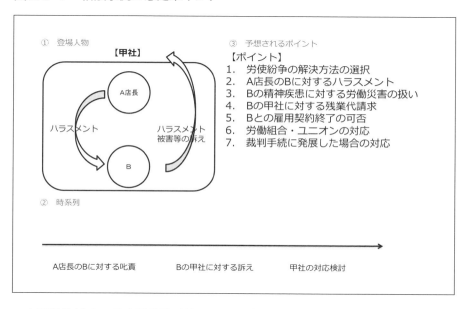

上記相談例は、長時間労働が続いている法人に勤務している従業員が、上司からハラスメント被害を受けたと訴えてきたことに対し、当該従業員及び上司への懲戒処分及び退職勧奨を検討するケースということができます。

上記相談例では、以下のコンプライアンスリスクが想定されます。

① 労使紛争の解決方法の選択
② A店長のBに対するハラスメント
③ Bの精神疾患に対する労働災害の扱い
④ Bの甲社に対する残業代請求

⑤　Bとの雇用契約終了の可否

⑥　労働組合・ユニオンの対応

⑦　裁判手続に発展した場合の対応

　労務管理においては、これらのコンプライアンスリスクは、労務紛争が生じた場合に生じる典型的な問題ということができます。

　以下、各コンプライアンスリスクの留意点と、このような労務管理におけるコンプライアンスリスクを未然に防ぐための対応について説明します。

Chapter 4 7つのポイント

図表5-2は、適正な労務管理を実現するために、典型的な労務トラブルを念頭に、特に押さえていただきたいポイントを7つに整理したものです。

以下、具体的に説明します。

図表5-2　労務管理の7つのポイント

- Point1　労使紛争の解決方法選択の留意点
- Point2　ハラスメント対応の留意点
- Point3　労働災害対応の留意点
- Point4　残業代請求対応の留意点
- Point5　雇用契約終了対応の留意点
- Point6　労働組合・ユニオン対応の留意点
- Point7　裁判対応の留意点

ポイント①　労使紛争の解決方法選択の留意点

1　労使紛争の解決方法

図表5-3　労使紛争の解決方法

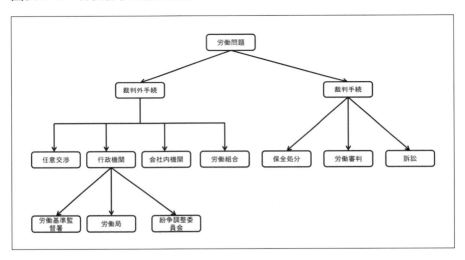

　労働紛争が生じた場合の解決手続は複数ありますが、大きくは①裁判外手続と②裁判手続に整理することができます。①裁判外手続としては、任意交渉、会社内機関の利用、労働組合の利用、行政機関の利用等の方法が考えられ、②裁判手続は、保全処分、労働審判、訴訟等の方法が考えられます（図表5-3）。

　各手続には、それぞれメリット・デメリットがあります。各手続のメリット・デメリットを勘案した上で、個別の労働紛争に最適な解決方法を選択する必要があります。なお、以下で紹介する解決方法はあくまでも代表的なものにとどめていますのでご注意ください。

Part 5
労務管理

2　裁判外手続

（1）任意交渉

　労働紛争が発生した場合（又は発生するおそれがある場合）、まず検討する方法として、企業と労働者個人による任意交渉が考えられます。

　任意交渉といっても、交渉内容によって交渉方法はさまざまなものが考えられます。例えば、出向命令や配転命令などの人事処分を争う場合もあれば、会社内での人間関係の改善を求めたりする場合もあります。前者のように、労働者と企業（使用者）の対立関係が問題となる場合には、企業は、労働者から人事処分の見直しを求められたり、処分の正当性がないことを強く争われたりすることがあります。一方、後者のように、労働者同士の関係が問題となる場合には、企業は、労働者から、仲裁者として介入することを求められたりすることが考えられます。企業と労働者が対立関係になるような場合には、企業としての姿勢が他の労働者にも問われることになるため、秩序だった対応をすることを心がけるとともに、訴訟等、より紛争が深刻化する可能性を意識して労働者との交渉過程を記録化していくことを意識した交渉方法を選択することもあります（例えば、労働者からの要求事項をできる限り書面やメール等、記録に残る方法で提出するよう求めることなどです）。

　任意交渉による解決を図るメリットは、交渉内容によって、どのような方法をとるかを柔軟に選択できることにあります。企業が労働者と対立関係になるような問題であっても、労働者が退職することまでは考えていないのであれば、労働者との間である程度の交渉内容での譲歩も選択肢となるでしょう。また、経済的コストがかからないということも任意交渉のメリットの1つです。さらに、訴訟や労働組合による団体交渉などによった場合、解決まで長時間を要する上、場合によっては企業イメージへの深刻な影響を及ぼしかねないリスクがありますが、任意交渉による解決であれば、このような事態を回避することが期待できます。

　一方、任意交渉による解決のデメリットは、あくまでも任意交渉にすぎませんので、抜本的な解決は困難であり、場合によっては何も解決することができない場合もありうるという点です。

（2）会社内機関の利用

　規模や組織体制にもよりますが、企業が社内に紛争調整機関（例えば、セクハラやパワハラ等のハラスメント対策委員会）を設置している場合があります。

　任意交渉では解決を図ることができない場合、こうした会社内機関を利用し、労働紛争の事実調査を行ったりすることで、紛争の解決を図ることができるケースもあります。会社内機関による解決を検討する典型的な事例は、ハラスメント問題が挙げられます。

　会社内機関を利用するメリットは、経済的コストをかけることなく、任意交渉よりも解決を期待できることにあります。また、労働者のプライバシーにも配慮する必要があるケースでは、会社内機関を利用したほうが、訴訟による解決と異なり、外部に知られにくいというメリットも挙げられます。

　一方、会社内機関を利用するデメリットは、企業側の裁量がある反面、労働者側としても、企業側が責任をもって問題の解決に取り組むことを期待している傾向にあります。会社内機関を利用しても解決できなかった場合や、会社内機関の調査や対応に不備があり、会社内機関を通じて相談した労働者にとって不利な噂が社内に流れてしまった場合には、労働者側の不満の矛先が、企業側に向かってしまうおそれがあることが挙げられます。

　会社内機関を利用する場合には、社内のどのような立場の者が構成員になっているか、対象となる労働者の希望などを検討すべきでしょう。

（3）労働組合の利用

　会社内機関のほかに、労働組合に相談するという方法も考えられます。労働組合は、企業内組合の場合もあれば、企業外の組合を利用されるケースもあります。労働組合を通じた解決は、基本的に企業側が選択するということはなく、労働者側で選択することになります。

　労働組合の利用による解決のメリットは、任意交渉の延長線上での話し合いの継続により、訴訟と比べて労働紛争を早期に解決することが期待できる点にあります。

　一方、労働組合の利用による解決のデメリットは、労働組合から団体交渉を申し込まれた場合、企業としては団体交渉に誠実に対応しなければならない義務が

Part 5
労務管理

発生することになり、労働者個人との交渉による早期解決を図ることが難しくなることが挙げられます。また、労働者が加入する労働組合によっては、積極的な組合活動を行ってくるために、企業としての対応にも相応の人的・時間的負担を強いられることもあります。さらに、労働組合側が街宣活動などを行う場合には、企業のレピュテーションリスクも生じることになります。

（4）行政機関の利用

任意交渉や会社内機関の利用、労働組合の利用は、いずれも会社内での対応になります。こうした会社内での対応では奏功しない場合、労働者側では会社外の行政機関の利用が考えられます。

労働者側としては、例えば、労働基準法に違反する事項（賃金未払いや一方的な解雇）に関する労働紛争であれば、労働基準監督署に相談することで、是正勧告等の行政指導を出してもらうことが期待できます。

行政機関の利用による解決のメリットは、企業と労働者との間に行政機関に介入してもらうことで、当事者間では解決できなかった場合にも、双方で譲歩し、解決の道筋を見出すことができることがあります。また、行政機関の利用は、訴訟ほどは長期化しない傾向にあるため、早期解決を図ることができるというメリットがあります。

一方、行政機関の利用による解決のデメリットは、行政指導による影響が企業にとって深刻なリスクとなるおそれがあることが挙げられます。例えば、労働基準監督署による調査の結果、是正勧告で済むのであればまだしも、刑事事件として送検されたりすれば、企業のレピュテーションリスクも生じることになります。また、個別の労働者との関係のみでの問題に留まらず、他の労働者との関係でも行政機関の調査を受ける可能性があることも、企業側のデメリットとして挙げられます。

3　裁判手続

裁判外手続でも解決できない場合には、裁判所による裁判手続を行うことで解決を試みることになります。裁判手続では、当事者間で合意が成立しなくとも、裁判所が判断を下すことで最終的な解決が実現されるため、終局的な解決が可能

235

となります。

裁判手続には、①保全処分、②労働審判、③訴訟が挙げられます。

（1）保全処分

保全処分とは、民事訴訟の本案の権利を保全するための仮差押え及び本案の権利関係について仮の地位を定める仮処分をいいます。

保全処分は、正式な裁判の結論が出るまでに時間を要するために不利益が生じる可能性がある場合に、権利等を保全するために仮の決定を下す手続です。

通常の裁判では仮処分を利用することはあまりありませんが、労働紛争では、配置転換命令の無効や解雇無効を争う場合、労働者の地位を確認するために利用されることがあります。

保全処分のメリットは、通常の裁判よりも迅速な判断が下されることが期待できるという点にあります。そして、保全処分の結果、企業側と労働者側との間で早期に和解が成立し、終局的な解決に至ることも期待できます。

一方、保全処分のデメリットは、通常の裁判と異なり、あくまでも仮の権利関係を定めるにすぎないため、終局的な解決ができるわけではないことです。

（2）労働審判

労働審判とは、最近の個別的労働関係に関する紛争の増加傾向に対処するために、迅速かつ適切に解決を図ることを目的に制定された手続です。原則として3回以内の期日で調停（話し合い）による解決が試みられます。調停による解決ができない場合には、労働審判委員会が労働審判を行い、解決を図ります。

労働審判のメリットは、労働紛争の迅速な解決を図ることを目的とした制度ですから、早期の解決が期待できる点にあります。また、労働審判では、迅速な解決を図ることに主眼があるため、労働者側の主張がすべて認められるとは限られず、ある程度譲歩を求められる傾向にあることも挙げられます。例えば、未払賃金請求の案件では、労働者の請求する金額の満額が認められず、多少の譲歩を迫られることも珍しくありません。

一方、労働審判のデメリットは、迅速な紛争解決のために、企業側の反論の時間が十分には確保されない傾向にあることが挙げられます。労働審判は、3回以内の期日での解決を求められるだけでなく、各期日の準備の時間も限られていま

す。具体的には、労働審判では、原則として申し立てがされた日から40日以内に第1回期日の指定をされる上、企業側は答弁書の提出期限を定められることになります（原則として第1回期日の10日前程度）。さらに、労働審判はあくまでも当事者間の合意がなければ成立しないため、終局的な解決には至らないこともあります。

（3）訴訟

　訴訟とは、紛争について裁判所に判決を求める手続をいいます。

　訴訟のメリットは、当事者間の合意にかかわらず裁判所による判断によって終局的な解決を得ることができるという点にあります。他の労働紛争の解決手続にはないこの点にこそ、訴訟を利用する意義があるといえます。

　一方、デメリットは、終局的な解決を得るまでに長時間を要する傾向にある上、当訴訟活動に伴う経済的負担も大きいという点が挙げられます。また、訴訟にまで発展した場合、企業と労働者の対立も相当大きくなることが一般的であり、企業のレピュテーションリスクも懸念されます。

ポイント② ハラスメントの留意点

1 パワーハラスメントの相談事例

A社の営業部長であるB氏は、営業成績が一向に改善しない部下であるC氏を厳重に注意しなければならないと考え、朝礼の席上、他の従業員の前で「いつまで実績を出すことができないんだ。お前は無駄飯喰らいのようだ。仕事に対する真剣さがないからこんな成績しか出せないんだ。来月も営業目標を達成できないならお前に任せる仕事はないと思え」と、大声で怒鳴った。
これはB氏にとってC氏の発奮を期待したつもりの発言だったが、C氏はパワーハラスメントとしてA社の人事部に相談した。

2 セクシュアルハラスメントの相談事例

入社1年目の新入社員Dが、同僚も大勢参加する職場の歓送迎会で、直属の上司にあたる課長から「処女じゃないだろう」「エイズ検査を受けた方がいい」といった発言を繰り返し受けた。
飲み会での酔った上での発言とはいえ、到底我慢できなかったDは、セクハラにあたるのではと人事部に相談した。

Part 5
労務管理

3 ハラスメント対応の7つのポイント

図表5-4 ハラスメント対応の7つのポイント

Point1 パワーハラスメントとは

Point2 セクシュアルハラスメントとは

Point3 パワハラ・セクハラの違法性の判断基準

Point4 ハラスメントの責任類型

Point5 ハラスメントに伴う企業のリスク

Point6 ハラスメントトラブル発生時の企業の対応

Point7 ハラスメントの予防策

近年、ハラスメントトラブルは増加傾向にあります。

「いじめ・嫌がらせ」に関する相談件数は平成14年度には約6600件とされていた一方、平成23年度には約4万5900件、平成30年度には8万2797件と年々増加の一途を辿っています[1]。

パワーハラスメントやセクシュアルハラスメントのトラブルは、一見すると加害者である従業員と、被害者である従業員との問題であるようにも思われがちです。しかしながら、企業は、労働者に対し、就業（職場）環境配慮義務を負っています。パワーハラスメントやセクシュアルハラスメント被害が起きた場合、これを放置していると企業の法的責任も発生しかねません。

---

[1] 厚生労働省プレスリリース「「平成30年度個別労働紛争解決制度の施行状況」を公表します～「いじめ・嫌がらせ」に関する民事上の個別労働紛争の相談件数が過去最高～」（厚生労働省雇用環境・均等局総務課労働紛争処理業務室、令和元年6月26日）（https://www.mhlw.go.jp/content/11201250/000521619.pdf）

特に、パワーハラスメントに関しては、2019年5月29日に可決・成立した「女性の職業生活における活躍の推進に関する法律等の一部を改正する法律案」において法的にも規制対象となることが明らかになりました。また、俗に言う「パワーハラスメント防止法」の成立（正式名称：「労働施策の総合的な推進並びに労働者の雇用の安定及び職業生活の充実等に関する法律」（略称「労働施策総合推進法」））に伴い、ハラスメントに関する企業の法的責任は、今後一層強く追及されることが予想されます。

以下では、ハラスメントに対して企業が適切に対応できるようにするために、従業員からセクハラ・パワハラを主張された場面において、企業が検討すべき7つのポイント（図表5-4）を踏まえて説明します。

（1）ポイント1：パワーハラスメントとは

パワーハラスメントとは、職場において行われる優越的な関係を背景とした言動であって、業務上必要かつ相当な範囲を超えて、精神的・身体的苦痛を与える又は職場環境を悪化させる行為をいいます。

パワーハラスメントに該当するかどうかは、以下の3つの要件があります。

---

① 優越的な関係を背景とした
② 業務上必要かつ相当な範囲を超えた言動により
③ 就業環境を害すること（身体的若しくは精神的な苦痛を与えること）

この3つの要件に該当しない場合、例えばミスを犯した部下に注意や指導をすること自体は、職務の円滑な遂行上、一定程度許容されます。

ところが、実務上、こうした本来の要件を誤解して「どのような注意・指導であっても、被行為者が不快に感じればすべてパワーハラスメントに該当する」と思っているケースも散見されます。こうした誤解から、本来注意・指導すべき事案であるにもかかわらず、注意・指導する立場の人間がパワーハラスメントと訴えられることを恐れて何も注意・指導しなかったり、逆に注意・指導を受ける側が当然受け入れるべき注意・指導に対してすべてパワーハラスメントに該当すると勘違いをして反抗したり無視したりしてしまうことは、当事者双方にとって望ましいことではありません。

Part 5
労務管理

　パワーハラスメントに関する上記3要件を補足すると、「優越的な関係を背景とした」行為とは、パワーハラスメントを受ける労働者が行為者に対して抵抗又は拒絶することができない蓋然性が高い関係に基づいて行われることをいいます。一般的に想定しやすいケースとして上司から部下に対するパワーハラスメントが挙げられますが、同僚同士のケースや、場合によっては部下から上司に対するケースであっても、「優越的な関係を背景とした」行為が行われたとして、パワーハラスメントに該当することはありえます。

　同僚同士や部下から上司に対するパワーハラスメントとしては、以下のようなケースが想定されています[2]。

---

①　同僚又は部下による行為で、当該行為を行う者が業務上必要な知識や豊富な経験を有しており、当該者の協力を得なければ業務の円滑な遂行を行うことが困難であるもの
②　同僚又は部下からの集団による行為で、これに抵抗又は拒絶することが困難であるもの

　具体的には、上司が部下に対して業務命令を出したにもかかわらず、部下が複数名で徒党を組み、業務命令を無視したり反抗したりした場合には、部下から上司に対するパワーハラスメントへの該当が考えられます。

　パワーハラスメントは、単純に業務上の職位のみによって行為者と被行為者が一義的に決定されるわけではないということに留意し、企業としてもパワーハラスメントの申告があったということだけで鵜呑みにせず、行為者とされた上司を一方的に断罪することのないようにする必要があります。

（2）ポイント2：セクシュアルハラスメントとは

　セクシュアハラスメントとは、①職場において、労働者の意に反する性的な言動が行われ、それを拒否するなどの対応により解雇、降格、減給などの不利益を

2　「職場のパワーハラスメント防止対策についての検討会報告書」（平成30年3月）（https://www.mhlw.go.jp/file/04-Houdouhappyou-11910000-Koyoukankyoukintoukyoku-Koyoukikaikintouka/0000201236.pdf）

受けること、又は②性的な言動が行われることで職場の環境が不快なものとなったため、労働者の能力の発揮に悪影響が生じることをいいます（男女雇用機会均等法11条参照）。

また、セクシュアルハラスメントは、以下のように2種類に分類されます。

---

① 対価型セクシュアルハラスメント
職場において行われる労働者の意に反する性的な言動に対する労働者の対応により、当該労働者が解雇、降格、減給等の不利益を受けること
② 環境型セクシュアルハラスメント
職場において行われる労働者の意に反する性的な言動により労働者の就業環境が不快なものとなったため、能力の発揮に重大な悪影響が生じる等当該労働者が就業する上で看過できない程度の支障が生じること

なお、セクシュアルハラスメントの被害者は、同性に対するものも含まれるほか、LGBTも対象とされています[3]。

パワーハラスメント同様、セクシュアルハラスメントに該当するかは、被行為者の主観のみによって決まるのかという問題があります。

この点、人事院規則10－10「セクシュアル・ハラスメントをなくすために職員が認識すべき事項についての指針」では、以下のように明記されており、被行為者の判断が重要である旨明示されています[4]。

第1 セクシュアル・ハラスメントをしないようにするために職員が認識すべき事項
1 意識の重要性 セクシュアル・ハラスメントをしないようにするためには、職員の一人一人が、次の事項の重要性について十分認識しなければならない。
一 お互いの人格を尊重しあうこと。
二 お互いが大切なパートナーであるという意識を持つこと。

3　https://www.mhlw.go.jp/content/11909500/000366284.pdf
4　https://www.mhlw.go.jp/content/11909500/000366284.pdf

三 相手を性的な関心の対象としてのみ見る意識をなくすこと。

四 女性を劣った性として見る意識をなくすこと。

2 　基本的な心構え　職員は、セクシュアル・ハラスメントに関する次の事項について十分認識しなければならない。

一 性に関する言動に対する受け止め方には個人間で差があり、セクシュアル・ハラスメントに当たるか否かについては、相手の判断が重要であること。具体的には、次の点について注意する必要がある。

　（1）　親しさを表すつもりの言動であったとしても、本人の意図とは関係なく相手を不快にさせてしまう場合があること。

　（2）　不快に感じるか否かには個人差があること。

　（3）　この程度のことは相手も許容するだろうという勝手な憶測をしないこと。

　（4）　相手との良好な人間関係ができていると勝手な思い込みをしないこと。

二 相手が拒否し、又は嫌がっていることが分かった場合には、同じ言動を決して繰り返さないこと。

三 セクシュアル・ハラスメントであるか否かについて、相手からいつも意思表示があるとは限らないこと。セクシュアル・ハラスメントを受けた者が、職場の人間関係等を考え、拒否することができないなど、相手からいつも明確な意思表示があるとは限らないことを十分認識する必要がある。

四 職場におけるセクシュアル・ハラスメントにだけ注意するのでは不十分であること。例えば、職場の人間関係がそのまま持続する歓迎会の酒席のような場において、職員が他の職員にセクシュアル・ハラスメントを行うことは、職場の人間関係を損ない勤務環境を害するおそれがあることから、勤務時間外におけるセクシュアル・ハラスメントについても十分注意する必要がある。

五 職員間のセクシュアル・ハラスメントにだけ注意するのでは不十分であること。行政サービスの相手方など職員がその職務に従事する際に接することとなる職員以外の者及び委託契約又は派遣契約により同じ職場で勤務する者との関係にも注意しなければならない。

とはいえ、セクシュアルハラスメントが被行為者の主観のみで判断されるかというと、必ずしもそうとは言い切れません。厚生労働省都道府県労働局雇用均等室による「セクシャルハラスメント対策に取り組む事業主の方へ」（平成27年6月）では、以下のように明記されており、被害者の主観も重視されるとしながらも、一定の客観性も必要であると整理されています[5]。

セクシュアルハラスメントの状況は多様であり、判断に当たり個別の状況を斟酌する必要があります。また、「労働者の意に反する性的な言動」および「就業環境を害される」の判断に当たっては、労働者の主観を重視しつつも、事業主の防止のための措置義務の対象となることを考えると一定の客観性が必要です。

一般的には意に反する身体的接触によって強い精神的苦痛を被る場合には、一回でも就業環境を害することとなり得ます。継続性または繰り返しが要件となるものであっても、「明確に抗議しているにもかかわらず放置された状態」または「心身に重大な影響を受けていることが明らかな場合」には、就業環境が害されていると判断し得るものです。また、男女の認識の違いにより生じている面があることを考慮すると、被害を受けた労働者が女性である場合には「平均的な女性労働者の感じ方」を基準とし、被害を受けた労働者が男性である場合には「平均的な男性労働者の感じ方」を基準とすることが適当です。

　したがって、セクシュアルハラスメント事案が発生した場合、被行為者の主観ももちろん考慮すべきですが、それのみによって直ちに判断されるわけではないと考えたほうが、企業としての適切な対応を講じることができるといえます。

（3）ポイント3：パワハラ・セクハラの「違法」性の判断基準

　パワーハラスメントは、人格権侵害の一類型であり、以下の①～③のいずれかに該当する場合には「違法」とされます。

5　https://www.mhlw.go.jp/file/06-Seisakujouhou-11900000-Koyoukintoujidoukatei-kyoku/00.pdf

> ① 問題となっている業務命令等が、業務上の必要性に基づいていないもの
> ② 外形上、業務上の必要性があるように見える場合であっても、当該命令等が不当労働行為目的や退職強要目的など、社会的に見て不当な動機・目的に基づいてなされていること
> ③ 当該命令等が労働者に対して通常甘受すべき程度を著しく超える不利益を与えること

　また、セクシュアルハラスメントも、人格権侵害の一類型であり、(被害者・加害者)「両当事者の職務上の地位・関係、行為の場所・時間・態様、被害者の対応等の諸般の事情を考慮して、行為が社会通念上許容される限度を超え、あるいは社会的相当性を超えると判断されるときに不法行為が成立する。」(金沢セクハラ事件(名古屋高裁金沢支部判平成8年10月30日労判707号37頁)) とされています。パワーハラスメント・セクシャルハラスメントに該当するかどうか(＝違法となるかどうか)は、図表5-5のように整理できます。

図表5-5　違法性の判断基準

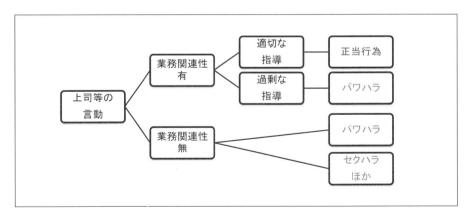

(4) ポイント4：ハラスメントの責任類型

　パワーハラスメントやセクシュアルハラスメントなどのハラスメントが発生した場合、加害者だけでなく、企業にも法的責任が発生することになります。

ハラスメントに起因する責任類型を整理すれば、以下のようになります。

① 加害者の法的責任
  ・ 労働契約上の責任（就業規則違反）
  ・ 民事責任
  ・ 刑事責任
② 使用者の法的責任
  ・ 民事責任
  ・ 刑事責任
  ・ 行政責任
③ 労災補償
④ 加害者の道義上の責任
⑤ 使用者の経営責任・レピュテーションリスク

（5）ポイント5：ハラスメントに伴う企業のリスク

ハラスメントが発生した場合、企業側が負担するリスクは、以下のように整理できます。

ア 不法行為責任

　企業は、加害者の行為に関する使用者責任を負うため、加害者のハラスメントに不法行為責任が成立する場合には、企業も使用者責任に基づく損害賠償責任を負担することになります（民法715条）。

イ 債務不履行責任

　企業は、労働者の安全に配慮する義務を負っています（労働契約法5条）。

　したがって、ハラスメントが生じた場合、企業は、被害者に対し、職場環境整備義務及び職場環境調整義務に違反したとして債務不履行責任を問われる場合があり得ます（民法415条）。

　なお、従業員が派遣労働者であり、派遣先でパワハラが生じた場合、派遣会社（派遣元）の責任だけでなく派遣先会社の責任も問われ、責任を負う可能性があります。

Part 5
労務管理

ウ　レピュテーションリスク

　　また、前記のとおり、ハラスメント防止法も成立した昨今では、ハラスメント及びハラスメント発生時における企業の対応に対する社会の関心は一層高まっています。

　　仮にハラスメントトラブルが訴訟等の法的手続まで発展した場合、当該企業は、「ブラック企業」等とレッテルを貼られ、深刻なレピュテーションリスクが生じることが懸念されます。

（6）ポイント6：ハラスメントトラブル発生時の企業の対応

ハラスメントトラブルが発生した場合、企業側としてとるべき対応は、以下のように整理できます。

ア　ヒアリングの実施

　　ハラスメントに限りませんが、トラブルが発生した場合には、事実関係の確認のないまま、思い込みのみに基づく拙速な判断をすることは避けなければなりませんが、無視して放置するということも避けなければなりません。

　　この点、会社が迅速な対応を怠った場合、不作為を理由として損害賠償責任を負う可能性があることを示唆した裁判例があります（横浜地裁平成16年7月8日判決判時1865号106頁、大阪地裁平成21年10月16日判決（事件番号：平成20年（ワ）5038号）参照）。

イ　事実関係の精査

　　ハラスメントトラブルを申告等によって企業が認識した場合には、事実関係を精査する必要があります。

　　ハラスメントトラブルは、人間関係の延長線上で起きる傾向にあるため、当事者以外は詳細を把握しにくいことも少なくありません。特に、セクシャルハラスメントに関しては、パワーハラスメント以上に当事者限りで行われ、密室性が高いため、より一層、詳細の把握は困難です。

　　もっとも、ハラスメントトラブルの詳細の把握が難しいからといって、安易に当事者の主観的な訴えのみで判断することは、行為者のみならず被行為者の処遇判断を見誤り、トラブルを解決するどころか、一層問題を大きくすることにもなりかねません。

以下に挙げるような手順で、できる限り客観性の高い証拠から事実を認定するよう、事実調査の精度を上げていくことを心がける必要があります。

---

① 客観的資料の収集（メール、メモ、写真等）
② 相談者からのヒアリング
③ 第三者（同僚等）からのヒアリング
④ 加害者からのヒアリング

ウ　社内処分の検討

　事実関係を精査し、ハラスメントがあったと判断できる場合には、行為者に対する処遇を決定します。

　企業として行為者に対する処遇を決定する際には、行為者が被行為者に対して逆恨みをすることもありえますので、場合によっては、事前に被行為者の希望（座席位置の変更や部署異動等）も確認しておく必要があります。

　また、企業が行為者を処分する際には、過去の同種事例における懲戒処分の重さとのバランスがとれているかという観点も重要です。

　さらに、行為者による逆恨みへの対応にも重なりますが、被行為者の保護のため、ハラスメント申告の事実も含めた事実関係の機密性をできる限り高めるなどの配慮が求められます。

エ　再発防止策の構築

　ハラスメントトラブルが発生した際には、まずは迅速な被害回復措置を講じることが求められますが、再発防止策の構築も順次進めていく必要があります。

　一例として、以下に企業が講じるべき再発防止策の流れを紹介しますが、企業規模やハラスメントに対する取り組みの進捗状況によって、適宜修正していくこともありえます。

---

① 管理職を対象にしたハラスメントについての講演や研修会の実施
② 一般社員を対象にしたハラスメントについての講演や研修会の実施
③ ハラスメントについての相談窓口の設置

Part 5

労務管理

④　就業規則等の社内規程への盛り込み

⑤　アンケート等による社内の実態調査

（7）ポイント7：ハラスメントの予防策

　パワーハラスメントやセクシャルハラスメント等、各種ハラスメントを予防するためには、以下の措置を講じる必要があります（セクシャルハラスメントに関しては、雇用機会均等法上のセクハラ防止義務として規定されています[6]。

①　事業主の方針の明確化及びその周知・啓発（事前措置）

②　ハラスメントの内容及びハラスメントを行った場合の懲戒についての規定を制定し、それを従業員へ周知・徹底する

③　相談に応じ、適切に対応するための必要な体制の整備（事前措置）

④　職場におけるハラスメントに関わる事後の迅速かつ適切な対応（事後措置義務・調査義務・被害拡大回避義務・再発防止義務・被害回復義務）

⑤　上記3つの措置とあわせて講ずべき措置である「相談者・行為者等のプライバシーの保護」と「不利益取扱いの禁止」

6　「事業主が職場における性的な言動に起因する問題に関して雇用管理上講ずべき措置についての指針」（平成18年厚生労働省告示615号、平成28年厚生労働省告示314号最近改正）

ポイント③　労働災害の留意点

1　労働災害とは

　労働災害とは、労働者が業務に従事したことによって生じた負傷、疾病、死亡等の災害をいいます。
　業務中の事故など、労働災害が発生した場合、企業側にはさまざまな法的責任が生じます。そして、労働災害への初動対応を誤れば、取り返しのつかないリスクが生じかねません。
　ここでは、労働災害が起きた場合に企業が留意すべきポイントを解説します。

2　相談事例

> 従業員の溶接作業中に、燃料が入った容器が爆発してしまい、作業を担当していた従業員が亡くなるという痛ましい事故が起きてしまった。
> 会社としては、亡くなった故人のためにできる限りのことはしたいと思うものの、どこまで責任を負うことになるのかがわからない。

3　労働災害対応のポイント

　企業側としては、労災保険で対応することが第一となりますが、安全配慮義務違反があると判断された場合には、民事責任（損害賠償責任）のほか、刑事責任や行政責任を負う可能性があります。

（1）労災事故が起きた場合の企業側の法的責任

　企業は、労働者を使用することによって利益を得ている以上、労働者の生命・身体の安全・衛生について十分な配慮をしなければなりません。

企業側（使用者側）が労働者の生命・身体の安全・衛生に関して負う義務を規定しているのは、労働安全衛生法です。労働者が労災事故によって受傷したり死亡したりした場合、労働安全衛生法に基づき、企業側は民事責任、刑事責任または行政上の責任を負うことになります。

（2）企業側の民事責任

企業側は、雇用契約に伴い、信義則上、労働者の生命・身体の安全・衛生を配慮する安全配慮義務も負担すると解されており、労災事故が起きた場合には、労働者に対する安全配慮義務違反という債務不履行責任が問われることになります。

そして、企業側は、安全配慮義務違反による債務不履行責任に基づく損害賠償責任を負担することとなります。

（3）企業側の労災補償責任

労働基準法は、労働者保護の見地から、労働災害があった場合に、企業側は労働者に対して労災補償責任を負わなければならないと規定しています（労働基準法75条以下）。

（4）企業側の刑事責任

労災事故が起きた場合、企業側は、業務上過失致死傷罪や、労働基準法違反や労働安全衛生法違反に問われ、刑事責任を負わなければならない場合があります。

（5）企業側の行政責任

労災事故が起きた場合、企業側は、行政指導や行政処分等、行政責任を負わなければならない場合があります。

4 労働災害発生後の対応

（1）労災保険給付等の請求書の証明

労働者が労働災害により負傷した場合等には、労働者等が休業補償給付等の労災保険給付の請求（労災保険法12条の8第2項）を労働基準監督署長に対して行うことになります。

その際、事業主は、労災保険給付等の請求書において、①負傷又は発病の年月日、②災害の原因及び発生状況等の証明をしなくてはなりません（労災保険法施行規則12条の2第2項等）。

なお、ここでいう「事業主」とは、労働者の雇主を指すのが原則ですが、建設業については元請人であるとされています（労働保険の保険料の徴収等に関する法律8条、同施行規則7条）。

したがって、上記相談事例では、会社が事業主として証明することになります。

（2）労働者死傷病報告の提出

事業者（事業を行う者で労働者を使用する者（労働安全衛生法2条3号）をいい、労働者の雇主を指します）は、労働災害により労働者が死傷した場合には、労働者死傷病報告を労働基準監督署長に対して提出しなければなりません（労働基準法施行規則57条、労働安全衛生規則97条）。

休業4日以上の場合には遅滞なく提出し、休業4日未満の場合には3か月ごとに提出しなければなりません（労働基準法施行規則57条2項、労働者安全衛生法規則97条2項）。

労働者死傷病報告を提出すべき場合は、下記①〜④の場合です。

---

① 労働者が労働災害により、負傷、窒息又は急性中毒により死亡し又は休業したとき

② 労働者が就業中に負傷、窒息又は急性中毒により死亡し又は休業したとき

> ③ 労働者が事業場内又はその附属建設物内で負傷、窒息又は急性中毒により死亡し又は休業したとき
>
> ④ 労働者が事業の附属寄宿舎内で負傷、窒息又は急性中毒により死亡し又は休業したとき

　提出された労働者死傷病報告は、労働災害統計の作成などに活用されており、労働災害の原因を分析し、同種労働災害の再発防止のための対策の検討に活かされるなど、労働安全衛生行政の推進に役立てられています。

（3）労災隠しの違法性

　故意に労働者死傷病報告を提出しなかったり、虚偽の内容を記載した労働者死傷病報告を所轄労働基準監督署長に提出したりすると、労災隠しとして、処罰を含めた厳正な処分がなされるおそれがあります（労働安全衛生法第100条に違反し又は同法第120条第5号により50万円以下の罰金）。

Chapter 8

ポイント④　残業代請求の留意点

1　残業代請求とは

　実務上、労働問題に関する相談でよく見られる分類の1つが、時間外手当に関するもので、「残業代請求」とも呼ばれます。

　残業代請求の相談は、残業代請求のことだけで相談に来ることは稀であり、その他の相談（ハラスメントトラブルや不当解雇等）とあわせて問題となることが多い傾向にあります。このため、労働問題に関する相談の中でもよく見られるものといえます。

　労務管理の基本の1つは適正な労働時間の管理にありますが、適正な労働時間の管理ができていない会社は、その他の労務管理にも不備があることが少なくないといえるかもしれません。

　勤務先での仕事を続けようと考えている最中は、違法なサービス残業を強いられていても、勤務先とのトラブルを避けるために残業代の請求も後回しにしがちですが、勤務先とトラブルになり、退職もやむなしという段階になると、残業代請求を考え始める傾向にあります。

　もっとも、最近では、在職中の残業代請求も少なくありません。ブラック企業の問題などがよく取り上げられるようになり、自分の時間外手当が適切に支払われているかを不安に思う方が増えているのでしょう。

2　残業代請求の具体例

　3か月前にA社を円満退職したはずの元従業員Bから、突然、未払残業代300万円を請求する旨の内容証明郵便が送られてきた。
内容証明郵便において、元従業員は休憩時間も休みなく働かされ、未払いの残業時間の合計は何百時間分にもなっていると主張し、タイムカードや就業規則の写しを出すよう要求されているだけでなく、到着してから1週間以内

に300万円の支払いに応じなければ法的手段をとると書いてあった。
支払いに応じなければすぐに裁判を起こされてしまうかもしれないと思ったA社は、仕方なく言われるまま300万円を支払ってしまった。

3 残業代請求対応の7つのポイント

図表5-6　残業代請求対応の7つのポイント

　上記相談例におけるA社の対応は、問題がなかったといえるでしょうか。実はA社の初動対応は、さまざまな失敗を犯していると言わざるを得ません。
　以下、図表5-6の企業がとるべき7つのポイントを踏まえて説明します。

(1) ポイント1：回答期限の法的拘束力

　まず注意しなければならないのは、労働者側からいつまでに回答するよう要求されているからといっても、その回答期限に法的拘束力があるわけではないということです。
　したがって、当該期限までに慌てて回答する必要はありません

一方的に設定された回答期限に驚き、十分に検討することもせずに安易に支払いに応じてしまわないようにご注意ください。

（2）ポイント2：残業代請求の消滅時効

労働者側が、入社してから退社するまでの全期間分の残業代を請求してくるケースもありますが、残業代請求は労働債権としての請求となり、2年の短期消滅時効の対象となります（労働基準法115条）。したがって、労働者側が請求する残業代の期間は、必ず確認する必要があります。

何の確認もせずに安易に支払いに応じる旨の回答をしてしまうと、債務を承認したとして、消滅時効を主張することができなくなるおそれがあります。

なお、2020年に施行される改正民法の規定に合わせて、労働債権の消滅時効も2年から5年に延長するという議論がされているため、今後の動向には注意が必要です。

（3）ポイント3：基礎賃金の範囲

また、労働者側が主張する残業代の計算根拠となる基礎賃金が法的に適正な金額かどうかも検討する必要があります。

残業代とは、以下の計算式で算定されます。

残業代＝時間単価（基礎賃金）×残業した労働時間×割増率

残業代の計算根拠となる時間単価（基礎賃金）には、労働者に支給されているすべての金額が含まれるわけではありません。例えば、①家族手当、②通勤手当、③別居手当、④子女教育手当、⑤住宅手当は基礎賃金から除外されます（労働基準法施行規則21条）。

なお、上記手当が基礎賃金に含まれるかどうかは、名称によって判断されるわけではなく、実質的に判断されます（昭和22年9月13日発基17号「労働基準法の施行に関する件」）。名称が「家族手当」とはされていない手当であっても、扶養家族の有無や数に従って支給される手当であれば、除外賃金となるケースもある一方、逆に「家族手当」等の名称であっても除外賃金とならないケースもあります。

Part 5
労務管理

　労働者側では、請求金額をできる限り多く見せるために、上記手当も含めて基礎賃金を算定してくることがまま見受けられます。会社側としては、労働者側が主張する残業代の根拠となる基礎賃金が適正かどうかを検討する必要があります。

（4）ポイント4：実労働時間≠在席時間

　労働者側が主張する残業代の算定根拠として、基礎賃金のほかに、労働時間があります。

　残業した労働時間は、以下のように算定します。

　　　　残業した時間＝実労働時間　－　所定労働時間

　注意しなければならないのは、実労働時間は「会社に在席していた時間ではない」ということです。

　実労働時間とは、「使用者の指揮命令下で労働力を提供した時間」をいいます。具体的には、「労働時間に該当するか否かは、労働者の行為が使用者の指揮命令下に置かれたものと評価することができるかにより客観的に決まるものであって、労働契約、就業規則、労働協約等の定めのいかんにより決定されるべきものではない」（三菱重工長崎造船所事件、最高裁平成12年3月9日判決労判778号8頁）とされています。

　したがって、就業規則で勤務開始時刻が午前9時とされている場合でも、午前8時半からの勤務が命じられれば実際には命令下に置かれた午前8時半からが労働時間と認定されることになります。逆に、午前8時半からの勤務が命じられているわけではなく、また実際に何も仕事をしているわけでもなければ、労働時間は午前9時からと認定されることになります。

　このように、残業代の算定基礎となる労働時間は機械的・形式的に決まるわけではなく、実質的な労務環境から判断されます。労働者側が主張する労働時間が果たして残業代の算定根拠となる実労働時間に該当するか、慎重に検討しなければなりません。

（5）ポイント5：他の従業員に与える影響

次に、労働者側が残業代を請求してきた場合、会社側が安易に支払いに応じることによって、他の従業員にどのような影響を与えるかということも考慮する必要があります。

会社側が「紛争を大きくしたくない」と考えてすぐに支払いに応じた場合、この問題は沈静化するといえるのでしょうか。

労働者が内容証明郵便を送付しただけですぐに会社側が支払いに応じるようであれば、他の従業員も簡単に支払いに応じてもらうことができるのではと追随し、個別の労働問題のはずが他の従業員にも拡がり、ひいては会社全体の経営を揺るがしかねない事態にまで発展するおそれもあります。

1人の元従業員との問題と安易に考えず、他の従業員との関係を見据えた上でどのような対応が望ましいのかを慎重に検討する必要があります。

（6）ポイント6：資料開示拒否のリスク

残業代算定のための資料として、労働者側からタイムカードや就業規則の開示を求められた場合、どう対応すべきでしょうか。

この点、労働者側の要求を無視し続けると、裁判に発展した場合、会社側の不誠実な対応が問題視されるおそれもあります（参考：会社の不誠実な対応を理由に消滅時効の援用は権利濫用にあたり許されないとされた裁判例（日本セキュリティシステム事件・長野地裁佐久支部平成11年7月14日判決労判770号98頁）。

とはいえ、必要のない資料まで送付するべきではありません。どこまで開示に応じるべきかは、慎重に検討すべきです。

（7）ポイント7：労働者への要求事項

以上の説明でも触れましたが、労働者側の残業代請求については、安易に鵜呑みにせず、算定根拠の確認も含めて慎重に対応する必要があります。

労働者側が主張する残業代の算定根拠が不明確である場合には、むしろ労働者側に対し、以下のような残業代の算定根拠を明確にするよう求めるべきといえます。

> ① 残業代の請求期間
> ② 残業代算定の基礎賃金及びその根拠
> ③ 残業代算定の労働時間及びその根拠

4 残業代請求をされた場合にとるべき初動対応

上記の7つのポイントを踏まえ、残業代請求を受けた場合の対応の要点を簡単に整理すると、以下のようになります。

（1）安易に支払いに応じない・回答しない

突然の残業代請求に動揺したとしても、決して安易に支払いに応じるべきではありませんし、安易な回答も避けなければなりません。2年の消滅時効が完成しているにもかかわらず、支払いを前提とした分割払いの提案などをすると、債務を承認したとして消滅時効を援用することができなくなるリスクがあります。

（2）労働者に残業代請求の根拠の説明を求める

そもそも、労働者側が主張する残業代の請求額が法的な根拠や客観的な証拠に基づいているのかが不明なことも少なくありません。そのような場合は、労働者側に残業代請求の算定根拠を明らかにするよう求めるべきです。

（3）他の従業員への影響を考える

労働者側の残業代請求に安易に支払いに応じた場合、現に在籍している他の従業員にどのような影響が及ぶかということも考える必要があります。残業代請求が他の従業員にも拡がると、会社の経営自体を左右しかねない問題にまで発展するおそれがあります。

5 残業代請求を予防するための留意点

（1）働き方改革関連法への意識

　残業代請求のリスクやその対応についてこれまで述べてきましたが、現在、政府主導で「働き方改革」が進められています。

「働き方改革」は、働く人々が、個々の事情に応じた多様で柔軟な働き方を自分で「選択」できるようにするための改革として位置づけられています。

　そして、働き方改革では、①日本が直面する「少子高齢化に伴う生産年齢人口の減少」「働く人々のニーズの多様化」などの課題に対応するためには、投資やイノベーションによる生産性向上とともに、就業機会の拡大や意欲・能力を存分に発揮できる環境を作ることと、②働く人の置かれた個々の事情に応じ、多様な働き方を選択できる社会を実現することで、成長と分配の好循環を構築し、働く人1人ひとりがより良い将来の展望を持てるようにすること、という2つの目的を実現するために、❶労働時間法制の見直しと、❷雇用形態に関わらない公正な待遇の確保、の2つを大きな改革の柱と据えています（働き方改革関連法の全体像及び施行時期は、図表5-7・図表5-8を参照）。

　企業が残業代請求の対応を検討するにあたっては、政府の働き方改革関連法に基づく労働時間法制の見直し等の動きも踏まえることが求められます。

図表5-7　働き方改革関連法の全体像

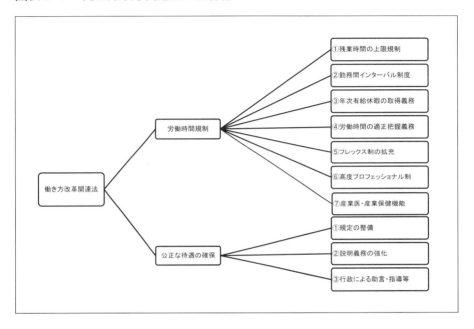

図表5-8　各改正法の施行時期

番号	概要	法律		大企業	中小企業
1	働き方改革の基本理念	雇用対策法（労働施策総合推進法）		2018年7月6日	
2	労働時間	労働基準法	時間外労働の上限規制	2019年4月1日	2020年4月1日
			上限規制の猶予措置の廃止（自動車運転、建設業）	2024年4月1日	
			年休5日取得義務化	2019年4月1日	
			高プロ制度創設	2019年4月1日	
			フレックスタイム制の精算期間延長	2019年4月1日	
			中小企業における月60時間超の時間外労働の割増賃金率を50％以上とすることの猶予措置の廃止	－	2023年4月1日
		労働時間等設定改善法	勤務時間インターバル制度の努力義務化	2019年4月1日	
3	労働者の健康確保	労働安全衛生法	医師の面接指導制度の拡充 産業医・産業保健機能の強化	2019年4月1日	
4	同一労働・同一賃金	パートタイム労働法・労働契約法（パートタイム労働者・有期契約労働者）		2020年4月1日	2021年4月1日
		労働者派遣法（派遣労働者）		2020年4月1日	

（2）労働時間の正確な把握

　残業代請求のトラブルを防ぎつつ働き方改革関連法に対応するためには、まず、現状での従業員の労働時間を正確に把握し、どの程度の時間外労働が平均的に発生し、またどの程度の残業代を支払う必要があるのかを理解する必要があります。

　働き方改革関連法における時間外労働の上限規制によって、企業はこれまで以上に正確な実労働時間の把握を義務付けられることになります。企業が本来支払わなければならない残業代を支払っていないという事態は、そもそも企業側が従業員の正確な労働時間を把握すらできていないことに原因があることも少なくありません。

（3）労働者の生命・身体への配慮

　企業は従業員に対する安全配慮義務を負うところ、長時間労働を放置することは、従業員の生命・身体への危害を及ぼすことにもなりかねません。

　前記の労働時間の正確な把握は、残業代の未払い防止にとどまらず、長時間労働を是正し、従業員の生命・身体への危険が及ぶリスクを低減する上でも重要な要素となります。

（4）労働生産性の向上

　もっとも、企業は、従業員の労働時間の長期化を是正する一方、営業利益は維持・発展させなければなりません。

　そのためは、生産性の向上と、営業利益が上がりにくい業務の取捨選択などを、これまで以上に厳格に進めていく必要があります。

Chapter 9 ポイント⑤ 労働契約終了の留意点

1 労働契約の終了とは

　労働契約の終了は、労働者の都合による退職や、使用者側の都合による解雇、労使双方の合意による合意解約、雇用期間の満了による終了等、さまざまなケースがあります。
　ここでは、労働契約の終了が問題となる場面における企業が留意すべきポイントを解説します。

2 労働契約終了の相談事例

> 営業職として採用した社員Aは、面接時に「月300万円の売上を達成することをお約束します」と豪語しており、その腕を見込んで高い月給を設定していた。
> ところが、採用してから1年経ったものの、月300万円の売上は一度も達成できず、毎月の売上も50万円程度にしか届かなかった。
> しかも、Aはプライドばかり高く、他の従業員とトラブルばかり起こすため、会社側はこれ以上Aに会社に在籍してもらっても困ると判断した。
> そこで、Aと面談し、営業成績が届かないことを伝え、これ以上当社で仕事を続けることは難しいのではないかと話すと、Aは激昂して会社を飛び出していってしまった。
> その後、Aが出社することもなかったので、無事に退職してもらったのだろうと思っていたところ、突然、代理人弁護士から「今回の解雇は不当解雇であり、無効である」との内容証明郵便が送られてきた。回答期限は1週間と設定されていたが、どうしたらよいのかがわからず、いまだに何の対応もできていない。

Part 5
労務管理

3 企業側が留意すべきポイント

（1）ポイント1：回答期限に法的拘束力はない

Chapter 8の残業代請求の項でも述べたとおり、回答期限には法的拘束力はありません。したがって、労働者側が設定する回答期限までに慌てて回答する必要はありません。

ただし、通知書を無視してもよいというわけではありません。十分に回答方針を検討した上で、会社側の姿勢を示す必要があります。

（2）ポイント2：労働契約の終了の証拠をとる

労働契約終了の場面は特に労使関係の対立が先鋭化しやすい場面といえます。

したがって、企業側としては、労働契約を終了する際には、後日労働者側との認識の相違が生じないようにするために、書面等を取り交わし、労働契約が終了したことを確認しておく必要があります。

上記相談事例でも、企業とＡとの間で労働契約が終了したことを確認する合意書を取り交わしておけば、Ａの代理人弁護士に対しても、不当解雇にあたらず、労働契約が終了していると回答することが可能となります。

（3）ポイント3：退職強要と指摘されるような言動は控える

企業側が、従業員に対して退職を強要するような言動は、違法と評価されるおそれがあります。

例えば、企業側が複数名で従業員を取り囲み、長時間にわたって退職するよう要求し続けたり、大声で怒鳴ったり、脅かすような言動を繰り返したりすることは、違法と評価されることもありうるでしょう。

あくまでも、労働契約終了に向けた話し合いをするのであれば、双方ともに納得の上、労働契約を終了することに合意できることが必要です。

（4）ポイント4：解雇は慎重に検討する

企業側と労働者側とで、話し合いを重ねても合意退職に至ることができない場

265

合には、解雇も検討することになります。

　もっとも、解雇とは、労働者の雇用契約を企業側が一方的に終了させる処分であり、労働者に与える影響は甚大です。

　そこで、労働契約法は、「解雇は、客観的に合理的な理由を欠き、社会通念上相当であると認められない場合は、その権利を濫用したものとして、無効とする」としています（労働契約法16条）。そして、解雇が有効と判断される場合は、裁判例も限定的にしか認めない傾向にあります。

　解雇が違法とされた場合には、雇用契約が継続していたと評価されることになり、企業側の影響も相当大きいものとなります。

　このように、解雇処分の検討は慎重を期す必要があります。

（5）ポイント5：懲戒解雇と普通解雇の区別

　一言で「解雇」といっても、解雇処分には複数の種類に区分されます。それぞれの解雇の類型ごとによって、要件や効果が異なります。自社が検討する解雇処分がどれに該当するのか、またどの手続を選択するのかを検討する必要があります。

---

① 普通解雇：労働者側の事情による解雇（能力不足・問題行動等）
② 整理解雇：使用者側の事情による解雇（整理解雇の4要件）
③ 試用期間解雇：試用期間中の解雇
④ 懲戒解雇：懲戒処分としての解雇
⑤ 雇止め：有期雇用契約の解消

4　不当解雇・退職強要を主張された場合にとるべき初動対応

（1）労働契約の終了理由の把握

　労働契約の終了についてまとめます（図表5-9）。

Part 5
労務管理

図表5-9　労働契約の終了事由

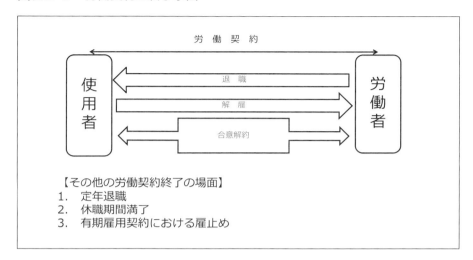

労働契約の終了原因は、大別すれば以下の4つになります。

それぞれの場面ごとに、どのような法的原因に基づいて労働契約の終了が問題となっているのかを整理する必要があります。

---

① 労働者　→　使用者：退職
② 使用者　＋　労働者：合意解約
③ 使用者　→　労働者：解雇
④ 使用者　更新拒否：雇止め

（2）労働者側の要求事項の把握

労働契約の終了におけるトラブルの場合、労働者側の要求事項は、大別すれば以下の4つになります。特に労働者側の希望が、①地位確認（復職）にあるのか、または②ないし④の金銭的請求にあるのかを見極める必要があります。

---

① 地位確認
② 賃金請求（バックペイ）
　（ア）賞与

（イ）昇給（自動昇給の場合、肯定されることもある）

（ウ）他社での就労で得た賃金額の控除は可能だが、使用者の帰責事由による休業の場合には平均賃金の6割以上の手当を保証しなければならないため（労働基準法26条）、平均賃金の6割までの部分は利益償還の対象にすることはできない

③ 残業代請求

④ 損害賠償請求（不当解雇による不法行為責任）

（3）使用者側の対応方針の決定

　労働者側の要求事項を踏まえ、使用者側の対応方針を決定することになります。（2）で紹介した労働者による4つの要求に対する使用者側の対応方針としては、概ね以下のようになることが多いといえます。

① **地位確認**

　不当解雇を争われた場合、解雇の主張が認められるかどうかは慎重に検討する必要があります。仮に、解雇の主張が認められる見通しが低い場合には、復職を認めるという選択も検討することになります。

② **賃金請求（バックペイ）**

　地位確認（復職）を認めることが難しい場合には、解決金を支払って合意退職してもらうことも検討することになります。この場合には、解決金の相場を考慮する必要があります。

③ **残業代請求**

　残業代請求を受ける場合には留意すべき事項はChapter 8で述べたとおりですが、改めて留意すべきポイントを再掲します。

（ア）請求額を鵜呑みにしていないか

（イ）消滅時効の援用を忘れていないか

（ウ）実労働時間の認定を誤っていないか

（エ）基礎賃金の算定を誤っていないか

Part 5
労務管理

④ **損害賠償請求**

　不当解雇を主張される場合には、解雇処分が不法行為に該当するとして、損害賠償請求もされることがあります。かかる不当解雇による不法行為責任は、必ずしも否定されるとは限りません。

　また、仮に解雇を撤回して復職を認める場合、復職の条件として損害賠償責任があることを認めるよう労働者側から求められることがありますが、復職を認めつつ、損害賠償責任まで認めることでよいのか、よく検討する必要があります。

（4）安易に支払いに応じない・回答しない

　労働契約終了に関するトラブルが生じたとしても、決して安易に要求に応じるべきではありません。そもそも、労働者側が、どのような根拠に基づき、いかなる労働契約終了事由を主張しているのかを把握する必要があります。労働者側が誤解している可能性もありますので、雇用契約を終了する場面における証拠（退職合意書等）がある場合には、その写しを提示するということも考えられます。

（5）他の従業員への影響

　労働者側の不当解雇・退職強要の主張に対し、安易に応じてしまった場合、現に在籍している他の従業員にどのような影響が及ぶかということも考える必要があります。

（6）解雇等が無効となった場合のリスクを考慮する

　一方で、労働者側の主張するように、解雇無効と判断された場合には、企業側は、①バックペイ（解雇処分から現在までの未払賃金の支払い）や②慰謝料等の支払リスクを負うことになります。労働者側の基本給が高額である場合、バックペイの総額は相当額に上る可能性も否定できません。

　企業側としては、解雇の有効性を争った場合、果たして企業側の主張が裁判でも認められる可能性があるかを踏まえた上で、敗訴時のリスクも考慮し、場合によっては解雇を撤回し、職場復帰の可能性もありうるのかも検討しましょう。

Chapter 10

ポイント⑥　労働組合・ユニオンの留意点

　近時の労働紛争は、集団労働紛争から個別労働紛争へと推移してきており、労働組合による集団労働紛争は減少傾向にあります。

　もっとも、争議行為を伴わない集団労働紛争（団体交渉等）は、現在でも一定数は起きており、今後も労働組合が結成された場合の対応が必要となることは変わらないことが予想されます。

　特に、合同労組やユニオンの結成に対しては、適切に対応する必要があります。

1　労働組合とは

　労働組合法では、労働組合とは、「労働者が主体となつて自主的に労働条件の維持改善その他経済的地位の向上を図ることを主たる目的として組織する団体又はその連合団体」（労働組合法2条）と定義されています。

　なお、労働組合法上の労働組合に該当しなくとも、労働組合として法的保護の対象となることにはご留意ください。

　労働組合は、その性質に応じていくつかの類型に分類することができます（図表5-10）。

Part 5
労務管理

図表5-10　労働組合の種類

1. 職業別労働組合
   - 同じ熟練職種の労働者が地域別に結集する組織
2. 産業別労働組合
   - 同一産業に属する労働者が加入する組織
3. 企業別労働組合
   - 特定の企業に属する労働者を職種の別なく組織した労働組合
4. 一般労働組合
   - 職種・産業の別を問わず、広い地域にわたって労働者を組織する労働組合
   - 合同労組・ユニオン

2　合同労組・ユニオンとは

　労働組合の内、合同労組（ユニオン）とは、企業別組合を組織しにくい中小企業労働者が一定地域ごとに個人加盟原則によって加盟できる労働組合をいいます。

　合同労組（ユニオン）の特徴は、①一定の地域を活動の対象としている、②中小企業の労働者の加入が多い、③1人でも加入できる、④労働者であれば雇用形態に関係なく加入できる、等が挙げられます。

3　不当労働行為の禁止

　労働組合法上の労働組合に対しては、以下のような不当労働行為が禁止されます（労働組合法7条1号〜4号）。

①　組合員であることを理由とする解雇その他の不利益取扱いの禁止
②　正当な理由のない団体交渉の拒否の禁止

③　労働組合の運営等に対する支配介入及び経費援助の禁止

④　労働委員会への申立て等を理由とする不利益取扱いの禁止

4　団体交渉への基本姿勢

　労働組合が結成された場合、前記のとおり、不当労働行為が禁止されることになり、個別労働紛争とは違った注意が必要となります。

　まず、労働組合が結成され、団体交渉の申入れがあった場合には、企業として「団体交渉から逃げない」という姿勢を持つ必要があります。

　企業として団体交渉に向き合わず、何らの対応もしなければ、「正当な理由のない団体交渉の拒否の禁止」（前記３②）として、不当労働行為に該当することになります。企業の対応が不当労働行為に該当するとなれば、さらに労働組合から厳しく糾弾されることになるため、事態をさらに悪化させてしまうことになりかねません。

　一方、企業として団体交渉に誠実に対応しなければならない義務はありますが、労働組合の要求に譲歩し応じなければならない義務まではないため、毅然とした対応をとる必要があります。

　また、労働組合との団体交渉の対応にあたっては、交渉担当者を決めておくことが望ましいといえますが、企業側の担当者が感情的な傾向の強い人物の場合、労働組合側との交渉で感情的になってしまい、交渉が決裂したり、安易な回答をしたりすると、企業にとって不利に働くおそれがあります。事前の人選は慎重に行う必要があります。

　なお、企業が組合員に差別的扱いをした場合、不当労働行為に該当するおそれがあります。組合員であっても他の従業員と同様に扱わなければなりません。

5　団体交渉申入書が届いた場合の対応

　労働組合から団体交渉申入書が届いた場合に、企業として無視することは避けなければならないことは既に述べたとおりですが、企業として安易に回答することも避けなければなりません。団体交渉を実施するとして、企業側と労働組合側

Part 5
労務管理

の参加者は誰にするのか、団体交渉の日時・場所はどうするのか等、社内でよく検討した上で回答する必要があります。

6　団体交渉の出席者

　団体交渉の実施にあたっては、労使双方で各自の出席者を決定することができます（労働組合側から企業の出席者を指定することや、企業側から労働組合の出席者を指定することはできません）。

　また、企業側で団体交渉への出席者を検討する際には、代表取締役の出席は必須ではなく、他の判断権を有する者が出席することで足りるとされています。仮に代表取締役が初回の団体交渉に出席すると、その後の団体交渉でも、代表取締役の出席を労働組合側から要求され続けることも懸念されるため、出席者の選定は第1回目の団体交渉から慎重に検討する必要があります。

7　団体交渉の日時・場所

　団体交渉の日時や場所の決め方ですが、団体交渉は、就業時間中や、企業の施設内で行わなければならない義務はありません。

　仮に企業の就業時間内や施設内で初回の団体交渉を行ってしまうと、この運用が事実上のルールとなってしまい、第2回目以降の団体交渉も同じような日時や場所で行うことを求められることになります。

　企業側としては、団体交渉の日時や場所の設定は、自ら費用負担をしても主導権を握ったほうが望ましいといえます。

8　団体交渉の席上での対応

　前記のとおり、企業としては団体交渉に誠実に対応しなければならない義務はありますが、労働組合の要求に譲歩し応じる義務まではありませんので、企業は毅然とした対応をする必要があります。

　団体交渉の場面では、労働組合側から、労働組合が作成した議事録や覚書等の署名を求められることもありますが、どのような法的効果が生じるか即断できな

273

いような内容であったり、団体交渉の内容が労働組合側に有利に作成されていたりする懸念もありますので、署名は断り、企業側でも別途議事録や覚書等を作成するようにして対応することが望ましいといえます。

Chapter 11 ポイント⑦ 裁判手続の留意点

1 裁判手続の種類

　裁判手続には、①保全処分、②労働審判、③訴訟が挙げられます。

　なお、前記のとおり、労務紛争において会社側から積極的に裁判手続を選択することは多くなく、通常は労働者側が選択する傾向にあります。会社側は、労務紛争においては受け身の立場になる傾向にあるため、各裁判手続の特徴を押さえておき、手続に合わせた対応ができるようにしてく必要があります。

2 保全処分の留意点

　保全処分には、民事訴訟の本案の権利を保全するための仮差押えと、本案の権利関係について仮の地位を定める仮処分がありますが、労働紛争では、地位保全仮処分や賃金仮払仮処分という類型で仮処分手続を利用することが多いといえます。

　保全処分の概要については、前記Chapter 5の3（1）をご参照ください。

3 労働審判の留意点

図表5-11 労働審判の流れ

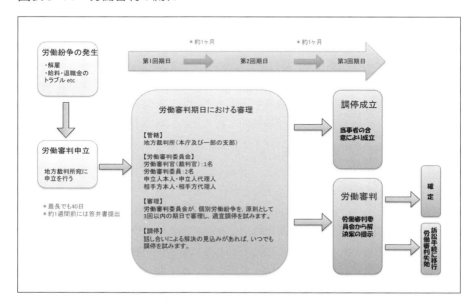

(1) 労働審判とは

労働審判とは、最近の個別的労働関係に関する紛争の増加傾向に対処するために、迅速かつ適切に解決を図ることを目的に制定された手続です（労働審判法1条）。

労働審判では、労働審判官（裁判官）1名と、労働関係に関する専門的知見を有する中立公正な立場の労働審判員2名で構成された労働審判委員会が事件を審理します（労働審判法7条）。

原則として3回以内の期日で、調停（話し合い）による解決が試みられます。調停による解決ができない場合には、労働審判委員会が労働審判を行い、解決を図ります。

労働審判は労働紛争の迅速な解決を図ることを目的とした制度ですから、早期の解決が期待できます。この点が労働審判と他の裁判手続とを比較した場合のメ

リットといえます。

（2）労働審判員とは

労働審判を担当する労働審判員とは、労働関係に関する専門的な知識経験を有する民間人の中から最高裁判所があらかじめ任命した人で（任期は2年）（労働審判法9条、労働審判規則3条）、所属する地方裁判所が決められており、個別の案件ごとに裁判所から指定されて労働審判委員会の構成員になります。

なお、労働審判員は、労働者側1名、使用者側1名がそれぞれ指名されますが、労働審判期日でも2人の労働審判員が労働者側・使用者側のどちらかは分かりません。

実際の労働審判では、裁判官である労働審判官だけでなく、労働審判員からも当事者双方に対して適宜質問されます。労働審判を迎える際には、労働審判官や労働審判員からの質問も想定して臨む必要があります。

（3）労働審判が適当な事件とは

労働審判手続の対象は、個別労働関係紛争とされています。

具体的には、解雇・配置転換・降格処分・賃金・退職金・解雇予告手当の支払いを求める紛争などがこれにあたります。

したがって、行政事件や、使用者と労働者との間の単なる金銭の貸借、労働組合と使用者との間の集団的労働関係紛争、個人（社長や上司）を相手とする紛争は、労働審判の対象とはなりません。こうした対象外の紛争について労働審判を申し立てたとしても、不適法として却下されます（労働審判法6条）。

（4）労働審判を申し立てる裁判所（管轄）

労働審判を申し立てる裁判所は、以下のようになります（労働審判法2条）。

① 相手方の住所、居所、営業所もしくは事務所の所在地を管轄する地方裁判所

② 個別労働関係紛争が生じた労働者と事業者との間の労働関係に基づいてこの労働者が現に就業しもしくは最後に就業した当該事業主の事業所の

所在地を管轄する地方裁判所

③　当事者が合意で定める地方裁判所

　①～③以外の裁判所に対して労働審判を申し立て、相手方がこれに応じたとしても、当該裁判所では審理されません（応訴管轄なし）。

（5）労働審判のスケジュール

　労働審判制度は、労働紛争の迅速な解決を図ることを目的とした制度ですから、手続も早く進んでいきます。

　労働審判の申し立てがあると、労働審判官は、原則として申し立てがされた日から40日以内に第1回期日の指定をして、事件関係者の呼び出しをするとともに、相手方に対して答弁書の提出期限を定めます（原則として第1回期日の10日前程度）（労働審判規則13条・14条・16条）。

　そして、相手方は、指定された提出期限までに答弁書を用意しなければなりません。通常の裁判では、第1回期日の答弁書は、申立人の主張を認めるかどうかについてだけ回答する程度でも足りるのですが、労働審判では第1回期日から充実した審理を実現するために、反論の具体的な理由や証拠を提出しなければなりません。申立人側は十分に用意した上で申し立てをすればよいのですが、相手方からすればごく限られた短時間で用意をしなければならないため、負担の大きい手続といえます。

（6）労働審判の審理

　労働審判では、労働審判委員会が第1回期日で当事者の陳述を聞いて争点及び証拠の整理を行い、必要な証拠調べを行います。

　労働審判手続は原則として3回以内の期日で審理を行いますが、原則として第2回期日が終了するまでに主張及び証拠の提出を終えなければなりません。しかも、多くの場合は第1回期日で主な主張・立証が行われるため、第1回期日までにどれだけ十分な用意ができるかが重要になってきます。

　労働審判委員会は、労働審判手続の過程で調停の成立の見込みがある場合には、審理の終結に至るまでに調停を行うことができます。調停において当事者間に合意が成立し、これを調書に記載したときには、その記載は裁判上の和解と同

一の効力を生じます（労働審判法16条）。

　なお、労働審判手続の審理は原則として非公開とされていますが、労働審判委員会は相当と認める者の傍聴を許しています（労働審判法16条）。

　したがって、会社代表者だけでなく、会社関係者（人事部長等）が同席することも実務上は見受けられます。

（7）労働審判の終了

　労働審判の結果に不満があった場合、労働審判に対し、審判書の送達又は労働審判の告知を受けた日から2週間以内に、裁判所に対して異議の申し立てをすることができます（労働審判法21条1項）。

　労働審判に対して適法な異議の申し立てがあった場合、労働審判はその効力を失い（同法21条3項）、労働審判手続の申し立てにかかる請求については、当該労働審判が行われた際に労働審判事件が係属していた地方裁判所に訴えの提起があったものとみなされます（同法22条1項）。また、労働審判委員会が事案の性質に照らし、労働審判手続を行うことが紛争の迅速かつ適正な解決のために適当ではないとして労働審判事件を終了させた場合についても、労働審判に対する適法な異議申立と同様に訴え提起が擬制されます（同法23条2項）。これらの場合も、労働審判手続の申立書等は訴状とみなされます（同法22条3項）。

　ただし、その他の記録は訴訟には引き継がれないため、当事者は改めて訴訟において主張書面、証拠書類を提出する必要があります。

4　訴訟の留意点

　労働事件には複数の解決手段がありますが、当事者間の合意にかかわらず裁判所による判断によって解決を図ることができるという点で、訴訟が終局的な解決方法ということができます。

　訴訟の提起にあたっては、訴状を裁判所に提出することになります。

　訴訟の注意点については、通常の民事訴訟事件と変わりません。

　訴訟手続の概要については、前記Part 3をご参照ください。

会社整理

Part 6

Chapter 1 本章の目的

```
1   会社整理の目的の理解
2   整理の各手続の理解
3   債務整理分野の7つのポイントの理解
```

変化の激しい現代社会において、事業の方針選択や経営判断をどのように進めていくべきか、日々悩み続ける企業は少なくありません。

事業の方針や経営判断を誤ったために主力事業が低迷し、負債が増大した結果、法人の清算をするか、あるいは再建に向けた新たな取り組みをするかという、難しい判断を迫られることもあります。また、後継者不在のために、事業自体は堅調でありながら、法人の整理を検討せざるを得ない場合もあります。事業の発展速度を上げるために、積極的に事業再編を図っていくという場面もあるでしょう。

これらの局面において、企業がとるべき方法はさまざまな種類があります。

企業の清算を目的とするのであれば、廃業手続や清算手続、破産申立てがある一方、企業の再建を目的とするのであれば、民事再生や会社更生の申立てのほか、私的整理という方法も考えられます。また、企業が清算や再建、事業再編を検討する際に、裁判上の手続を利用するのか、あるいは裁判外の手続で対応するのかによっても、とるべき対応は変わってきます。

本章では、これら法人の清算・再建・事業再編をまとめて「会社整理」と定義しますが、どの手続を選択すべきかは、会社整理の目的によって異なります。そして、法人が選択した各会社整理手続によって留意すべき点はそれぞれ異なります。

本章では会社整理の全体像をできる限りわかりやすく紹介しますが、読者のみなさまの置かれた局面に応じた最適な方法を選択する一助となれば幸いです。

Chapter 2 会社整理の3つの特徴

> 1 清算・再建・事業再編における複数の方法
> 2 手続選択時期の重要性
> 3 法人 ≠ 事業

1 清算・再建・事業再編における複数の方法

　企業がその事業活動を行うにあたり、経営状況が悪化したり、負債が増大したりした場合には、当該事業を存続すべきかどうかを検討することになります。また、企業の後継者が不在のために、事業を今後も継続することができるかが不透明になることもあります。

　これらの局面に置かれたとき、企業は法人を清算するか、法人を再建するか、法人の継続や成長を加速させるための事業再編をするかの難しい選択を迫られる場面があります。どの選択が最適なのか、複数あるうちのどの方法で進めるべきかは当該企業の置かれた局面と目指すべき方向性によって異なり、また、どの方法を選択するかによって、とるべき対応は異なります。

2 手続選択時期の重要性

　企業が清算・再建・事業再編を選択する際には、どの手続を、いつ判断するかが重要といえます。

　例えば、法人の負債が資産を大幅に超過するために破産手続を選択する場合には、法人から破産手続を行う予定であることを通知した後に、特定の債権者のみを優先して債務を弁済することは、偏頗弁済として禁止されます。また、法人が清算手続を選択する場合には、法人を消滅させるという目的のために存続しているといえることから、清算中の会社ができる行為も、その目的の範囲内に限られ、新たな事業に向けた行為を行うことはできません。

283

このように、どの会社整理手続を選択するかによって法人としてとりうる行動が変わるため、どの会社整理手続を、いつ選択するかは慎重に検討する必要があります。

3 法人≠事業

企業が清算を選択する際には、法人自体は消滅することになりますが、事業再編の方法等を組み合わせることによって、法人が有していた事業価値自体は存続できる場合もあります。

「企業の清算」というと、消極的なイメージで捉えられてしまうことも少なくありませんが、収益性のある部門を第二会社に移転させ、不採算の事業（債務を含む）は旧会社に残し、旧会社を特別清算や破産手続によって消滅させるという、いわゆる「第二会社方式」などもあります。

法人と事業は異なるものです。法人という、いわば「箱」を捨てて、事業という「中身」をとることによって、企業が有していた本質的な価値を維持することも考えられるのです。

Chapter 3

会社整理に関する相談事例

1 相談事例

A株式会社は、親子3代にわたって続く、設立70年の社歴を有する甲県の老舗企業である。A社は、鉄骨製品等を製造・販売する製造業であり、従業員数約500名、年商50億円程度を維持してきた。

ところが、A社は、近時の原材料費の高騰に伴う価格競争で遅れをとってしまい、ここ数年は売上高を維持することができなくなり、金融機関からの借入額も徐々に増加していった。

昨年末の決算期には、金融機関等からの負債総額が約20億円まで増えてしまったため、A社は債務整理や今後の事業継続の可否について検討することとした。

なお、A社の同業他社であるB社は、A社の苦境を聞きつけ、支援も検討している。

図表6-1　相談事例のポイント

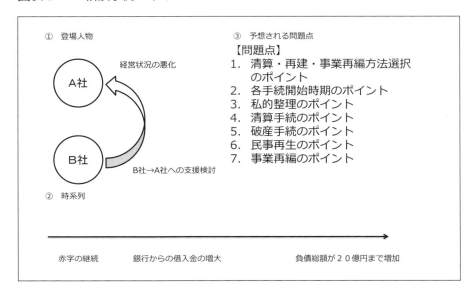

2　想定されるポイント

　A社は、「ここ数年は売上高を維持することができなくなり、金融機関からの借入額も徐々に増加していった」という状況にあり、赤字が複数年度にわたって連続していることがうかがわれ、経営状況も悪化し、資産よりも負債が上回る債務超過に陥っていることが想定されます。

　一方で、A社は、同業他社であるB社から、支援も検討してもらうことができる状況にあります。

　このような状況において、A社は、事業を廃止する「清算型」を選択するべきか、あるいは事業の継続を目指す「再建型」を選択するべきか、さらにはB社との業務提携等による「事業再編型」を選択するべきかという、複数の選択肢があります。

　また、A社が上記の法人整理手続を選択する時期をいつとすべきか、A社が選択した法人整理手続のプロセスをどのように進めるべきかが問題となります。

7つのポイント

　会社整理にあたってのポイントは、図表6-2に示す7つとなります。次項以降で、各ポイントについて解説します。

図表6-2　会社整理の7つのポイント

Point1	清算・再建・事業再編方法選択の留意点
Point2	各手続開始時期の留意点
Point3	私的整理の留意点
Point4	清算手続の留意点
Point5	破産手続の留意点
Point6	民事再生の留意点
Point7	事業再編の留意点

ポイント① 清算・再建・事業再編方法選択の留意点

1 手続の全体像

図表6-3 清算・再建・事業再編方法選択の留意点

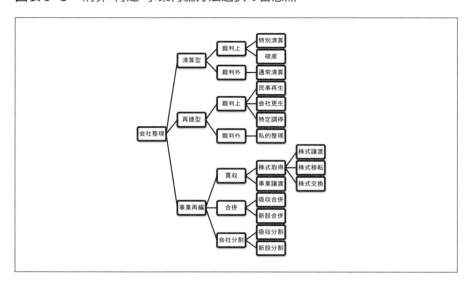

2 会社整理の3つの方法

　法人を整理する方法は、大きく分けて、①清算型、②再建型、③事業再編型、の3つに分類することができます。

　①清算型は、法人の財産によって債務を弁済することを目的とした手続であり、②再建型は、法人の事業の再建を図ることを目的とした手続、③事業再編型は、買収や合併等による事業の維持・拡大を目的とした手続です。なお、③事業再編型の手続は、法人の清算や再建のために、①清算型手続や②再建型手続と組み合わせて利用されることもあります。

　また、これらの①清算型手続、②再建型手続、③事業再編型手続は、裁判上の

手続（法的整理）か、裁判外の手続（私的整理）かによってもさらに細分化することができます。

3 各手続の概要

（1）清算型

ア 裁判上の手続

（ア）特別清算

特別清算手続とは、株式会社の清算手続の１つであり、清算手続中の会社に特別清算の開始事由が存する場合に、債権者、清算人、監査役又は株主の申立てにより、裁判所の命令によって行われる清算手続です（会社法510条、511条）。

（イ）破産

破産は、支払不能や債務超過にある債務者について、法人に残っている財産を裁判所の選任した破産管財人によって処分し、債権者に公平に分配するという手続です。

イ 裁判外の手続

（ア）通常清算

通常清算手続は、法人の清算手続のうち、その財産をもって債務を完済することができる資産超過の法人について採られる清算手続をいいます。

通常清算は、会社法その他の法人の設立の根拠法令に定められています。

（2）再建型

ア 裁判上の手続

（ア）民事再生

民事再生手続とは、債務者である法人の事業を再生するために、裁判所の監督下で、自らを再建するための再生計画案を立て、債権者の権利行使を制約しつつ、事業の再建を図る手続です。

再生計画案の同意・認可後は、法人は、事業を継続しながら再生計画にのっとって債務の一部を返済し、残りの債務は免除してもらいます。

（イ）会社更生

再建の見込みのある株式会社について、破産を避けて維持更生させようとする手続です。

会社更生手続では、原則として経営者が会社から退陣させられ、株主の権利がなくなるという面もあります。

（ウ）特定調停

特定調停とは、特定調停法により、経済的に破綻するおそれのある債務者の申立てに基づき、簡易裁判所がその債務者と債権者との話し合いを仲裁し、返済条件の軽減等の合意が成立するよう働きかける手続です。

特定調停は、個人か法人かを問わずに利用することが可能ですが、法人の再建ではあまり利用されていません。

イ　裁判外の手続

（ア）私的整理

私的整理（任意整理）とは、裁判所は介入せずに、債務者が債権者と個別に和解し、債務の整理を行う手続です。

法的整理とは異なり、私的整理を直接規律する法律はありません。

（3）事業再編型

事業再編は、買収（株式取得・事業譲渡）、合併、会社分割を利用することにより、既存の法人を統廃合したり、新規の法人を設立したりすることで、事業の再建を図る手続です。法人の負債を整理するだけでなく、後継者不在の企業の事業承継や、事業の成長速度の加速のために積極的に利用されることもあります（Part 7 も参照）。

事業再編は、法人の有する事業価値を存続させるとともに、事業の成長を加速させる側面もあるため、積極的な会社整理方法ということができます。

Chapter 6　ポイント②　各手続時期の留意点

1　各整理手続開始時期の重要性

　Chapter 5の3で紹介したとおり、会社整理手続はその目的に応じてさまざまな手法があり、どの会社整理手続を選択するかによって、法人が今後も存続を前提とした行動ができるのか、または存続を前提とした行動が制限されるかが変わってきます。

　このため、どの会社整理手続を、いつ選択するかということは慎重に検討する必要があります。

2　各整理手続開始を判断する目安

　企業の事業が好調である場合には、会社の整理を検討することは現実的ではないでしょう。多くの企業で会社整理を具体的に意識し始めるのは、事業の収益性が悪化し、赤字となったときではないでしょうか。

　企業が単年度で赤字になっただけで、直ちに会社整理を実行するまでの必要性はないかもしれませんが、複数年度で連続して赤字が続く場合は、企業の主力事業が揺らいでいる証左といえます。このような状況が継続するようであれば、企業としては、直ちに事業の再建に向けた抜本的な取り組みを開始する必要があります。

　それでもなお改善の兆しが見えず、さらには債務超過に陥ってしまった場合に、いよいよ会社整理手続を具体的に開始する時期といえます。

　企業が債務超過に陥りながら、具体的な会社整理手続もとらずに漫然と事業を継続した場合には、さらなる状況の悪化を招くだけでなく、会社整理手続を選択するための手続費用さえ用意できなくなるという、最悪の事態も想定されます。

　企業としては、まだ事業の運転資金がある間に、会社整理に向けた具体的な行動を開始することが求められます。

図表6-4　会社整理の開始時期

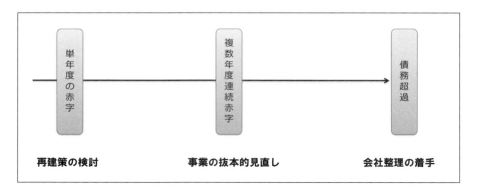

3　清算型か再建型かを判断する目安

　赤字が続いたり、債務超過に陥ったりした場合、企業は清算型、再建型のどちらを選択すべきかという判断を迫られることになります。

　選択の基準は、事業を継続できる見込みがあるかによって判断します。

　事業を継続できる見込みがないのであれば、これ以上の債務を増やすことがないようにするために清算型を選択します。一方で、事業を継続できる見込みがあるのであれば、再建型を選択する方向で検討します。

　なお、企業が事業を継続できるかどうかを判断する目安としては、以下のポイントが考えられます。

（1）数か月の運転資金はあるか

　企業が債務超過に陥り、会社整理を検討する場合には、これ以上の融資を金融機関から得ることが困難になります。

　このような状況において、なおも企業を存続させるためには、少なくとも数か月程度の運転資金は工面できるようにしておく必要があります。

（2）単月度での収支は黒字となっているか

　企業が再建するためには、主力事業自体が黒字を生み出せる状態である必要があります。企業が負債の返済を除いてもなお単月度で赤字となってしまうようで

あれば、主力事業自体の活力が失われてしまっていることになり、再建は難しいでしょう。

（3）取引先との関係を継続することはできるか

企業が再建して事業を継続するためには、主要取引先との関係を継続できることが必要です。

（4）事業に不可欠な設備を維持することはできるか

企業が再建して事業を継続するためには、主力事業に不可欠な設備を維持できなければなりません。

（5）再建計画を立てることができるか

企業が再建するためには、債権者の理解が不可欠です。そこで、債権者の理解を得られる、企業が再建するまでの具体的な収支や事業計画を整理した再建計画を立案できる必要があります。

4　整理手続ごとの検討時期

（1）清算型

清算型手続の中でも、破産手続は、債務者自身ではなく、債権者から申し立てられる場合があります。とはいえ、大半のケースでは債務者自身が破産申立てを選択し、破産申立てを行うことになります。

破産は、法人の負担する債務の返済義務を解消することができる手続ですが、破産申立てを選択すると、特定の債権者に優先的に返済したり、法人自身が有する財産を処分することが制限されます。

一方で、破産申立ての時期をいたずらに延ばしてしまうと、法人の負債はさらに増大し、取引先をはじめとした債権者の被害を拡大するだけでなく、より法人の財産を散逸してしまうなど、被害が拡大するおそれが拡がってしまいます。

また、破産申立てにおいて、弁護士に依頼する場合には相当額の弁護士費用を要する上、裁判所に納付する管財費用等も必要になります。時期を逸し、破産申

立費用も用意できない場合には、破産申立てをすることも困難となってしまいます。事業の継続可能性が乏しいと判断した場合には、早めに破産手続に向けた用意を進めるべきでしょう。

（2）再建型

　再建型手続の代表例である民事再生手続は、債権者の協力によって可能となる手続であるため、手続選択のタイミングが重要です。

　法人の資産よりも負債が大幅に超過したり、主力事業の稼働力が悪化する前に民事再生の手続を選択しなければ、債権者の協力を得ることは困難となり、結果として民事再生を選択することができなくなるおそれがあります。

　民事再生を選択する場合には、「自力再建がどこまで可能なのか」というタイミングの見極めが、他の会社整理手続以上に重要といえます。

（3）事業再編型

　事業再編（買収・合併・分割）については、各手続が法定されており、事業再編における各手続は、株式総会の承認決議が要求されることから、スケジュールは法律上固定されているといえます。

　一方、事業再編の各手続は、相手方企業との交渉によって、その条件や成否が左右されるため、事業再編手続を選択する前提として、相手方企業との交渉を進める必要があります。

　事業再編を選択する場合には、相手方企業との交渉を進めるかどうか、また交渉を進めるとしてどのような条件を提示するかは任意に設定することが可能ですが、相手方企業との条件があわなかったりすれば失効するため、会社整理のタイミングを失うおそれもあります。

5　整理手続を検討する際に準備すべき事項

　企業が会社整理を検討するにあたっては、弁護士等の外部専門家に相談する多いでしょう。外部専門家に相談するにあたっては、まず企業の置かれた現状を正確に把握・整理する必要があります。

　企業が会社整理を検討する際に把握・整理すべき資料としては以下のものが挙

げられます。

図表6-5 会社整理の検討プロセス

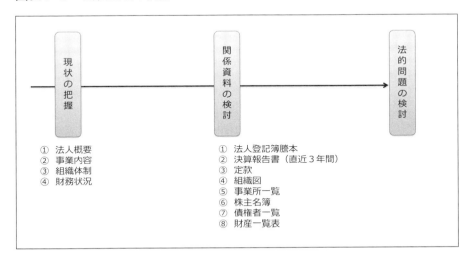

（1）履歴事項全部証明書（法人登記簿謄本）

　履歴事項全部証明書は、インターネットで誰でも取得することが可能です。履歴事項全部証明書を確認することで、当該法人の取締役や監査役等の構成、本店所在地、資本金の額等を把握できます。これらの情報を確認することで、当該法人の企業規模や、法的手続を進めるにあたり法人内部でどのような手続が必要となるのか等を検討することが可能となります。

（2）直近3決算期分の決算報告書

　決算報告書の確認は、当該法人の財務状況を把握する上で必須といえます。決算報告書等をもとに当該法人の主要な取引先や資産等を把握し、債務整理をする場合には、いずれの取引先との関係を念頭に置くべきか、また資産等の清算をどのようにすべきかを検討することになるため、決算報告書を用意する際には、取引先業者や資産の具体的内容等について把握できる勘定科目内訳明細書等もあわせて準備することが望ましいといえます。

　また、当然のことではありますが、債務整理にあたり法的手続を選択する場合

には、粉飾決算がないかについて裁判所や破産管財人等のチェックを受けることになります。そこで、粉飾決算を疑われることのないよう、事前に決算報告書や勘定科目内訳明細書等の内容を精査し、法的手続の申立内容を確認しておく必要があります。

（3）不動産登記簿謄本

　法人が不動産を所有している場合には、当該不動産について登記簿謄本を取得し、内容を確認しておくべきです。

　不動産登記簿謄本を確認することで、抵当権等の担保権の設定の有無や、税金の滞納による差押えの有無等を確認できます。

　担保権の設定の有無によって不動産の資産価値は大きく異なる上、差押えの有無によって当該法人の経営状況を把握することも可能となります。

（4）定款

　定款を確認することで、当該法人が債務整理手続を選択する場合に必要な会社内部の手続を把握することが可能です。

（5）組織図

　当該法人の債務整理手続を選択する場合には、どの方法であっても構成員の協力が必要となります。

　当該法人内部のどの担当者の協力を求めるかは、事案によって異なりますが、事前に当該法人の内部組織の全体像を把握することで、スムーズに進めることが期待できます。

（6）株主名簿

　当該法人の破産申立等をする場合には、株主構成を申告する必要があります。

　また、当該法人の債務整理手続の方針選択にあたり、株主の意向を確認する必要があるケースもありえますので、事前に株主構成を把握するために、株主名簿をチェックしておきましょう。

Part 6
会社整理

（7）事業所一覧

　当該法人の事業所が複数ある場合には、当該法人の債務整理手続によっては、資産の保全等のために相当の負担を要することが想定されます。

　そこで、事前に当該法人の事業所数や所在地、各事業所に存在する資産（什器備品等）の概要を把握して債務整理手続選択の判断材料とするほか、資産保全等に要するコストを想定しておく必要があります。

（8）債権者一覧表

　当該法人が債務整理手続を選択するにあたり、どのような債権者がいるのか（金融機関のみか、親族等の個人もいるのか等）、負債総額や各債権者の債権の割合、公租公課の滞納の有無等は、手段選択の目安の１つとなります。具体的には、当該法人として、各債権者に応じて対応を区別するべきか、また任意整理ではなく法的整理を選択すべきか、といったことを判断する材料となります。

（9）財産一覧表

　当該法人が保有する財産の種類及びその評価額の概要を把握することで、負債超過かどうかを検討し、債務整理手続選択の目安とすることが可能となります。

　また、当該法人が保有する財産を処分することで、破産申立て等の法的手続を選択する際の手続費用を捻出することの可否も検討します。

ポイント③　私的整理の留意点

1　私的整理の概要

　私的整理とは、民事再生法、会社更生法等の法的整理によらないで、債務者と債権者及び債権者相互間の合意の上で、債権放棄（債務免除）、債務の株式化等により財務リストラを図るというものです。

　私的整理は、再建型の債務整理手続として位置づけられ、債務の弁済期日の猶予のみのものから債権放棄を伴うものまで、さまざまなバリエーションがあります。

　私的整理は、民事再生法や破産法といった会社整理のための特別な法律に基づくものではなく、主に債権者を中心とした関係当事者との合意によって手続が進められるため、一定の方法は存在しません。このため、「任意整理」と呼ばれることもあります。

　私的整理は、債権者と債務者との間の個別の裁判外の和解契約に基づいて進めるもので、私的整理において成立する契約の効力は、私的整理に同意した債権者と債務者間にしか及ばず、合意していない他の債権者等の第三者を拘束することはできません。

2　私的整理のメリット

（1）事業価値の維持

　前記のとおり、私的整理は、当事者間の個別の和解契約による手続といえます。したがって、債務者側がどの債権者と個別の和解契約を締結するかについても、任意に選択することが可能です。

　法的整理（破産、民事再生等）では、債権者間の平等が強く要請されるため、金融機関等のみならず、仕入先等の一般商取引先についても一律に対象となり、各債権者への支払いが停止されることになります。したがって、法的整理を選択

する場合には、法人（債務者）の主要取引先に対しても支払いを停止せざるをえず、主要取引先への影響を避けることはできません。主要取引先からの信頼を失ってしまえば今後の取引関係の継続も困難となり、法人自身の事業価値も毀損することになります。

　一方、私的整理では、例えば、主要取引先は債務整理の対象から除外して従前どおりの取引を継続しながら、金融機関等の他の債権者に対しては支払延期や支払方法（分割支払回数の見直し等）の見直し等を求めて交渉するという選択をすることも可能です。主要取引先との契約関係を維持できれば、法人（債務者）の事業価値を大きく毀損することも回避できるため、結果として事業価値の維持を図りやすいといえるでしょう。

（2）柔軟性

　前記のとおり、私的整理は、当事者間の個別の和解契約による手続であり、法人（債務者）側がどの債権者との間で和解契約を締結するかは任意に選択することが可能です。

　したがって、法人（債務者）側が特に信頼関係を維持継続したい主要取引先等との間では契約内容の見直し等を求めない一方で、他の債権者との間では契約内容の見直しを求めるという対応を選択することも可能であり、柔軟な再建計画を立てることができるといえます。

3　私的整理のデメリット

（1）不透明性・不公平性

　このように、私的整理は事業価値の維持を図りながら柔軟性もある債務整理手続ではありますが、その反面、透明性や公平性を担保しにくいというデメリットがあります。

　私的整理は、当事者間の個別の和解契約であるために当事者によって債務整理の条件が異なる上、そもそも個別の和解契約締結に至るかどうか自体、当事者の関係性によって異なります。また、法人（債務者）と各債権者との和解契約の内容や締結過程も不透明であったり、債権者間で共有されなかったりします。

この点、法的整理では、その手続が法律に規定され、裁判所の監督の下で遂行されることから、手続の透明性と債権者間の公平性が担保されています。

（2）債権者の承認の困難さ

法的整理では、債務者の再建計画は法律の規定により多数決で可決されるため、債権者全員の同意を得る必要はなく、反対する債権者がいたとしても、その計画が採用されることが期待できます。

一方、私的整理は、あくまでも当事者間の和解契約に基づくものであり、債権放棄や支払延期等の効力を生じさせるためには、各債権者から個別に同意を得る必要があります。したがって、必ずしも債務者が希望する再建計画（和解契約）に同意してくれる債権者ばかりとは限らないというデメリットがあります。特に、負債総額が大きい債権者が債務者の希望する再建計画（和解契約）に同意してくれない場合には、私的整理による債務整理自体、奏功しないことにもなりかねません。

（1）でも述べた、手続の透明性や債権者間の公平性を担保しにくいという私的整理の性質上、大幅な債務減額や長期の支払延期等の債務整理の提案については、債権者の承認を得ることは一般的に困難な傾向にあります。

Chapter 8

ポイント④ 清算手続の留意点

1 清算手続の概要

　会社整理の方法のうち、事業の継続が困難であるなどの理由により、会社の廃業をするために、「清算」手続を検討することがあります。

　「清算」手続を検討する前提として、まず会社の「解散」を選択することになります。

　「解散」とは、会社の法人格の消滅をきたすべき原因となる事実をいいます。この解散に続いて、法律関係の後始末をする「清算」が行われます。

　清算とは、会社の法人格の消滅前に、会社の現務を結了し、債権を取り立て、債権者に対し債務を弁済し、株主に対し残余財産を分配する等の手続をいいます。

　会社の法人格は、合併の場合以外については、解散によりただちに消滅するのではなく（会社法476条、645条、破産法35条）、その権利能力の範囲が清算を目的とするものに縮小されるものの、解散前の会社と同一の会社がそのまま存続し、解散後に行われる清算・破産手続の結了の時に消滅します。

　清算の目的は、会社のすべての権利義務を処理して残余財産を株主に分配することにあります。したがって、会社は従来の事業を継続したり、新たな事業に向けた行為をすることはできず、事業を前提とする諸制度や諸規定は適用されないことになります。

2 清算人による清算事務

　株式会社が清算の手続に入ると、取締役は地位を失い、清算事務を行う清算人が選任されます。ただし、この清算人は、原則として解散時の取締役が就任するため、取締役が会社を整理することになります。

3　通常清算と特別清算の違い

　清算の手続には、通常清算（会社法475条〜509条）と特別清算（会社法510条〜574条）があります。

　通常清算は、裁判所の監督によらず、取締役がそのまま清算人として会社を整理することになりますが、会社の債務額に争いがある場合など、元経営陣による清算手続に支障があると考えられる場合には、特別清算により、裁判所の監督下によって会社を整理することになります。

　特別清算は、裁判所の監督下に服することもあり、実質的には破産等と並ぶ倒産処理方法の一種ということができます。

4　清算手続中にできること

　清算手続中の会社は、会社のすべての権利義務を処理して残余財産を株主に分配するという目的のみで存続しているため、それまでの法律的経済的関係を整理する以下のような行為のみを行うことができます（会社法481条）。

---

① 　現務の結了
② 　債権の取立て
③ 　財産の換価処分
④ 　債務の弁済
⑤ 　残余財産の分配　等

5　清算手続中にできないこと

　前記のとおり、清算会社の権利能力の範囲は縮小され、清算の目的の範囲内に過ぎなくなることから、以下に掲げる事業活動などは禁止されます。

---

① 　売掛金の回収を除いた営業行為

Part 6
会社整理

② 資金調達活動
③ 自己株式の取得
④ 余剰金の分配

6 通常清算

（1）通常清算とは

会社は、その定款や寄附行為、規則等に定めた事業や業務のために、物的設備や人的組織を用いて、さまざまな経済的、社会的活動を行っています。

会社に解散等の清算手続の開始原因が発生すると、当該会社は、その事業や業務を終了させるとともに、各種の契約関係の解消、財産の換価ないし処分を行い、債務を返済して残余財産を分配する必要があります。また、会社における労務関係の手続、会計上の処理、税務上の届出や申告、各手続段階における登記手続等も必要です。

これらの手続を完了させると、会社は消滅することとなります。

通常清算手続は、このような会社の清算手続のうち、その財産をもって債務を完済することができる会社について採られる清算手続をいいます（会社法475条〜509条）。

（2）通常清算の対象

通常清算手続は、前記のとおり、会社を清算する場合の最も原則的な清算手続として、会社がその対象となります。

（3）通常清算手続の開始原因

会社には、通常清算手続の開始原因が法津で定められています（会社法475条）。

代表的な清算原因が「解散」です。解散事由は法定されており、例えば株式会社については、定款で定めた存続期間の満了や、定款で定めた解散事由の発生、株主総会の決議等が解散事由となります（同法471条）

通常清算手続の開始原因が発生すると、会社は清算手続を行うことになりますが、清算の遂行に著しい支障を来すべき事情があるとき、又は債務超過の疑いがあるときは、清算人や債権者、監査役、株主は清算中の株式会社について、特別清算手続の開始申立てを行うことができます（同法511条）。また、債務超過の疑いがある場合には、清算人は特別清算手続の開始申立てを行わなければなりません（同条2項）。

　破産手続開始の決定があった場合には、会社は解散しますが（同法471条5号）、通常清算手続ではなく破産手続によって清算が行われることになります。

（4）清算会社の機関

　清算手続が開始された会社は、清算の目的の範囲内で、清算の結了まではなお存続するものとみなされます（同法476条）。

　清算手続中の会社には、その機関として1名又は2名以上の清算人を置かなければなりません（同法477条1項）。清算人は、清算手続中の会社の業務執行機関であり、前記清算事務を行うこととなります。

　清算手続中の会社の機関には、清算人のほかに、監査役や監事等を置かなければならない場合もあります（同法477条4項等）。

（5）通常清算手続の流れ

図表6-6　通常清算の流れ

　会社が、株主総会で解散の決議をした後、合併や破産手続に移行しない場合には、清算をすることとなります。

　清算の開始により、取締役が新たに清算人として、解散時点で継続中の事務を完了させ、取引関係を終了させます（「現務の結了」）。また、清算人は、現務の結了に伴う、債権の取り立て、財産の換価処分、残余財産の処分、債務の弁済についても行うことになります。

　このように、通常清算は、裁判所の監督なしに清算人によって会社の解散手続が行われる制度です。

　清算人は、就任後、まずは会社の財産を把握するとともに、会社の債務額を確定するために、債権者に対して債権を届けるよう公告催告をします。

　債権者への債務の弁済も清算人の職務の1つですが、この債権届出期間中の清算手続では、原則として債権者への弁済はできません。これは、これ以上支払原資が増えない状況の中で、一部の債権者を優遇することが債権者間の公平を害するとされているためです。

　清算人は、債権届出期間満了後、債権の総額を把握した上で、各債権者への弁

済を行っていくことになります。債権者への弁済が終わった後に残った会社財産については、清算人が株主の保有する株式数に応じて残業財産の分配を行います。

　これらの清算債務がすべて終わった後に、清算人は決算報告を作成して、株主総会の承認を受け、承認から2週間以内に清算結了の登記をすることで清算手続が終了します。

7　特別清算

（1）特別清算とは

　特別清算とは、株式会社の清算手続の1つであり、清算手続中の会社に特別清算の開始事由が存する場合に、債権者、清算人、監査役又は株主の申立てにより、裁判所の命令によって行われる清算手続です（会社法510条、511条）。

　特別清算は、通常清算手続と同様、清算人が清算会社の機関として清算事務を行う点は通常清算手続と同じですが、裁判所の監督の下で清算手続が行われる点が異なります（同法519条）。

（2）特別清算と破産手続の異同

　特別清算は、債務超過（会社の財産によって債務を完済することができない状態）の会社について行われる清算手続であるという点で破産手続と共通しています。

　もっとも、破産手続では裁判所より破産管財人が選任され、破産管財人が清算に向けた業務を行うのに対し、特別清算では、清算株式会社の清算人が引き続き業務を行う点などで、裁判所による監督の内容や程度が異なります。

　また、破産手続では、破産管財人が否認対象行為について否認を行い、債権調査手続を経て、債権額に応じて配当を行いますが、特別清算では、否認の制度や債権調査の手続がない点も異なります。

　さらに、特別清算では、債務超過を解消して清算手続を結了させるために、各債権者との間で個別に弁済方法及び債権放棄に関する和解を行うか（個別和解型）、債権者集会の決議により弁済及び債権放棄に関する協定を行う（協定型）

必要があります。この点は、債権者の同意とは関係なく、破産管財人が財産を換価し、債権の優先順位及び債権額に応じて配当を行う破産手続と異なる点といえます。

（3）特別清算の対象

特別清算手続は、株式会社についてのみ採ることができる清算手続であり、株式会社以外の会社（法人）については採ることができません（会社法510条柱書）。

（4）特別清算の開始原因

特別清算の開始原因は、清算会社について、①清算の遂行に著しい支障を来すべき事情があること、②債務超過の疑いがあること、のいずれかの事由が認められること、の2つです（会社法510条）。

ただし、以下の事由がないことが特別清算の開始命令の要件とされており、裁判所は、これらのいずれかに該当する場合を除き、清算人等の申立てにより、特別清算の開始命令をすることとなります（同法514条1～4号）。

---

① 特別清算の手続の費用の予納がないとき
② 特別清算によっても清算を結了する見込みがないことが明らかであるとき（例：債権者の同意の見込みがないことが明らかなとき／弁済の見込みがないとき等）
③ 特別清算によることが債権者の一般の利益に反することが明らかであるとき（例：明白な否認対象行為があり原状回復が困難であることが明らかであるとき／破産手続による配当率（清算配当率）を上回る弁済をする見込みがないことが明らかであるとき（清算価値保障原則）等）
④ 不当な目的で特別清算開始の申立てがされたとき、その他申立てが誠実にされたものでないとき

（5）清算株式会社の機関

特別清算手続における清算株式会社には、通常清算手続の場合と同様、1名又

は2名以上の清算人が置かれ、清算人が清算事務を行います。

　もっとも、特別清算手続は、前記のとおり、清算の遂行に著しい支障を来すべき事情があるか、債務超過の疑いがあるために採られる清算手続であるため、清算手続が公平かつ誠実に行われる必要があります。特別清算が開始された場合、清算人は、債権者、清算株式会社及び株主に対し、公平かつ誠実に清算事務を行う義務を負い（会社法523条）、裁判所は、清算人が清算事務を適切に行っていないとき、その他重要な事由があるときは、債権者株主の申立てにより又は職権で、清算人を解任することができます（同法524条）。また、清算株式会社は、一定の行為については、裁判所の許可を得なければ行うことができず（同法535条、536条）、債務の弁済についても制限されるなど（同法537条）、清算人の清算事務は裁判所の監督の下で行われることとなります。

　また、裁判所は、清算株式会社を監督させるため、監督委員を選任することができ（同法527条）、清算株式会社が一定の行為を行う場合には監督委員の同意を得なければならないとすることができます（同法535条）。さらに、裁判所は、調査命令を発する場合には調査委員を選任することができます（同法533条）。

（6）特別清算手続の流れ

　特別清算手続の流れは、図表6-7のフローチャートのようになります。

図表6-7　特別清算の流れ

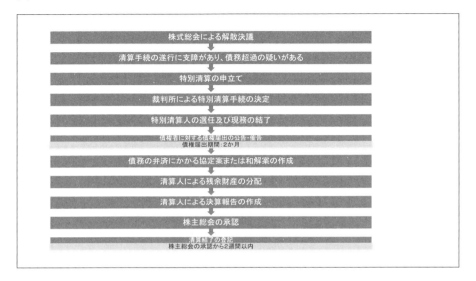

（7）特別清算手続の特徴

　同じ清算型の解散である破産手続と比較した場合の特別清算の特徴（メリット）としては以下の5つが挙げられます。

① 簡易迅速
② 手続の主導権
③ 否認権の不存在
④ レピュテーションリスクの回避
⑤ 債権者の関与

ア　簡易迅速性
　　特別清算は、破産手続と比較すると手続に柔軟性があり、簡易迅速であるといえます。

イ　手続の主導権
　　破産手続の場合には、手続が開始されると同時に、会社の財産処分権限が破産管財人に移り、以後の手続はすべて破産管財人によって行われるこ

とになります。債務者会社の経営者は、破産管財人に協力する立場です。

　一方、特別清算の場合には、株主総会で選任された清算人が財産の管理処分を行うことができるため、破産する会社の株主や経営者が一定の主導権を持って清算手続を進めることができます。

ウ　否認権の不存在

　破産手続の場合、破産管財人には、債権者の利益のために強い権限が認められています。例えば、破産手続開始前の一定の会社の財産処分行為を否定する否認権制度があります。

　一方、特別清算には否認権制度はありません。例えば、特別清算前に特定の債権者に対して弁済をしていたとしても、その効果が否定されることはありません。したがって、特別清算と他の債務整理手段を組み合わせて利用することが可能です。

エ　レピュテーションリスクの回避

　破産手続の場合、当該法人に「破産」という負のイメージを抱かれることは避けられません。

　一方、特別清算の場合、破産手続と同じ倒産処理手続の一種ではあるものの、「破産」という言葉の負のイメージを抱かれにくいため、企業としてのレピュテーションリスクをある程度回避しやすいということができます。

オ　債権者の関与

　破産手続の場合、会社の財産処分権限は破産管財人に移り、以後の手続はすべて破産管財人によって行われます。したがって債務者のみならず、債権者も手続に積極的に関与することができません。

　一方、特別清算の場合は、協定案に対して債権者の総債権額の3分の2以上の同意等が必要であることから、破産手続と比して、債権者が関与する余地があります。このことから、債権者の数が少なく、大口債権者の理解と協力が得られる場合は、特別清算に適しているケースといえます。

Chapter 9 ポイント⑤ 破産手続の留意点

1 破産手続の概要

　破産手続とは、支払不能や債務超過にある債務者の財産を、裁判所から選任された破産管財人が処分し、債権者への配分を目指す手続をいい、破産手続を結了することによって、法人は消滅することになります。

　破産手続は、裁判所への破産手続開始の申立てによって開始します。破産手続の開始申立ては債務者が行うことが大半ですが（自己破産）、債権者から破産申立てをする場合もあります（債権者破産）。

　法人の負債には、法人の代表者個人やその親族が（連帯）保証人となっていることが少なくありません。このように、法人のみならず、その代表者個人等が（連帯）保証人となっている場合、法人が支払不能や債務超過に陥ると、（連帯）保証人となっている代表者個人等も支払不能や債務超過に陥ることが大半です。法人とともに（連帯）保証人となっている個人も支払不能や債務超過に陥る場合には、破産手続を選択し、法人を消滅させるとともに、代表者等個人の負債も免責を求めていくことは、債務整理の手法として有効な場面が多いといえます。

2 破産手続の留意点

　前記のとおり、破産手続を選択した場合、法人自体は破産手続の結了によって消滅するとともに、（連帯）保証人となっている代表者等個人も法人とともに破産手続を選択することで、債務の免責が期待できます。特に法人の（連帯）保証人となっている場合、通常は個人で数億円以上もの負債を返済することは現実的ではないため、個人としても破産手続を選択して負債を免責してもらうことは、個人の生活再建にとっても有効といえます。

　もっとも、破産手続は、負債を免責するという経済的メリットの大きい債務整理手続である一方、以下の点に留意する必要があります。

311

（1）管理処分権の喪失

　破産手続を選択した場合、法人の財産処分権は債務者（法人）から破産管財人に帰属することになります。債務者（法人）は、財産の管理処分権を失うことになるため、自由に法人の財産を動かすことはできなくなります。

（2）破産手続結了後の消滅

　法人は、破産手続が結了すると消滅します。

（3）債権額に応じた按分

　破産管財人によって、法人の総財産は換価され、債権額に応じて各債権者に按分されます。

（4）債権者への配当率

　債務者（法人）の財産は破産管財人によって換価されますが、破産手続の終了までには時間を要する上、配当があったとしても本来の債権額の数％程度に留まることも少なくありません。

（5）優先的破産債権の存在

　破産手続では、債務者（法人）の財産を換価して各債権者に債権額に応じて按分することが原則ですが、破産手続開始前の原因に基づいて生じた租税債権は、①財団債権（破産法148条1項3号）又は②優先的破産債権（破産法98条1項、国税徴収法8条及び地方税法14条）に該当し、破産債権に優先します。

（6）別除権者の権利行使

　質権や抵当権を持つ債権者は、破産手続によらずに担保権を実行することができます。担保権を実行して回収できなかった部分は、破産手続において権利を行使することができます。

Part 6
会社整理

3　管財事件の留意点

　破産手続には、破産管財人が選任されて財産調査・配当等を行う管財事件と、破産手続開始決定と同時に破産手続を終了させる廃止決定をする同時廃止事件に分けることができます。

　同時廃止事件となるのは、「破産財団をもって破産手続の費用を支弁するのに不足すると認めるとき」に該当すると裁判所が判断した場合です（破産法216条1項）。同時廃止事件の場合、破産手続そのものは終了し、免責手続だけが続行することになります。

　一方、管財事件の場合、破産手続が続行し、破産管財人が破産手続開始決定時に破産者が有する財産の管理処分権限を取得し、配当がされたり、「破産財団をもって破産手続の費用を支弁するのに不足する」場合に該当するとして、破産手続廃止決定がされたりします（同法217条。「異時廃止」とも呼ばれます）。

　法人が破産する場合は、一般に管財事件になります。

　参考までに、管財事件と同時廃止事件の目安を掲載すれば、以下のとおりです。

①　**清算型管財事件**

　　破産法上の原則形態であり、破産管財人を選任した上で配当手続を行う類型です。

②　**免責調査型管財事件**

　　本来は同時廃止決定が見込まれる案件であるものの、免責不許可事由が疑われ、管財手続となる類型です。

③　**調査型管財事件**

　　破産財団に組み込まれる財産の存否、免責不許可事由の有無を確認する必要があるなど、破産管財人の調査が必要と判断される類型です。

④　**同時廃止事件**

　　上記①〜④の問題がなく、財産が少ない場合に選択される類型です。

4 破産手続の流れ

図表6-8 破産手続の流れ

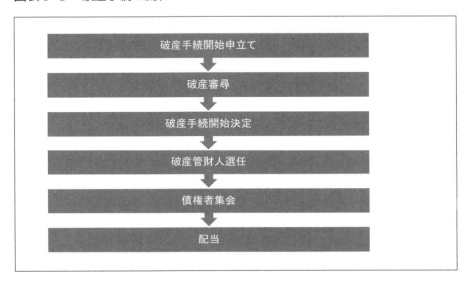

破産者に配当できる財産や不動産がある場合、裁判所は破産管財人を選任して、破産者の財産の換価・配当という手続をとります。

管財事件は、通常以下のような手続で進行していきます。

(1) 破産手続開始申立て

破産手続開始申立ては、最高裁判所規則で定める事項（破産規則2条）を記載した書面で行う必要があります（破産法20条）。

破産開始決定申立書を提出する際には、必要書類を添付します。破産申立てに必要な書類は、チェックリスト等を使用して効率的に確認しましょう（裁判所によって異なりますので、申立て前に事前に裁判所に問い合わせて確認しておく必要があります）。

(2) 予納金の納付

破産手続を行うには、予納金の納付が必要です。

予納金が納付されると、破産手続開始決定と同時に破産管財人が選任され、さらに債権届出期間、債権者集会期日（財産状況報告集会）、債権調査期日が決められます。これ以降は、破産管財人が財産の換価、契約の終了などすべての破産管財業務を行います。

（3）破産管財人の選任

破産管財人は、裁判所から選任される弁護士が就任します。

破産管財人が選任されると、破産者の財産を管理・処分する権限はすべて破産管財人に移ります。

破産管財人は破産者の財産を調査し、すべての債権者に公平に分配できるように手続を進めていきます。

（4）債権届出期間の決定

裁判所は破産手続開始決定の日から２週間以上４か月以内の日を債権届出期間として指定します。

債権者はこの期間に債権を届け出ることにより「破産債権者」となり、債権者集会で議決権を行使することができます。

（5）債権者集会の期日の設定

破産手続では、債権者の意思を尊重し、公平を図るため、破産債権者による決議がなされます。

そして、財産状況などを債権者に報告する場として債権者集会が設けられますが、裁判所は、原則として破産手続開始決定と同時に第１回債権者集会の期日を指定します。

（6）破産財団の換価・配当

破産者に残っている財産は「破産財団」という形でまとめられ、裁判所の監督の下、破産管財人によって換価され、債権者への分配に充てられます。換価の対象となる主なものは、①土地・建物などの不動産、②自動車、③機械類、④什器・備品、⑤有価証券、等が挙げられます（ただし、不動産は多くの場合、抵当権などの担保権が設定されているため、余剰価値がないケースも少なくありませ

ん）。

　破産管財人は、破産財団を換価した後、原則として債権額に按分比例して、届出債権者に順次分配します（配当）。

　破産管財人による破産財団の換価及び配当が終了した後、破産管財人から裁判所に業務終了報告がなされ、破産手続は終了します。

Chapter 10 ポイント⑥ 民事再生の留意点

1 民事再生手続の概要

　民事再生は、原則として、債務者（法人）の経営陣が業務執行や財産管理を続けながら、法人の再建を図る手続です。

　民事再生の典型例としては、債務の支払いを引き伸ばしたり、その一部をカットすることを債権者に認めてもらうというものです。

　民事再生手続が開始すると、債務者は「再生債務者」、債権者は「再生債権者」、債権は「再生債権」と呼ばれるようになります。

　民事再生手続の申立てを行うことができるのは、債務者と債権者です。

　以下の場合に該当する申立権者から民事再生手続の申立てが行われ（民事再生法21条）、裁判所がその申立てを認めると、民事再生手続開始決定が出されることになります。

---

① 債務者に破産手続開始の原因となる事実が生ずるおそれがあるとき
② 債務者が事業の継続に著しい支障をきたすことなく弁済期にある債務を弁済することができないとき

---

2 民事再生手続の特徴

　破産手続においては、破産管財人が選任され、手続開始後の財産管理等はすべて破産管財人が行うことになりますが、法人の民事再生手続においては、原則として、手続開始後も債務者である会社の経営陣が業務執行と財産管理を行います。このよう手続をDIP（Debtor In Possession）型手続といいます。

　もっとも、民事再生手続は、既存の経営陣が会社に居座ることを無制約に許容するものではありません。既存の経営陣の経営に問題があるために法人の財産状況が悪化したような場合には、既存の経営陣に経営を任せていては法人を立て直

せる可能性は低いため、既存の経営陣には退陣してもらう必要があります。

　このような場合には、民事再生手続においても管財人が選任されることがあり、管財人が選任されると、経営陣は業務遂行や財産管理をする権利を失い、法人の経営をすることができなくなります。

　民事再生手続では、債務者の取引先（債権者）が、他の債権者に先んじて我先にと支払いを求めることを避けるため、裁判所から保全処分が行われます。また、保全処分のほかにも、再生手続開始の申立てがあった場合において、裁判所が必要と認めるときは、利害関係人の申立てにより又は職権で、再生手続開始の申立てにつき決定があるまでの間、一定の手続又は処分の中止を命ずることが可能とされています（民事再生法26条）。

　さらに、裁判所は、個別の中止命令や取消命令では再生手続の目的を達成できないとされる特別な場合において、包括的禁止命令を発令することが可能です（民事再生法27条）。包括的禁止命令は、中止命令や取消命令よりも強い効果を持ち、すべての債権者に対して行える命令です。包括的禁止命令が発令されると、再生債務者の財産に対する強制執行や仮差押えなどが禁止されることになります。

Part 6
会社整理

3 再生計画の効力が生じるまでの流れ

図表6-9　民事再生手続の流れ

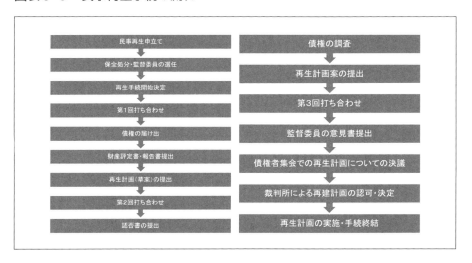

民事再生手続は、図表6-9の流れに沿って行われます。

民事再生手続開始決定を出してもらうための要件は以下のとおりです（民事再生法21条以下）。

---
① 債務者に手続開始原因があること
② 申立権者による適法な申立てであること
③ 申立ての棄却事由が存在しないこと
---

①の要件については、「債務者に破産手続開始の原因となる事実が生ずるおそれがあるとき」か、または「債務者が事業の継続に著しい支障をきたすことなく弁済期にある債務を弁済することができないとき」に、手続開始原因があることになります。

民事再生手続において作成される再生計画案は、再生債務者をどのようにして再生させるかを具体的に定めたものです。この再生計画が再債権者や裁判所に認められるかによって、民事再生が成功するかどうかが決まります。

再生計画案は、①再生債務者が作成し、②裁判所に提出した上で、③再生債権者による再生計画の決議を得て、④裁判所による認可決定を受けると、再生計画としての効力が生じます。

　通常の民事再生手続においては、債権者集会で再生計画案の決議を得る必要があります。再生計画案を可決するには、次の2つの要件を満たす必要があります（民事再生法172条の3）。

---

　①　議決権を行使した議決権者の過半数の同意
　②　議決権者の議決権総額の2分の1以上を有する者の同意

　債権者集会によって再生計画が可決されても、裁判所による再生計画の認可決定の確定がなされなければ、再生計画は効力を生じません（同法174条）。

　一方、再生計画の認可決定を受けた後、即時抗告期間を経過すると、再生計画は確定し、その効力が生じます（同法175条、176条）。

　再生債務者は、再生計画の効力発生後は、適正に再生計画を遂行する必要があります。

　監督委員は、再生計画の認可決定後、3年間は再生計画を監督することによって、再生債務者が不適切に計画を遂行することを防ぎます（同法188条）。

Chapter 11 ポイント⑦ 事業再編の留意点

　事業再編は、買収（株式取得・事業譲渡）、合併、会社分割を利用することにより、既存の法人を統廃合したり、新規の法人を設立したりすることで、事業の再建を図る手続であり、法人の負債を整理するだけでなく、後継者不在の企業の事業承継や、事業の成長速度の加速のために積極的に利用されることもあり、法人の有する事業価値を存続させるとともに、事業の成長を加速させる側面もある、積極的な会社整理方法ということができます。

　以下では、事業再編手続の概要について説明します。

1　事業再編手続の概要

図表6-10　事業再編手続きの概要

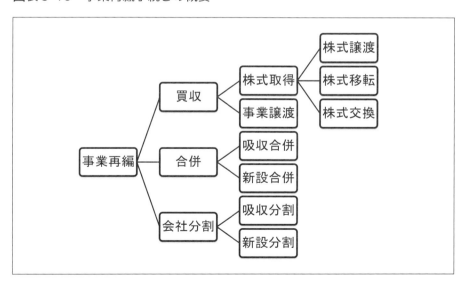

　事業再編手続は、M＆A（「Merger＝合併」及び「Acquisition＝買収」）と呼ばれることもあります。事業再編手続にはさまざまな手法がありますが、概要を整理すれば、図表6-10のようになります（なお、事業再編手続（M＆A）の各

手法の詳細については、Part 7で詳述します)。

2 「買収」の概要

　事業再編手続のうち「買収」は、①株式取得、②事業譲渡の2つに大別され、①株式取得は、さらに株式譲渡、株式移転、株式交換に分類することができます。

　事業譲渡とは、ある会社が一定の目的のために組織化され、有機的一体として機能する財産の全部又は一部を他の会社に譲渡することをいいます。

　株式譲渡とは、対象会社の支配権を取得するために、対象会社の株主からその保有する対象会社の株式の全部又は過半数を取得する取引行為をいい、株式移転とは、既存の会社（対象会社）が、その発行済株式の全部を新たに設立する会社（新設会社）に取得させ、対象会社の株主は、新設会社の株主となる行為をいいます。また、株式交換とは、既存の株式会社（対象会社）が、その発行済株式の全部を他の会社（買収会社）に取得させ、買収会社が対象会社の株主に対して対価を交付する行為をいいます。

3 「合併」の概要

　合併とは、複数の企業が一体化する、組織法上の行為をいいます。

　合併のうち、当事会社の一社が合併後も存続（存続会社）し、合併により消滅する会社（消滅会社）の権利義務を承継する吸収合併と、当事会社のすべてが消滅会社として合併により消滅し、それらの会社の権利義務を合併により新たに設立する会社（新設会社）に承継させる新設合併とがあります。

4 「会社分割」の概要

　会社分割とは、会社がその事業に関して有する権利義務の全部又は一部を分割し、他の会社（承継会社／新設会社）に承継させることをいいます。

　会社分割のうち、対象会社（分割会社）が権利義務の全部又は一部を、既存の会社（承継会社）に承継させるものを吸収分割と、新たに設立する会社（新設会社）に承継させるものを新設分割といいます。

Part 6
会社整理

5　各事業再編手法のメリット・デメリット

　各事業再編手法の特徴を整理すると、概要は図表6-11のとおりです。これらのメリット・デメリットを踏まえ、どのような方針で進めていくのかを検討していくことになります。

図表6-11　各事業再編手法の特徴

手法	支払対価	手続の概要	メリット	デメリット
株式譲渡	通常は現金	□取締役会決議 □上場会社株式の場合は公開買付け □対象会社が売主の子会社の場合は、一定の場合に親会社株主総会特別決議が必要	□手続が簡便 □契約関係の変動なし □許認可の再取得不要	□対象会社の事業全てを承継するため、不要な事業や契約関係、潜在債務等を承継するリスク
事業譲渡	通常は現金	□取締役会決議 □事業全部の譲渡の場合は、原則として株主総会特別決議 □反対株主の株式買取請求手続 □簡易・略式手続あり	□必要な事業や契約関係だけを承継することができるため、不要な事業や契約関係、潜在債務等を切断できる	□承継すべき資産・負債を特定する必要があり手続が煩雑 □移転に際して取引先の同意が必要など、移転手続が煩雑 □従業員の同意が必要 □許認可の再取得必要
合併	通常は存続会社株式 ただし、対価に制約なし	□株主総会特別決議 □事前及び事後備置手続 □債権者保護手続 □簡易・略式手続あり	□買主は対価として、通常は株式を発行するので現金の準備不要 □売主と買主が同一法人となるので、統合効果の早期実現	□売主の会社全てを承継することとなるため、不要な事業や契約関係、潜在債務等を承継するリスク □企業文化摩擦の可能性
会社分割	通常は分割承継会社の株式 ただし、対価に制約なし	□株主総会特別決議 □事前及び事後備置手続 □債権者保護手続 □反対株主の株式買取請求手続 □簡易・略式手続あり	□必要な事業や契約関係だけを承継することができる □承継する資産や契約の承継手続も存在するが、相手方の同意は不要であり簡便 □従業員の承継に関して一定の手続は求められるものの同意は不要であり簡便	□許認可は承継できないことが多く、再取得が必要 □会社分割手続が煩雑 □債権者保護手続のため、最低1か月以上の時間がかかる
株式交換	通常は完全親会社株式 ただし、対価に制約なし	□株主総会特別決議 □事前及び事後備置手続 □債権者保護手続 □簡易・略式手続あり	□買主は買収対価として現金が不要 □株主総会で承認決議がなされれば、強制的に100％親子関係が構築できる □対象会社は子会社として別法人のままになるため、直ちに企業組織や企業文化の融合を行わなくてもよい	□買主に売主という大株主が出現してしまうことがある □売主は株式交換後の完全親会社株式の価格変動リスクを負担 □買主が非上場会社の場合、売主は対価株式の現金化困難 □債権者保護手続のため、最低1か月以上の時間がかかる
株式移転	株式交換と同様	□株式交換と同様	□株式交換と同様	□株式交換と同様

324

M&A

Part 7

Chapter
1

本章の目的

---

1 M&Aに関わる当事者の関係性の理解
2 M&Aの代表的手法の理解
3 M&Aに関わる法律上の規制の理解

　M&A（Merger and Acquisition）は、企業の合併や買収の総称であり、経営統合や事業承継等、事業を迅速に拡大させるという積極的な要素もあれば、業績が悪化したり、負債が増大したりしている企業が精算するためにとる消極的な要素もあります。その手法は多岐にわたり、どのような目的で行うのかは事案によって異なります。

　また、M&A取引に関係する法律は、会社法をはじめ、金融商品取引法（以下、「金商法」といいます）、私的独占の禁止及び公正取引の確保に関する法律（以下、「独禁法」といいます）、外国為替及び外国貿易法（以下、「外為法」といいます）、労働法、税法その他業法等が挙げられます。

　M&A分野では、広範かつ高度な法律知識が必要とされるだけでなく、多様な関係当事者との折衝を行う交渉力、厳密かつ複雑なスケジュールを適切に管理する能力、秘密保持契約書や基本合意書などの多数の契約書を作成するドキュメンテーション力、膨大な書類を精査し、法的な問題点がないかを見抜く法的分析力等も求められます。

　本章では、M&Aを検討し始めた企業法務担当者の方がM＆Aの全体像を把握できるように整理することに主眼を置き、M&Aにおける登場人物、M&Aの概要及び代表的なM&Aのストラクチャーを示した上で、一般的なM&Aのプロセス、M&Aに関連する法律について整理していきます。なお、本章では、主に買主の立場からM&Aの全体像を俯瞰することとし、M&Aにより買収の対象となる当事会社を「対象会社」と呼称することとします。

Chapter 2 M&Aの3つの特徴

1　M&Aの多様性
2　担当者に求められる能力の多様性
3　関係法令の多様性

1　M&Aの多様性

　冒頭でも触れましたが、「M&A」は、「"Merger＝合併"及び"Acquisition＝買収"」の略語です。厳密な定義はなく、株式の100％取得から、過半数、50％、少数持分取得までを含めた、非常に幅広い意味で用いられています。また、実務上、ジョイントベンチャーや業務提携についてもM&Aに含めて論じられる場合もあります。
　そしてM&Aには、さまざまな手法が考えられます。

2　担当者に求められる能力の多様性

　M&Aは、限られた期間の中で、多数の関係当事者間との利害調整、法的分析を要するストラクチャーの検討、秘密保持契約をはじめM&Aに関連する契約書のドラフトやレビュー、対象会社から提供された資料の分析・法的問題点の有無を整理することが求められます。
　また、関係当事者との折衝を行う交渉、厳密かつ複雑なスケジュールを適切に管理する能力が求められます。

3　関係法令の多様性

　M&A取引にあたっては、会社法をはじめ、金商法、独禁法、外為法、労働法、税法その他業法等、非常に広汎な関係法令を十分に検討し、違法性がないか

等を確認する必要があります。海外企業を対象会社とするクロスボーダーM&A
であれば、海外の関連法制まで検討する必要が生じ、より複雑となります。

Chapter 3 M&Aに関する相談事例

1 相談事例

> A株式会社は、甲県内に本店所在地を置く、主に建設業を扱う法人である。A社は年商約200億円を有し、甲県内には多数の支店を展開しているが、さらなる事業の拡大を図るために、乙県内に本店所在地を置く同業他社であるB株式会社とのM&Aを検討し、情報収集を始めたところ、B社は乙県内に複数の支店を構えてはいるものの、近年は支店の統廃合を進めているようである。
> また、最近の新聞報道によると、B社は、名ばかり管理職を設けていたとして労働基準監督署から未払残業代に関する調査を受けたという。

2 想定されるポイント

図表7-1 相談事例の想定ポイント

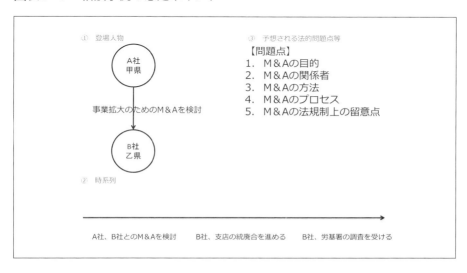

上記相談事例では、A社がさらに事業の拡大を図るという積極的な目的から、B社とのM&Aを検討しています。

　もっとも、A社がB社とのM&Aを検討するとしても、B社は、支店の統廃合を進めているとのことであり、B社の経営状況には不安が残ります。また、B社は最近、未払残業代に関する労働基準監督署の調査も受けたとのことであり、労務トラブルが継続していることも懸念されます。

　このような状況において、A社がB社とのM&Aを検討するにあたっては、誰にどのような調査を依頼するか（誰をM&Aに関与させるか）、B社とのM&Aの目的及びその遂行方法として何を選択すべきか、またM&Aの具体的なプロセスとその法規制上の留意点を見極める必要があります。

Chapter 4 7つのポイント

　本章の目的は、M&Aを検討する際の手引となることにあります。

　そこで、読者のみなさまが初めてM&Aを担当する際に押さえるべきポイントを図表7-2のように7つに整理しました。

　それでは、M&Aにおける各ポイントをみていきましょう。

図表7-2　M&Aの7つのポイント

Point1	M&Aに関わる当事者の留意点
Point2	M&A方法選択の留意点
Point3	M&Aプロセスの留意点
Point4	M&A全般における法規制上の留意点
Point5	買収における法規制上の留意点
Point6	合併における法規制上の留意点
Point7	会社分割における法規制上の留意点

Chapter 5 ポイント① M&Aに関わる当事者の留意点

1　M&Aに登場する主要な関係者の把握
2　各関係者の役割の把握
3　M&Aに関わる専門家の役割

図表7-3　M&Aにおける登場人物

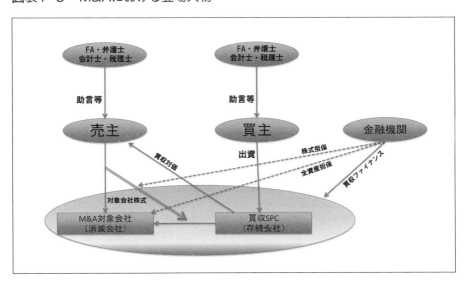

　M&Aに関係する当事者は案件に応じて多種多様ですが、主な登場人物として、①M&Aの主役である売主・買主である当事会社、②当事会社に専門的なアドバイスを提供する外部アドバイザーであるフィナンシャル・アドバイザー（以下、「FA」といいます）、弁護士、公認会計士・税理士等に大別することができます。以下、それぞれの役割について紹介します。

Part 7

M&A

1　当事会社

　M&Aの当事会社（ここでは買主を前提とします）は、具体的なM&Aを検討するに際して、まずは担当役員やチームリーダーの下、経営企画部、事業部、経理財務部、法務部など各部門から専属の担当者を選び、M&A専門の社内プロジェクトチームを組成します。その後、外部アドバイザーとして買主の戦略目的に沿った対象会社買収戦略を立案するFAを選任するのが通常です。また、FAと並んでM&A取引の主要メンバーである弁護士等の専門家に依頼し、FA・弁護士等のアドバイスを得ながらM&Aの基本戦略を立案します。

　社内プロジェクトチームは、FAの統括・指揮の下、契約書関係の整備やM&Aストラクチャーの構築・法務デューディリジェンス（以下、「DD」といいます）まで幅広くサポートする弁護士や、対象会社の財務情報の精査や価値の算定を担当する公認会計士、潜在的税務リスクの調査を担当する税理士等の外部アドバイザーと協力しながら、取引価格やM&Aの諸条件、ストラクチャー等を具体化していきます。

2　外部アドバイザー

（1）フィナンシャル・アドバイザー

　FAは、当事会社候補の選定からクロージングまで、M&A取引全体の進捗の管理等を担当する専門家です。当事会社がM&Aを検討する場合、通常、最初に選任される外部アドバイザーがFAとしての証券会社や、銀行の投資銀行部門です。FAは、買主や競合他社、関係業界の情報を広く収集し、当該情報に基づいて潜在的な投資先を詳細に分析し、買主とともに買主の戦略目的に沿った対象会社買収のための戦略を立案します。

　FAが買主に提供する主なアドバイザリー業務は、概ね以下のとおりです。

①　M&Aの戦略立案や対象会社の調査・選定

②　案件の進め方に関する助言、入札手続の管理、スケジュール調整、ク

ロージング手続等の進捗管理

③　買収対象企業の企業価値算定

④　フェアネス・オピニオン[6]の提供

⑤　M&Aストラクチャーに関する助言

⑥　買主の資金調達の支援

　上記の業務のうち、とりわけ①と③が重要です。

　FAは、M&Aの実現に向けた案件全般の進行役としての役割を担っており、FAが適切に交通整理を行えば、買主の外部アドバイザーや対象会社との交渉・調整に関する負担や情報収集に要する負担を軽減することが期待できます。

（2）弁護士

　M&Aにおける弁護士の役割は、M&Aストラクチャーの検討に始まり、秘密保持契約書・基本合意書等の作成、法務DDの実施、最終契約書の作成・交渉、M&A取引のクロージングの実行・支援等、M&Aプロセスのスタートから最後まで、非常に広範です。

　弁護士が提供する主な業務をM&Aの時系列に沿って並べると、概ね以下のとおりです。

①　M&Aストラクチャーの検討・アドバイス

②　秘密保持契約の作成

③　基本合意書の作成

④　法務DDの実施

⑤　最終契約書の交渉・作成

⑥　クロージングの支援

6　フェアネス・オピニオンとは、外部アドバイザーによって作成・提供される、検討対象である価値が財務的な観点から見てフェア（公正）であるとの意見をいいます。なお、フェアネス・オピニオンにおける「フェアネス」は、あくまで財務・ファイナンスの観点から見た「フェアネス」であり、法的な意味で「公正な価格」であることを表明するものではありません（水野信次・西本強『ゴーイング・プライベート（非公開化）のすべて』（商事法務、2010年）156頁参照）。

買主の想定するM&Aストラクチャーの策定や法務DDにおけるコンプライアンリスクの分析、その結果を反映した最終契約書の作成・交渉等は、対象企業の性質（上場企業か非上場企業か）や規模（会社法上の大会社か否か等）、業態、資産内容、財務状況等によって大きく異なることから、M&A取引全体に関与する弁護士には幅広い法律知識が求められます。

（3）公認会計士・税理士

当事会社がM&Aを実行するか否か、実行するとして取引価格をいくらにするかを決するに際して最も重要な情報の1つが、対象会社の財務情報です。正確な財務情報がなければM&Aの取引価額を決定することはできません。

この財務情報の精査（財務DD[7]）を担当するのが公認会計士です。財務DDを担当する公認会計士は、対象会社の会計・財務面での事実関係の確認・調査や潜在債務・潜在債務の有無の調査等を行います。また、対象会社の将来キャッシュフローに基づく企業価値の算定（バリュエーション）も担当します。

他方、税理士が担当する税務に係る情報の精査（税務DD[8]）は、追徴課税の有無等、潜在的な税務リスクの調査及び税制上望ましいM&Aストラクチャーの策定・選択等を行います。

対象会社の資産価値や企業価値の算定は、対象会社の資産に関する担保の有無や、売掛金の回収可能性、潜在債務の存否などの影響を受けるため、財務DDにより得られた情報のみならず、法務DDによって得られた情報も考慮する必要があります。また、M&Aストラクチャーの立案に際しては、税務と法務の両面から検討することが不可欠です。そのため、弁護士・公認会計士・税理士は、互いに情報共有した上で、M&Aの実施に伴うリスクの分析やM&Aストラクチャーに関するアドバイスを行うことが求められます。

財務DDや税務DD、そして法律事務所・弁護士が担当する法務DDは、それぞれが独立したものではありません。例えば企業価値の算定においては、法務

7　財務DDとは、会計面から過去の損益や現在の財務状況を調査するものであり、不適切な会計処理（いわゆる粉飾決算を含みます）や、会計処理上の誤りの有無を検証します。
8　税務DDとは、対象会社における税務リスクを検証するとともに、買収ストラクチャーの立案に際して必要となるタックスプランニングの前提となる事実関係の調査をいいます。

DDの結果判明した対象会社の資産に係る担保の有無や潜在債務の存否等によって、最終的な企業価値は大きく異なりうるため、それぞれのDDで得られた情報を統合する必要があります。また、M&Aストラクチャーの検討に際しても、会社法上の手続的負担や金商法上の開示規制等の観点から望ましいだけでなく、税務の観点からも望ましいストラクチャーを検討することが不可欠です。したがって、同じM&A案件を担当する会計事務所・税理士事務所と法律事務所には、互いに緊密な連携をとり、情報共有をした上でリスクの分析やストラクチャーの策定を行うことが求められます。

Chapter 6 ポイント② M&A方法選択の留意点

1 全体像

図表7-4　M&Aの代表的方法

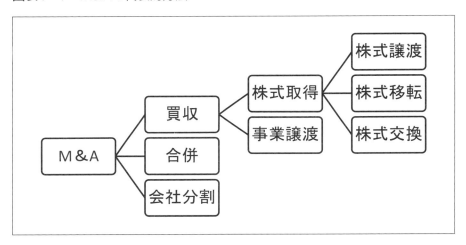

　既に繰り返し述べているように、非常に広い意味で用いられている「M&A」ですが、取引の法的形態に着目した場合、大きくは図表7-4の類型に分類することが可能です。

　以下では、「M&A」と呼ばれる取引形態の概要を把握してもらうべく、各M&Aの方法の概要について紹介します（各M&A方法の詳細についてはChapter 9以降で解説します）。

2 各M&A方法のメリット・デメリット

　各M&Aストラクチャーの特徴を整理すると、概要は図表7-5のとおりです。これらのメリット・デメリットを踏まえ、どのような方針で進めていくのかを検討していくことになります。

図表7-5 M&Aストラクチャーの特徴

手法	支払対価	手続の概要	メリット	デメリット
株式譲渡	通常は現金	□取締役会決議 □上場会社株式の場合は公開買付け □対象会社が売主の子会社の場合は、一定の場合に親会社株主総会特別決議が必要	□手続が簡便 □契約関係の変動なし □許認可の再取得不要	□対象会社の事業全てを承継するため、不要な事業や契約関係、潜在債務等を承継するリスク
事業譲渡	通常は現金	□取締役会決議 □事業全部の譲渡の場合は、原則として株主総会特別決議 □反対株主の株式買取請求手続 □簡易・略式手続あり	□必要な事業や契約関係だけを承継することができるため、不要な事業や契約関係、潜在債務等を切断できる	□承継すべき資産・負債を特定する必要があり手続が煩雑 □移転に際して取引先の同意が必要など、移転手続が煩雑 □従業員の同意が必要 □許認可の再取得必要
合併	通常は存続会社株式 ただし、対価に制約なし	□株主総会特別決議 □事前及び事後備置手続 □債権者保護手続 □簡易・略式手続あり	□買主は対価として、通常は株式を発行するので現金の準備不要 □売主と買主が同一法人となるので、統合効果の早期実現	□売主の会社全てを承継することとなるため、不要な事業や契約関係、潜在債務等を承継するリスク □企業文化摩擦の可能性
会社分割	通常は分割承継会社の株式 ただし、対価に制約なし	□株主総会特別決議 □事前及び事後備置手続 □債権者保護手続 □反対株主の株式買取請求手続 □簡易・略式手続あり	□必要な事業や契約関係だけを承継することができる □承継する資産や契約の承継手続も存在するが、相手方の同意は不要であり簡便 □従業員の承継に関して一定の手続は求められるものの同意は不要であり簡便	□許認可は承継できないことが多く、再取得が必要 □会社分割手続が煩雑 □債権者保護手続のため、最低1か月以上の時間がかかる
株式交換	通常は完全親会社株式 ただし、対価に制約なし	□株主総会特別決議 □事前及び事後備置手続 □債権者保護手続 □簡易・略式手続あり	□買主は買収対価として現金が不要 □株主総会で承認決議がなされれば、強制的に100％親子関係が構築できる □対象会社は子会社として別法人のままになるため、直ちに企業組織や企業文化の融合を行わなくてもよい	□買主に売主という大株主が出現してしまうことがある □売主は株式交換後の完全親会社株式の価格変動リスクを負担 □買主が非上場会社の場合、売主は対価株式の現金化困難 □債権者保護手続のため、最低1か月以上の時間がかかる
株式移転	株式交換と同様	□株式交換と同様	□株式交換と同様	□株式交換と同様

3　買収（株式取得）

（1）株式譲渡

図表7-6　株式譲渡

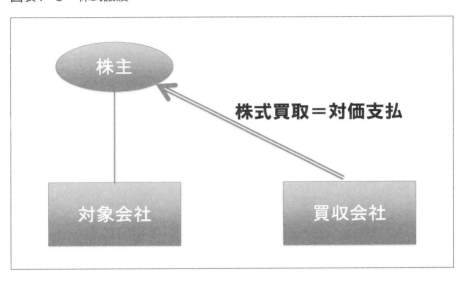

ア　相対取引

　　M&Aにおいて最もよく利用される手法の1つである株式譲渡は、対象会社の支配権を取得するために、対象会社の株主からその保有する対象会社の株式の全部又は過半数を取得する取引行為（図表7-6）をいいます。株式譲渡による株式取得には、対象会社の株式を対象会社株主から市場「外」で相対で取得する方法と、市場「内」で取得する方法とがありますが、いずれもその実態は売主・買主間での株式売買契約（通常、「株式譲渡契約」といいます）であり、合併等の手法と比べるとその仕組みは単純なものといえます。

イ　公開買付け

　　公開買付けとは、不特定多数の者に対して、公告により株式買付けの申込みの勧誘を行い、市場「外」で株式の買付けを行うことをいいます。公

開買付けも、株式取得を目的とするM&Aにおいて一般に利用される手法の１つです。なお、公開買付けについて、対象会社やその株主との間での合意は必要ではないため、敵対的買収の手段としても利用されることがあります。

公開買付けによる株式取得とは、典型的には、上場会社を対象とする大規模な株式取得を市場「外」で行おうとする場合をいいます。市場「外」で多くの投資家から株式を購入する場合、何ら規制がないとすると、買付者は、市場価格よりも若干高い価格で短期間に多くの投資家を勧誘する結果、投資家が情報を十分に検討せずに自らの保有する対象会社株式を買付者に売却してしまう可能性がある（すなわち、買付者は割安で対象会社株式を大量に取得できる）ため、一定の市場外での買付けについては投資家に熟慮期間を確保すべく、買付者に情報の「公開」を強制することから、「公開」買付けと呼ばれています。

公開買付けによる株式取得については、金商法等による厳格な規制がかけられています。例えば、公開買付けの場合、相対取引とは異なり、一旦公開買付けを開始したらその後公開買付価格を引き下げることは原則として認められていません（金商法27条の６第１項１号、同法施行令13条１項）。

公開買付けが必要となる場合、また、その場合の実体的規制等の詳細については後述します。

ウ　第三者割当

第三者割当とは、会社が特定の第三者に対して新株を発行することをいいます。相対取引や公開買付け等は、いずれも既に発行された株式を取得する手法ですが、第三者割当の引受けは、新たに発行される株式を取得する点で異なります。第三者割当及びその引受けは、M&Aの実行手段と敵対的買収への対抗手段、いずれにも利用されています。

第三者割当を利用したM&Aの手法は、対象会社が発行する新株又は処分する自己株式を引き受けるものであり、その態様は単純なものといえます。ただし、上場会社が第三者割当を行うような場合、金商法や金融商品取引所規則に基づく開示規制等が働くことに留意する必要があります。また、第三者割当が有利発行（会社法199条３項）となる場合、公開会社に

おいては株主総会特別決議が必要となる（同法199条2項、201条1項）ことから、上場会社においては手続的な負担が大きいといえます。

（2）株式移転

図表7-7　株式移転

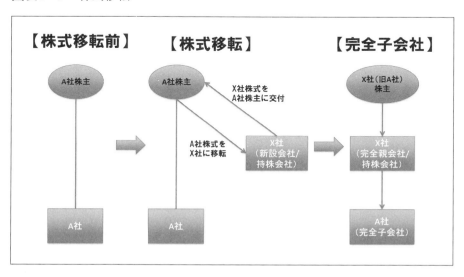

株式移転とは、既存の会社（対象会社）が、その発行済株式の全部を新たに設立する会社（新設会社）に取得させ、対象会社の株主は、新設会社の株主となる行為（図表7-7）をいいます。株式移転は、複数の会社を株式移転完全子会社として持株会社を創設することが可能であるため、グループ会社間で持株会社を創設する場合等に用いられることが多い手法といえます。

株式移転のメリットは、当事会社の法人格が維持されるため、原則として事業上の許認可等を再取得する必要がないこと等が挙げられます。もっとも、合併と同様、移転対象となる権利義務を選別できず、潜在債務の遮断ができないことや、Change of Control条項等が承継対象の契約に含まれている場合は、株式移転に際して当該契約の相手方の同意の取得が必要となることには留意が必要です。

(3) 株式交換

図表 7-8　株式交換

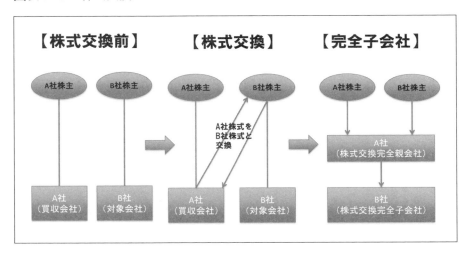

　株式交換とは、既存の株式会社（対象会社）が、その発行済株式の全部を他の会社（買収会社）に取得させ、買収会社が対象会社の株主に対して対価を交付する行為をいいます。株式交換は、買収会社によって対象会社を100%完全子会社とする手法といえます。

　例えば、A社（買収会社）がB社（対象会社）を買収したい場合、A社の新株をB社株主が保有する株式と交換することで、B社を完全子会社にすることができます（図表7-8）。このように、株式交換により、対象会社の発行済株式の全部を取得する買収会社（A社）を株式交換完全親会社、株式交換により完全子会社となる対象会社（B社）を株式交換完全子会社といいます。

　株式交換のメリットは、合併とは異なり、株式の取得であるため潜在債務の遮断が可能であること、また、独立の法人格を維持できるため事業上の許認可の承継が可能であること等が挙げられます。さらに、株式を対価として買収できることから、資金に余裕がない場合に利用される手法でもあります。

Part 7
M&A

4　買収（事業譲渡）

図表7-9　事業譲渡

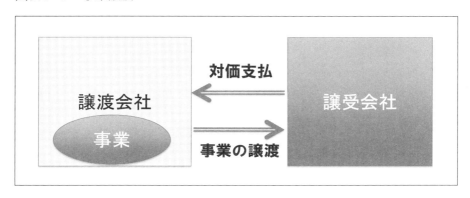

　事業譲渡とは、ある会社が、一定の目的のために組織化され、有機的一体として機能する財産（事業）の全部又は一部を他の会社に譲渡することをいいます。事業を譲り受ける会社（譲受会社）から見た場合には、「事業の譲受け」となります。合併や会社分割等とは異なり、事業譲渡では切り出された資産や負債等が個別に移転されることになります。そのため、例えば対象会社の事業部門の中に優良部門と不採算部門とがあり、優良部門のみを譲受会社に移転・承継させる場合に利用されます。

　このように、事業譲渡のメリットは契約によって移転の対象とする資産・負債等を選択できることにあります。他方、移転の対象とする資産・負債等について個別の移転手続や対抗要件の具備等が必要となり、手続コストの負担が大きい場合がありうることがデメリットとして挙げられます。

5　合併

図表7-10　吸収合併

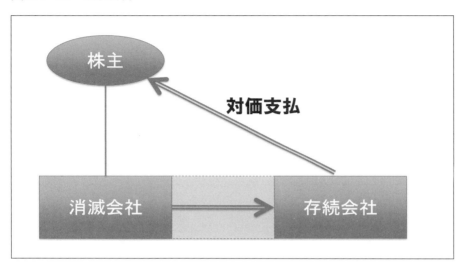

図表7-11　新設合併

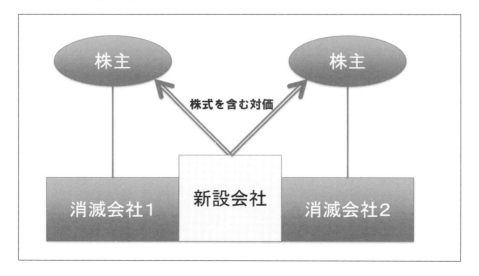

Part 7
M&A

　合併とは、複数の企業が一体化する、組織法上の行為をいいます。合併のうち、当事会社の一社が合併後も存続（存続会社）し、合併により消滅する会社（消滅会社）の権利義務を承継する吸収合併（図表7 -10）と、当事会社のすべてが消滅会社として合併により消滅し、それらの会社の権利義務を合併により新たに設立する会社（新設会社）に承継させる新設合併（図表7 -11）とがあります。新設合併では合併当事会社がすべて消滅してしまうため、元の会社が有していた事業上の許認可等は合併とともに消滅してしまい、新設会社が当該事業を営もうとする場合は改めて許認可の申請を行わなければならないこと等の負担があるため、M&A実務上は吸収合併が利用されるケースがほとんどです。そこで、以下では特段の断りがない限り、「合併」については吸収合併を前提に述べていくこととします。

　合併のメリットとしては、事業譲渡のような取引行為と異なり、取引先との契約や従業員との雇用契約など、消滅会社の有していた権利義務が合併の効力発生日に存続会社に一般承継される（したがって、存続会社への承継に際して、原則として契約相手方等の同意は不要です）ことが挙げられます。他方、事業譲渡のように承継される権利義務を選別することができないため、予期していなかった潜在債務についてまで承継してしまう可能性があるというデメリットがあります。

6 会社分割

図表7-12 会社分割

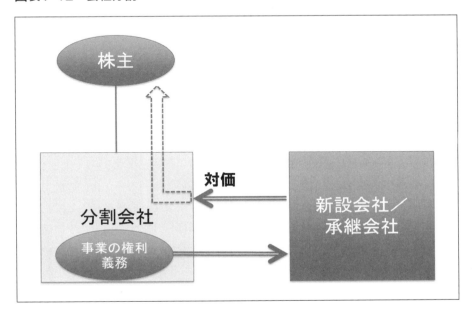

　会社分割とは、会社がその事業に関して有する権利義務の全部又は一部を分割し、他の会社（承継会社／新設会社）に対して承継させること（図表7-12）をいいます。会社分割のうち、対象会社（分割会社）が権利義務の全部又は一部を、既存の会社（承継会社）に承継させるものを吸収分割と、新たに設立する会社（新設会社）に承継させるものを新設分割といいます。以下、特段の断りがない限り、「会社分割」については吸収分割を前提に述べていくこととします。

　会社分割のメリットは、分割の対象とされた権利義務については個別の移転手続を要することなく、法律上当然に承継会社等に承継されることです。また、吸収分割は承継される権利義務を選択できるため、予期せぬ潜在債務を遮断することができるとともに、分割会社の取引上の契約や従業員雇用契約等の権利義務関係を分割の効力発生日に一般承継することができるというメリットもあります。他方、Change of Control 条項等により会社分割による承継が禁止されている契

Part 7
M&A

約については、分割による承継に際して契約相手方の同意が必要となる場合があること等がデメリットとして挙げられます。

Chapter 7 ポイント③　M&Aプロセスの留意点

図表7-13　M&Aのプロセス

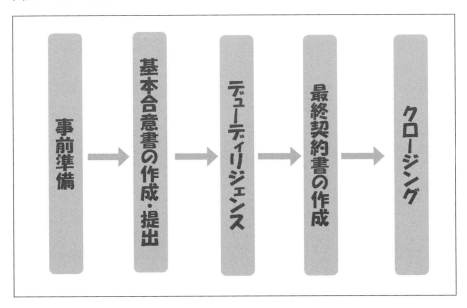

　M&Aは幅広いスキームを包摂する概念であり、具体的なプロセスは個別の案件に応じて異なりますが、以下では、一般的なプロセスをご紹介します。

1　事前準備

（1）対象会社の選定

　M&Aを計画する場合、買主は、あらかじめ策定された企業戦略及び事業戦略に基づきM&A取引の戦略的位置づけを明確にした後、一般公開情報や業界情報等をもとにこれら戦略に合致する買収候補企業をリストアップし、対象会社を絞り込んでいきます。

　次に、絞り込んだ対象会社ごとに、M&Aの目的、想定される効果、買収スト

ラクチャー、譲渡価格等及びスケジュール等の買収基本方針を検討します。また、必要に応じて当該M&Aに伴うリスク、想定される問題点及び課題を抽出し、実効的な対応策について検討します。

対象会社の選定ができたら、当該対象会社又はその株主等に接触し、売却の感触を打診します。その結果、対象会社が売却検討の意思を表明した場合に、次の段階へと進んでいきます。

（2）秘密保持契約の締結

対象会社がM&A取引に応じる意思を表明した場合、当事者間で最初に締結されるものが秘密保持契約です。これは、M&Aを進めるにあたり、DD等において売主又は対象会社の未公開の内部情報を含む重要情報が買主及びその外部アドバイザー等に開示されますが、かかる内部情報等をM&Aの検討以外の目的で使用したり、第三者に開示したりすることを禁止するためのものです。

M&Aが検討されていることが初期段階で漏れてしまうと、対象会社の株価が買収を期待して高騰してしまったり、買主以外の競合他社からも買収の提案がなされたりする可能性もあるため、M&Aの検討がなされていること自体を秘密保持の対象とする場合もあります。

秘密保持契約のドラフト・レビューに際しては、特に以下の点に留意することが大切です。

---

① 「秘密情報」の定義・範囲が合理的な内容となっているか
② 有効期間が合理的か
③ 違反時の救済手段が確保されているか

情報開示者側としては、秘密情報の定義が秘密保持義務の対象としたい情報を十分にカバーしているか（①）、秘密保持契約終了後の秘密保持期間は十分か（②）、秘密保持契約違反の救済手段が確保されているか（③）を、情報受領者側としては、秘密情報の定義から除外される情報が秘密保持義務の対象外とすべき情報を十分にカバーしているか（①）、秘密保持契約終了後の秘密保持期間は無用に長期となっていないか（②）等がそれぞれ留意すべきポイントとなります。

なお、M&Aに際して秘密情報を交換することにより、独禁法上の問題（ガ

ン・ジャンピング）や金商法上の問題（インサイダー取引）等が生じることもありますので、この点も留意しなければなりません。

2 基本合意書の作成・提出

　基本合意書[9]とは、買主と売主が買収に関する基本合意に達した後に、当該合意内容について確認する目的で作成・締結される書面をいいます。基本合意書は、合併契約書等のように法律上必ず作成しなければならないものではありませんが、基本合意書を取り交わすことにより、M&A全体のスケジュールが明確になるとともに、M&A取引に向けた明確な意思表示をした誠意ある買主とみなされ、売主から協力を得られやすいといったメリットがあることから、M&A取引において、多くの事案で秘密保持契約締結後に取り交わされています。

　基本合意書の内容・目的は案件ごとに異なりますが、独占交渉権を定めることを主目的とし、独占交渉期間、秘密保持義務及び費用分担を定めるものが一般的です。仮に取引内容に関する条項が置かれていたとしても、DDやその後の事情変更等によって変更される可能性があることから、締結時点における当事者間の理解を確認するための最終契約前の仮の合意として、当該条項について法的拘束力を認めない傾向にあります。

3 デューディリジェンス

（1）DDの概要及び目的

　基本合意書を締結し、具体的な買収交渉プロセスに入った買主候補は、対象会社の各種リスクを調査するため、法務・ビジネス・財務・税務等の各観点からデューディリジェンス（DD）を行います。DDとは、企業買収などを通じてM&Aを考えている企業が、対象会社のリスクを調査し、M&Aを実行する上で障害となりうる問題点の有無を確認する手続で、「個人同士の結婚における相手方の身

9　一般的に、"Memorandum of Understanding"（"MOU"）又はLetter of Intent（"LOI"）と呼ばれます。

350

辺調査の企業版」といえます。前述のとおり、DDには法務以外にビジネス、財務、税務等、さまざまな観点のDDがありますが、ここでは法務DDに焦点を当てて説明します（以下、特に断りがない限り、「DD」とは法務DDを意味することとします）。

法務DDは、事業内容、企業状況に関するコンプライアンスリスクの有無や、対象会社の有する契約関係について買主が当初想定していたとおりの権利関係であるか否かを調査・確認する手続です。

法務DDの目的は、以下の4点に整理することができます。

---

① 取引実行の障害となる法律上の問題点の発見
② 対象会社の価値の評価に影響を与える法律上の問題点の発見
③ 買収後の事業計画等に影響を与える又は買収後に改善すべき法律上の問題点の発見
④ 経営判断に影響を及ぼしうるその他の法律上の問題点の発見

かかるDDにおいて発見された事項に基づき、買収後の事業運営に必要な許認可その他必要な手続の洗い出し、各種リスクを排除するための方策の検討、最終契約書における手当て（表明保証やクロージングの前提条件の設定、補償条項の調整）等を行います。場合によっては、M&Aのストラクチャー自体を変更することもあり、適切なDDの実施はM&Aの成否にとって極めて重要な意義を有しているといえます。

なお、通常は買主のみがDDを実施するケースが多いですが、売主側でもあらかじめDDを実施する場合があります。

（2）DDのプロセス

DDは、一般的には以下の流れで行われます。

---

① 買主との事前協議
② 法律事務所内部での事前準備
③ キックオフ・ミーティング
④ 資料の請求

⑤　開示された資料の確認

⑥　オンサイトDD（現場調査）

⑦　質疑応答

⑧　法律上の問題点の検討

⑨　中間報告

⑩　DDレポートの作成

⑪　最終報告

　案件ごとに異なりますが、<u>DD全体の期間としては、通常は1～2か月程度であることが多い</u>といえます。もっとも、対象会社からの資料の開示が遅れたり、予想外の論点が顕在化するなど、当初予定されていた期間内に終わらないことも少なくありません。そのため、DDの期間が後ろ倒しになる可能性も視野に入れた上で、M&A取引全体のスケジュールを組むことが大切です。

（3）DDにおける調査分野

　DDにおける一般的な調査分野は①～⑪のとおりです。個別の案件や買主の意向によって、削除される項目や追加される分野、また比重の軽重が大きく異なる分野もありえますが、以下ではそれぞれの主な争点や注意点等を概説します。

①　組織

②　株式

③　契約

④　資産

⑤　ファイナンス

⑥　知的財産権

⑦　労務

⑧　コンプライアンス

⑨　許認可

⑩　訴訟・紛争

⑪　環境

Part 7
M&A

ア 組織

「組織」の分野では、対象会社が有効に設立され、現在も有効に存続しているのか等、M&Aの前提となる基本項目を確認します。M&Aストラクチャーによって「組織」項目の重要性は異なり、株式譲渡・合併・株式交換等においては極めて重要ですが、会社分割や事業譲渡においてはその重要性は相対的に低くなるといえます。

ここでは、主に会社の設立手続に法的瑕疵がないかを確認し、たとえば、設立無効の訴えの提起期間（会社法828条1項）を満了しているかどうかをチェックします。

また、会社法上、定款等で規定していないと効力が認められない事項があることから、定款・商業登記の法定記載事項もチェックします。たとえば、定款による規定が必要な事項として、取締役会の書面決議（同法370条）や、市場取引等による自己株式取得（同法165条2項）等が挙げられます。

この分野では、調査資料として一般的に定款や株主総会・取締役会等の議事録等を確認します。特に取締役会議事録等では、経営上の問題点や当時対象会社で取り組んでいた事業内容等が議題となるため、その過程で対象会社の有するさまざまな問題点が発見されることも少なくありません。

イ 株式

「株式」に関する精査は、特に株式譲渡において、支配権の確実な確保の観点から重要となります。

まず、株式の発行手続・譲渡手続に法的瑕疵がないかをチェックします。発行手続に関しては、新株発行無効の訴えの提訴期間（会社法828条1項2号・3号）を満了しているかどうかを確認します。

また、非公開会社であれば、株式の異動に関する網羅的なチェックが必要となり、特に株券発行会社の場合には、株券交付の有無や株券の保管状況等についての確認が必要です。さらに、役員持株会や従業員持株会等の持株会の存在・内容についても確認する必要があります。

対象会社がストックオプション等、新株予約権を発行している場合には、新株予約権の管理が甘い会社も多く、登記の記載事項と実際の残高との間に差異が生じているなど、実際の新株予約権の残高を把握することが

困難なケースも少なくありません。新株予約権の発行要項や割当契約書、新株予約権の原簿や商業登記を確認し、その内容について確認する必要があります。

ウ　契約

　「契約」の分野では、主要な取引先との契約関係を精査します。単に開示された契約書を漫然と読み込むだけでは不十分で、対象会社のビジネスの流れを把握し、関連する契約の全体像を把握することが強く求められます。

　主な確認事項としては、関連契約中に、Change of Control条項がないか、契約の終了・解約に際して違約金条項がないか、競業避止義務や独占権付与等、その後の事業の支障となりうる条項がないか等が挙げられます。なお、対象会社の事業規模によっては取引先との契約の数が膨大な場合もあることから、調査対象を取引額上位10社程度に絞るなど、DDの期間や予算との兼ね合いで重要性の高い契約に限定する場合があります。

エ　資産

　「資産」の分野では、電力会社が発電施設の所有権を適法に取得しているか、ゴルフ場が土地の権利をすべて保有しているか等、対象会社が保有する動産・不動産等の権利関係を確認するとともに、M&A実行後も対象会社の資産を従前どおり利用できるのか、又はChange of Control条項等に該当し、担保権等を行使される可能性のある資産がないか等を確認します。具体的には、登記の有無やChange of Control条項の有無、未履行の被担保債務の有無等を確認します。なお、動産については対象資産が膨大な場合もあることから、ビジネス上重要な動産や一定額以上の動産に限定することが一般的です。

オ　ファイナンス

　「ファイナンス」の分野では、資金調達の手法や調達期間、金利、債権者の特定など、資金調達の概要の把握が大切です。「契約」の分野と同様、ファイナンス契約中の条項を丁寧に精査することが求められます。具体的には、M&Aの実行がデフォルト事由に抵触し、期限の利益を喪失しないか、また、他の契約での債務不履行が生じたことをもって別の契約も債務不履行が生じたとみなすクロスデフォルト条項に抵触しないか等を確認することになります。

Part 7
M&A

M&Aの実行が期限の利益喪失事由に該当すると規定されているケースは多くありませんが、貸主への事前・事後の通知が要求されている場合は少なくありません。その場合、通知の方法（口頭でよいのか書面が必要か）、通知の時期（何日前、何日後までの通知が認められるか）等についても確認する必要があります。さらに、借入金の利率を改善するために借り換えを予定する場合には、期限前弁済の違約金についても確認しておく必要があります。

このように、ファイナンスの分野では契約書において確認すべき事項が多いことから、買主から、コントラクトサマリーを作成するよう希望される場合もあります。

カ　知的財産権

対象会社がIT企業である場合や、主力事業が特許に基づく製造業の場合など、知的財産権に依拠した事業を行っている対象会社に対するDDは、「知的財産権」の分野の重要性が高くなります。

「知的財産権」の分野においては、そもそも対象会社が適法に知的財産権を保有しているのか、知的財産権に関連する契約（ライセンス契約やシステム開発契約等）にM&A実行に際して障害となる条項がないか、第三者から知的財産権侵害のクレームがなされていないか、第三者にライセンスしている権利がないか、知的財産権の管理体制がどうなっているか等を確認します。

キ　労務

「労務」の分野では、就業規則等の労務に関する内部規程・労働協定等のチェック、時間外・休日・深夜の割増賃金の支払状況、管理監督者の認定方法及び状況、労働基準監督署からの指導内容及び改善状況、その他労務に関する法令の遵守状況、労働組合・従業員等の訴訟・紛争、労働組合の状況や人事考課の状況等についてチェックします。いかなる事項を重点的に調査するかはM&Aのストラクチャーにもよりますが、合併等の包括承継であれば、対象会社の従業員等、従前の労働契約を丸ごと買主が引き継ぐことになるので、未払残業代債務等の潜在債務があれば、それも引き継ぐことになります。他方、事業譲渡のような取引行為であれば、従業員との労働契約を承継するためには、譲渡会社である対象会社のみならず、

転籍について各従業員から同意を取得する必要があります。このように、「労務」の分野においてはM&Aのストラクチャーに応じて労働契約の承継に必要な手続が異なるため、注意が必要です。

ク　コンプライアンス

「コンプライアンス」の分野では、対象会社が現在抱えている法令違反の有無だけでなく、将来に向けた違反予防の管理体制について調査・確認することになります。

具体的には、例えば対象会社が自動車部品メーカーであれば、カルテルなどの独占禁止法違反行為の有無など、対象会社の事業で生じやすい違反を重点的に確認したり、官公庁からの過去の指摘事項等を確認したりすることになります。

また、違反予防の管理体制については、コンプライアンスに関する社内規定や教育制度の有無、内部監査部署の規模等を確認します。また、対象会社内部のコンプライアンス意識の高さについては、ヒアリングやマネジメント・インタビューの機会を通じて確認することもできます。

ケ　許認可

「許認可」の分野では、対象会社の事業に必要な許認可を特定し、現在の許認可等の取得状況を確認するとともに、監督官庁からの指導・勧告・注意又は処分の有無と対応状況、M&Aの実行による当該許認可への影響の有無、再取得が必要になる場合の手続や期間等を確認します。もっとも、対象会社の業種によっては必要な許認可が多数にわたることから、買主がM&Aの目的とする事業に絞って確認する場合もあります。

コ　訴訟・紛争

「訴訟・紛争」の分野においては、個々の紛争の係争額・規模を確認するとともに、今後の解決の見通し（勝訴・敗訴の見込みや、和解の予定内容等）について確認します。また、現在生じている紛争だけでなく、過払金返還訴訟等、同様の論点を含む多数の訴訟提起の可能性や将来生じうる紛争等の潜在的な紛争も確認します。原告・被告いずれの場合もありえますが、特に被告となっている場合が重要です。

具体的には、現在係属している訴訟や過去の重大な訴訟、顧客からのクレームや対象会社に将来的に波及しうる競合他社における同種の訴訟（例

えば、カルテル違反を理由とする競合他社に対するクラスアクション等）
の有無を調査します。

サ　環境

「環境」の分野も、対象会社の業種によっては非常に重要な調査分野と
なりえます。主な環境規制としては、大気汚染防止法や土壌汚染対策法、
廃棄物の処理及び清掃に関する法律等があります。

ここでは、対象会社がこれら環境規制を遵守しているか、過去にこれら
環境規制違反等が指摘されたことがないか等を確認します。

4　最終契約書の作成

DDの最終目的ともいうべき最終契約書で規定すべき主な項目は、概ね以下の
とおりです（案件ごとに規定内容・順序は異なり、追加で規定すべき条項や削除
すべき条項もありえます）。

---

①買収対象・取引価格

②クロージング

③前提条件

④MAC／MAE条項

⑤表明保証

⑥誓約

⑦補償

⑧解除

⑨準拠法

⑩裁判管轄

⑪その他

以下、それぞれの項目について説明します。

（1）買収対象・取引価格

株式譲渡契約等のM&A取引に関する契約では、M&Aの対象となる株式等の

対価として、買主が売主にいくらの金額を支払うかが定められます。この場合、取引の対象をとともに、何に対していくらの対価が提供されるかを明確にする必要があります。

　M&Aの対象となる株式等の価格について、あらかじめ契約書に一定の基準及び方法に基づいて価格を調整する旨の条項を定めておく場合もあります。また、こうした価格調整条項によって定まった価格を調整し、最終的に支払われる対価を定める場合もあります。価格調整の方法としては、クロージング日までの価格変動に基づいて価格調整を行う方法と、クロージング日以後の業績等一定の基準に基づいて価格調整を行う方法とがあります。

（2）クロージング

　クロージングとは、簡潔にいえば、M&A取引における取引の実行を意味します（例えば、株式譲渡契約におけるクロージングとは、売主から買主への株式の譲渡及び買主から売主への株式譲渡代金の支払いをいいます）。クロージング条項は、M&Aの目的である売買行為等を完了するために必要となる具体的な義務に係る条項であり、売主及び買主にとって当該M&A取引を完結させるために最も重要な条項ですので、他の義務とは別に規定されるのが一般的です。

　複雑な取引においては、取引を完結させるために当事者がなすべき事項が多岐にわたるため、当事者がなすべき事項だけでなく、その手順も明確に定めておく必要があります。

（3）前提条件

　前提条件とは、各当事者について、当該当事者がM&A取引を実行する義務の前提条件として規定されるものであり、かかる前提条件が充足されない限り、契約当事者がその義務を履行し、取引を実行しなくて済むようにするものをいいます。前提条件をいかに定めるべきかは、最終契約書のドラフトにおいて重要な論点の一つです。

　自らの義務に係る前提条件が満たされない場合、契約当事者は自らの義務を履行しなくても債務不履行にならなくなります。もっとも、前提条件が満たされない場合でも、契約当事者は自ら前提条件を放棄して、自らの義務を任意に履行することも可能です。したがって、前提条件の違反があった場合、買主は売主に対

して、前提条件の不充足を理由に取引からの離脱を主張する、又は、離脱を示唆して取引価格その他の取引条件の再交渉を図る、といった戦略をとることが考えられます。

　売主及び買主双方の履行に係る前提条件としては、相手方の表明保証のクロージング日における真実性及び正確性、相手方の契約上の義務の履行又は遵守（契約違反の不存在）、取引実行のために必要な手続等の完了等が挙げられます。他方、買主のみに係る前提条件としては、後述する「重大な悪影響」の不存在、法律意見書の提出等が挙げられます。

　一般論として、売主としては、取引実行の確実性担保のため、前提条件の範囲を限定しようとするのに対して、買主としては、取引の前提を確保するために前提条件を広く規定したいと望むため、具体的にどのような事由を前提条件として規定するかは、最終契約書作成段階での大きな争点の一つになることも少なくありません。

　前提条件を規定する際の主な交渉ポイントを整理すると、概要は図表7-14のとおりです。

図表7-14　前提条件を規定する際の交渉ポイント

	売主	買主
前提条件の項目の範囲	取引実行の確実性担保のため、限定したい	取引の前提確保のため、幅広に規定したい
表明保証違反の不存在（誓約事項違反の不存在）	表明保証や誓約事項について「重大な違反」がある場合以外は前提条件充足としたい	（「重大な違反」等の限定を付さずに）表明保証や誓約事項違反があれば前提条件不充足としたい
Change of Control条項のある契約等への手当て	前提条件とはしたくない	契約相手方の承諾取得を前提条件としたい
MACの不発生	前提条件とはしたくない	キャッチオール条項として前提条件としたい

（4）MAC ／ MAE条項

　MAC ／ MAEとは、Material Adverse Change ／ Material Adverse Effect（重大な悪影響）の略であり、対象会社の事業等に重大な悪影響を及ぼす事由（以下、「MAC事由」といいます）が発生した場合に、買主に取引のクロージングを拒否する権限が与えられる条項をいいます。この場合、買主は、原則として解約料の支払いなどの負担を負うことなく、取引から撤退することができます。

　一般的には、買主としては、事情が悪化した場合に取引から離脱し、又は再交渉する機会を増やすため、MAC事由の対象を広く定義することを望む一方、売主としては、買主が取引から離脱できる機会を減らすため、MAC事由の対象を限定する傾向があります。

　MAC条項にはさまざまな類型がありますが、主として、契約締結後、クロージングまでのMAC事由の発生について、①MAC事由の発生を契約の解除事由とするもの、②MAC事由が発生していないことを取引実行の前提条件とするもの、③MAC事由が発生していないことを表明保証事項とし、(i) クロージング日における当該表明保証事項違反を解除事由、又は (ii) クロージング日における当該表明保証事項の真実性に関する前提条件の未充足を解除事由とするものに大別されます。

（5）表明保証

　表明保証とは、各当事者が、一定の事項が真実かつ正確であることを相手方当事者に対して表明し、保証することをいいます。例えば、「売主は、買主に対し、本契約締結日及びクロージング日において、以下の事実が真実かつ正確であることを表明し、保証する」といった規定が挙げられます。

　表明保証の機能としては、表明保証の内容が取引実行の前提条件となっていれば、その違反は取引の中止事由となり、取引条件の再交渉を促すこととなります。また、表明保証違反は損害賠償の対象となることが一般的であり、かかる金銭的救済によって譲渡価格の正当性を確保する機能も有しています。さらに、表明保証に違反しないよう、対象会社による情報開示を促進する機能もあり、結果として買主によるDDの負担が軽減されることにもつながります。このように、表明保証条項は、買主と売主との間でリスクをどちらが負担するかを決するリス

ク分配機能を有するほか、対象会社に関する情報提供を促す効果、買主に案件の
クロージングを回避する権利を付与する基礎となる機能や、買主の売主に対する
補償請求を基礎付ける機能を有しており、株式譲渡契約等のM&A取引に関する
契約において、非常に重要かつ必須の規定といえます。

　なお、一般に、買主としては売主による表明保証の範囲をできる限り広げ、ク
ロージング後に問題が生じた場合に表明保証違反を理由に補償等を求めようとす
る一方、売主としては、できる限り表明保証の範囲を狭くし、クロージング後に
責任追及される範囲を狭めようとする傾向があります。そのため、実際にどのよ
うな内容の表明保証条項が締結されるかは、当事者間の交渉・力関係によるとこ
ろが大といえます。表明保証の範囲を限定するための工夫として、別紙において
開示した事項については表明保証の対象から除外することや、個別の表明保証事
項についても重要性を要求することで範囲を限定したり（例えば、「対象会社の
事業経営や財務状況に重大な悪影響を及ぼすような係属中の訴訟は存在しない」
との規定）、「知る限り」「知りうる限り」といった文言を付して当事者の認識によ
る限定を付したりすることが行われています。なお、「知る限り」とは、現に当事
者が一定の認識を有していることを意味し、「知りうる限り」とは、当事者が一定
の認識を有している可能性さえあれば足りると解釈されうることから、「知る限
り」の方が限定としてより強力といえます。

　売主による対象会社に関する表明保証を行う場合を前提に、主な交渉ポイント
を整理すると、概要は図表 7 -15 のとおりです。

図表7-15　表明保障を行う場合のポイント

	売主	買主
表明保証事項	・重要な項目に限定 ・潜在債務の不存在、開示情報の正確性等、キャッチオール的な項目は避けたい	網羅的にカバーすることを希望
個別項目の内容	・「重要性」による限定 ・「知る限り」「知りうる限り」による限定	特段の限定を付さないことを希望
DDにおける開示情報	包括的に表明保証から外すことを希望	個別に表明保証から除外することを希望
「知る限り」or「知りうる限り」	「知る限り」を希望	「知りうる限り」を希望
「知る限り」or「知りうる限り」の対象	表明保証全体に「知る限り」「知りうる限り」の限定を付すことを希望	財務諸表の正確性・法令遵守等の重要項目については限定を付さないことを希望
認識の対象範囲	売主の役職員に限定	対象会社の役職員まで含めることを希望

（6）誓約

　誓約とは、買収に付随・関連して、各当事者が、相手方当事者に対して、一定の行為をなすこと、又はなさないことを約束し、当事者間の義務を定めるものをいいます。英米の契約実務から取り入れられたものであり、"Covenants"と呼ばれています。

　M&A取引において誓約事項を規定する目的は、M&A取引の目的を確実に達成すべく、当事者間に付随的な義務を規定することにあります。

　誓約事項は、表明保証と並んで最終契約書の中でも極めて重要な事項の1つであり、大きくは「クロージング前の誓約事項」と「クロージング後の誓約事項」

とに分類することができます。

「クロージング前の誓約事項」は、表明保証と同様、取引条件の前提となった対象会社の状況を確保するという機能を有しており、誓約事項の違反がある場合、前提条件の不充足として取引の中止の根拠に、また、金銭的補償の根拠になります。一方で、表明保証があくまで特定の基準時（一般的には契約締結時及びクロージング時）という一時点における対象会社等の状況を確保するのにとどまるのに対して、クロージング前の誓約事項は、契約締結日からクロージングまでという幅を持った一定の期間を埋める合意として機能するという相違があります。

これに対して、「クロージング後の誓約事項」は、制約違反によってM&A取引の意義が減殺されることを防ぐべく、クロージング後において遵守すべき義務を定めることを目的としています。既に取引が実行されているため、クロージング後の誓約事項を取引実行の前提条件とすることはできず、当該誓約事項の違反については金銭的補償に限定されることが一般的です。

（7）補償

補償とは、一方当事者に誓約事項の違反などの契約上の義務違反又は表明保証違反があった場合に、他方当事者が被った損害等を賠償させる条項をいいます。例えば、「売主は、自らが契約に基づく義務又は表明保証に違反したことに起因又は関連して買主が被った損害について、買主に補償する」といった規定が定められます。

なお、補償については、当事者のリスクの範囲を限定し、適切にリスク分配をすべく、補償額の上限又は下限を設けることも少なくありません。また、あまりに小規模な損害についてその都度補償請求を行うと煩雑であるため、補償額の下限を規定する場合もあります。

下限の規定方法としては、①個別事由に基づく損害が一定の額を超過した場合に当該損害について補償するもの、②累計損害額が一定額を超過した場合に補償するもの、③個別事由に基づく損害が一定額を超過した場合で、かつ、当該損害の累計額が一定額を超過した場合に補償するもの、等があります。さらに、②、③については、累計損害額が超過した場合に、その超過部分のみ補償するのか、損害全体を補償するのかといった点も交渉の対象となります。

また、補償請求がいつまでもなされる可能性があると当事者を不当に不安定な状態に置いてしまうことから、補償請求可能な期間を限定することが一般的です。具体的な期間はもちろん個別の案件によりますが、1年から5年程度の期間が定められることが多いと思われます。

　以上を整理すると、補償条項を規定する場合における主な交渉ポイントは図表7-16のとおりです。

図表7-16　補償条項を規定する場合の交渉ポイント

	売主	買主
補償の期間	可能な限り短くしたい	可能な限り長くしたい（誓約事項違反については無期限）
補償の下限	個別事由の下限について規定したい 累計損害について下限を超過する部分のみ補償の対象としたい	個別事由の範囲を幅広に含めたい 累計損害について、下限を超過した場合はその全額を補償の対象としたい
補償の上限	上限は低く設定したい	上限は高く設定したい 誓約事項違反については上限制限の対象外としたい
売主の故意等		売主に故意・重過失がある場合は補償の限定の例外としたい

（8）解除

　最終契約書における解除事由として、一般的には以下の事項が規定されます。

---

①　当事者間で終了の合意がなされた場合
②　相手方による重大な表明保証違反が生じた場合
③　前提条件が満たされず、クロージングとならないまま取引実行期限日が到来した場合

Part 7
M&A

④ 相手方当事者について、破産手続開始、民事再生手続開始、会社更生手続開始、特別生産開始その他これらに類する法的倒産手続、私的整理手続の申立てがなされた場合又は私的整理手続が開始された場合

⑤ （キャッチオール条項として）MAC事由が発生した場合

（9）準拠法

　準拠法とは、契約の成立及び解釈の基準となる法律をいいます。日本国内のみで完結するM&Aと異なり、海外企業を対象会社とするクロスボーダーM&Aにおいて契約の解釈に問題が生じた場合、どの国の法律が準拠法となるかは極めて重要な問題となります。そのため、あらかじめ準拠法を明確に規定しておくことが大切です。

　なお、準拠法条項を規定しなかった場合、それは「準拠法がない」ということではなく、「紛争が持ち込まれた裁判所における抵触法の解釈に従って判断される」ということになります。たとえば、海外企業との紛争が生じ、準拠法条項がなかったため準拠法の選択が争点となり、原告である日本企業が日本の裁判所に訴えた場合、当該裁判所は法の適用に関する通則法（以下、「法適用通則法」といいます）に則って判断します。具体的には、法適用通則法8条1項は、準拠法の選択がない場合、法律行為の成立及び効力は、当該法律行為の当時において当該法律行為に最も密接な関係がある地の法によることとしており、当該裁判所は、かかる規定に基づき当該紛争に適用される準拠法を判断・選択することになります。

（10）裁判管轄

　裁判管轄条項は、紛争が生じた場合、どの裁判地で紛争解決手続が行われるかを定めた条項をいいます。

　裁判管轄条項がなくても、裁判管轄が認められる裁判地で訴訟を提起することはもちろん可能です。もっとも、どの国が裁判地になるかによって、裁判における当事者のコストが大きく変わる点や、国際裁判管轄について明確な国際法上の原則が確立されていない点からも、あらかじめ当事者間で裁判管轄について明確に合意しておくことが大切です。特に、海外企業を対象とするクロスボーダー

M&Aでは、交渉やクロージング後の統合作業が難航した場合に、海外企業が最終契約書等の解釈等をめぐって現地裁判所に訴えを提起することは十分に想定されるため、あらかじめ現地弁護士に裁判管轄の合意の有効性について確認しておくべきです。

(11) その他一般条項

その他の一般条項として、代表的なものは以下のとおりです。

---

① 天災地変等、当事者にとってコントロールの及ばない事由により契約の履行ができなくなった場合に、公平の観点から契約上の義務の不履行とはならないとする不可抗力条項
② ２部以上の正本が一体となって１つの原本を構成する副本条項
③ １つの条項が無効となっても他の条項に影響がないとする分離可能条項
④ 通知の方法等を定める通知条項
⑤ その契約が、当事者間の当該契約に関する事項についての完全な合意であり、すべての従前の合意に代わるものであることを明示する完全合意条項
⑥ 契約の改正に必要な条件や手続を定める旨の改正条項
⑦ どの言語における契約書が優先するかを定める旨の言語条項
⑧ 契約に規定のない事項や解釈に疑義が生じた場合に、まず当事者間での誠実な協議義務を課す旨の誠実協議条項

---

5 クロージング

M&Aにおいては、通常、当該M&Aに関する最終契約書の調印後、一定期間後にクロージングとなります。これは、M&Aにおいては、クロージングの前提として、法令等に基づき要請される手続の実施、DDにおいて発見された対象会社の抱えている法的問題点に対する手当て、その他M&Aの実行にあたり整備すべき事項の実施などのため、一定の期間が必要となるからです。

クロージング当日は、主に買主側において、すべての必要書類の存在等、契約

Part 7
M&A

上の義務履行の停止条件が充足されたことを確認した後に、買収対価が提供されます。その後、売主において着金確認などの手続を経た後に、必要書類が買主に交付されます。

Chapter 8 ポイント④ M&A 全般における法規制上の留意点

図表7-17 M&Aにおける法的留意点（総論）

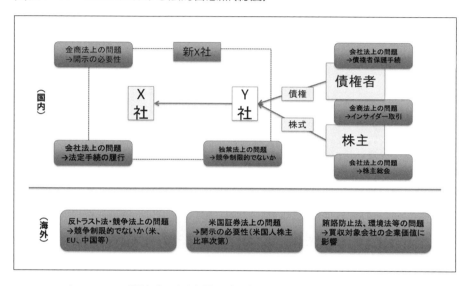

ここでは、M&Aに関連する国内外の主要な法規制について概説します。M&Aストラクチャーごとの関連法規制の詳細については後述します。

1 会社法

M&Aとの関係では、会社法は、組織再編の形態や、その手続・スケジュール等を規定しています。例えば、会社法第2編第7章は事業の譲渡等について、また、同法第5編は、組織変更、合併、会社分割、株式交換及び株式移転について規定しています。

具体的には、会社法が組織再編について主に規定している事項としては、(i) 法定契約書の記載内容（合併契約、会社分割契約等）(ii) 必要な手続（事前の開示手続や株主総会特別決議、登記、事後の開示等）、(iii) 反対株主に対する株式買取請求手続、(iv) 債権者保護手続（通知・公告）等があります。

なお、かかる手続に違反した場合、原則として組織再編の無効事由となり、無

Part 7
M&A

効の主張は当該組織再編の効力発生日から6か月以内に訴訟上で行う必要があります。

2　金融商品取引法

（1）金商法上の開示規制

　上場会社等の有価証券報告書提出会社は、M&Aに伴い主要株主の異動が生じた場合や組織再編を行った場合など、一定の場合には、金商法に従って遅滞なく臨時報告書を提出することが必要となります（金商法24条の5第4項）。臨時報告書制度は、企業内容に関して発生した重要な事実であって、特に投資者に適時に開示した方がよいと思われる事項について遅滞なくその開示をさせることにより、投資者の的確な投資判断に資することを目的としています。

　臨時報告書は、提出会社に関する一定の重要事実が決定され、又は発生した場合に作成する開示資料であり、主要株主の異動や株式交換、株式移転等の実行を決定することが提出事由とされていることから、M&Aを実施する際には、真っ先にその開示の要否（提出事由該当性）を検討する必要がある資料です。臨時報告書の提出事由及びその記載内容については、企業内容等の開示に関する内閣府令19条2項各号に規定されているため、M&Aのストラクチャーを検討するに際して、当該ストラクチャーが提出事由に該当するか、該当するとして具体的にどのような事項を記載する必要があるかについて詳細を確認しておく必要があります。

　臨時報告書の提出事由は、個別ベース、連結ベースで分けて規定されており、それぞれの提出事由は図表7-18のとおりです（開示府令19条1項、2項）（M&A実施に際して特に該当しやすい事由については下線を引いています）。

図表7-18　臨時報告書の提出事由

個別ベース	連結ベース
・海外における有価証券の募集又は売出し ・私募の有価証券の発行 ・届出を要しないストックオプションの発行 ・親会社又は特定子会社の異動（総議決権の10％以上保有） ・重要な災害の発生 ・訴訟の提起又は解決 ・株式交換の決定 ・株式移転の決定 ・吸収分割の決定 ・新設分割の決定 ・重要な事業の譲渡又は譲受けの決定 ・代表取締役の異動 ・監査法人の異動 ・破産手続開始の申立て等 ・多額の取立不能債権等の発生 ・提出会社の財政状態及び経営成績に著しい影響を与える事象の発生 ・株式公開情報の発生又は変更	・連結子会社の重要な災害の発生 ・連結子会社に対する訴訟の提起又は解決 ・連結子会社の株式交換の決定 ・連結子会社の株式移転の決定 ・連結子会社の吸収分割の決定 ・連結子会社の新設分割の決定 ・連結子会社の吸収合併の決定 ・連結子会社の新設合併の決定 ・連結子会社の重要な事業の譲渡又は譲受けの決定 ・連結子会社の破産手続開始の申立て等 ・連結子会社の多額の取立不能債権等の発生 ・連結子会社の財政状態及び経営成績に著しい影響を与える事象の発生

　なお、（3）で後述のとおり、東証等の取引所に上場している上場会社においては、金商法上の開示規制である臨時報告書等のみならず、取引所規則に基づく適時開示規制も問題となります。前者は法律で開示要件・記載項目が規定されている法定開示書類であり、後者は取引所の自主規制規則に基づく任意開示書類という点で大きく異なりますが、いずれも投資家保護の観点からタイムリーな情報開示を要請している点で共通しています。なお、公開買付規制や大量保有報告制度も、金商法上の開示規制の1つに位置づけられます。

　両者の関係及び開示規制の全体像を整理すると、図表7-19のとおりです。

図表7-19　開示規制の全体像

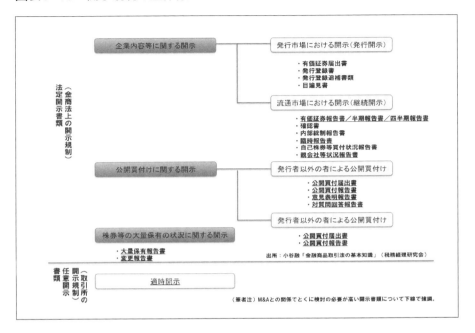

（2）インサイダー取引規制

　インサイダー取引とは、発行会社の役員等が、会社内部の未公表の重要情報を知りながら、当該会社の株券等の売買を行うことをいいます。インサイダー取引規制とは、かかる役員等の「会社関係者」が、その会社の株価に重大な影響を与えるような「重要事実」を職務に関して知った場合、それが「公表」された後でなければ、その会社の株式等の売買を行ってはならないとする規制をいいます（金商法166条、なお、公開買付けの場合は同法167条）。上場会社が合併や会社分割等のM&A取引の実施を決定した場合、当該決定事実は重要事実としてインサイダー取引規制の対象となります。また、重要事実の決定時期は、上場会社等の取締役会がこれを決定した時点ではなく、場合によってはそれに先立つ事前準備を上場会社等の業務として行うことを実質的に決定した時点をもって重要事実の決定がなされたものと判断されることがあります。

　M&Aにおいては、これまでに見てきたように、予備的交渉及び秘密保持契約

の締結から始まり、DDの実施や契約条件の交渉など、一定の期間を要するとともに、多数の会社関係者、外部専門家が関与することから、当該M&Aに関する重要事実が公表される前に当該重要事実に接する関係者は多数に上ります。そのため、M&A取引に際しては、インサイダー取引の防止策を慎重に講じることが大切です。

（3）取引所規則に基づく適時開示

買主が金融商品取引所に上場している場合、法定開示書類である金商法上の臨時報告書の提出とは別に、取引所の規則により、投資家にとって重要な事実について適示開示が必要となります。適時開示とは、株式会社東京証券取引所に代表される金融商品取引所が、その市場の適切な管理運営を図り、公益及び投資者保護を図るために、証券市場において取引の対象となる有価証券の発行者に対して義務づけている企業情報の開示をいいます。適時開示制度は、金融商品取引所に上場している会社が、取引所との間で上場契約を締結することによって金融商品取引所から課せられる義務であり、適時開示制度の対象となるのは上場会社のみです。したがって、買主が非上場会社の場合には、適時開示制度の適用はありません。

なお、M&A取引においては、適時開示制度は前述したインサイダー取引規制との関係で特に重要です。インサイダー取引規制の対象とされる重要事実が「公表」（金商法166条4項）されると、インサイダー取引規制は解除される（同法166条4項、167条4項、同法施行令30条1項）ため、適示開示による「公表」によってインサイダー取引規制は解除されることになります。M&A取引においては、M&A関係情報は「決定事実」として適示開示の対象となるため、当該情報に接する関係者を絞るとともに、当該情報へのアクセスを制限するなどして、当該重要情報に接する機会を制限することが、インサイダー取引防止の観点からは重要です。

なお、臨時報告書と同様、適時開示制度も上場会社に対してタイムリーな情報開示を義務づけていますが、適時開示制度はあくまで取引所の自主規制規則であり、違反しても法定の罰則等はありませんが、金商法上の臨時報告書の提出は法定の義務であり、重要な事項について虚偽記載をした場合には罰則の対象となる点で大きく異なります。また、一般論として、法定の臨時報告書制度と比べる

Part 7
M&A

と、自主規制規則である適示開示の方が、開示が必要となる対象及び開示すべき内容が広いといえます。

以上、金商法（及び取引所の適時開示規制）上の留意点をまとめると、概要は図表7-20のとおりです。

図表7-20　M&Aと金商法上の留意点

	規制内容	留意点
開示手続（金商法及び取引所規則）	・臨時報告書（金商法）：有価証券報告書提出会社については、一定規模以上のM&A等を決定した場合、臨時報告書の提出が必要 ・適時開示（取引所規則）：上場会社のM&Aにおいてどこかのタイミング（一般的には基本合意書締結時が多い）で適時開示が原則必要	・開示タイミング（情報の守秘との関係）がM&Aの成否に影響する例もある ・非開示の存続会社が開示を行っている消滅会社を合併する場合等には有価証券届出書が必要になる場合もあるので注意
公開買付（TOB）義務・手続	・株主平等の観点から一定の場合にTOB手続を義務付け 　インサイダー取引規制も適用	・TOBの場合、スケジュール面での制約や、対抗TOBが出るリスク、TOBの目標が達成できるかのリスクあり
大量保有報告制度	・5％ルール：大量保有報告書により主要株主の変動が開示されるため、株式の買集め等に制約	・共同保有者の範囲等に注意が必要
インサイダー取引規制	・M&A自体（TOBの事実を含めて）が、インサイダー情報 ・TOB手続も含めて、インサイダー取引規制あり	・インサイダー取引違反は企業価値への影響が甚大 ・M&Aに絡んだインサイダー取引事例は少なくない

373

3 独占禁止法

(1) 概要

　M&Aの実施により対象会社の支配権が買主に移転すると、結果的に業界内での競合他社数の減少をもたらすとともに、対象会社の市場シェアの分だけ買主の市場に対する影響力が増大するため、場合によっては買主が独占的地位を築くなどして、当該M&A実施前に比して業界内での競争が制限される可能性があります。そのため、独禁法は、会社の株式取得、合併、共同新設分割、吸収合併、共同株式移転及び事業等の譲受け（以下、総称して「企業結合」といいます）並びに役員等の兼任について、一定の取引分野における競争が実質的に制限されることとなる場合は、その企業結合又は役員等の兼任を禁止しています（独禁法10条、13条〜16条）。上記企業結合禁止に違反する行為がある場合、公正取引委員会は、当該行為者に対して、違反行為を排除するために必要な措置を命ずる排除措置命令を行うことができるとされています（同法17条の2）。

　上記企業結合規制の実効性を確保するため、一定規模の企業結合については、公正取引委員会に対する事前届出が必要となります。事前届出の要件はM&Aストラクチャーごとに異なっており、概要は図表7-21のとおりです。

Part 7

M&A

図表 7-21　事前届出の要件

M&A ストラクチャー			事前届出の要件
株式取得 （独禁法10条2項）			①株式取得会社の国内売上高合計額が200億円を超え、 ②株式発行会社の国内売上高とその子会社の国内売上高を合計した額が50億円を超え、かつ、 ③株式取得会社が属する企業結合集団が所有する株式に係る議決権が層株主の議決権の数に占める割合が20％又は50％を超える場合
事業等の譲受け（独禁法16条2項）		事業の全部譲受け	①国内売上高合計額が200億円を超える会社（譲受会社）が ②国内売上高合計額が30億円を超える会社の事業の全部の譲受けをしようとする場合
		事業の重要部分の譲受け	①国内売上高合計額が200億円を超える会社（譲受会社）が ②他の会社の事業の重要部分の譲受けをしようとする場合であって、当該譲受けの対象部分に係る国内売上高合計額が30億円を超える場合
		固定資産の全部又は重要部分の譲受け	①国内売上高合計額が200億円を超える会社（譲受会社）が ②他の会社の事業上の固定資産の全部又は重要部分の譲受けの対象部分に係る国内売上高が30億円を超える場合
会社分割	共同新設分割	全部承継のみの場合 （独禁法15条の2第2項第1号）	①当事会社のうち、いずれか1つの会社に係る国内売上高合計額が200億円を超え、かつ、 ②他のいずれか1つの会社に係る国内売上高合計額が50億円を超える場合
		全部承継と重要部分承継が混在 （独禁法15条の2第2項2号、3号）	①当事会社のうち、いずれか1つの会社（全部承継させる会社に限る）に係る国内売上高合計額が200億円を超え、かつ、 ②他のいずれか1つの会社（重要部分を承継させる会社に限る）の当該承継対象部分に係る国内売上高合計額が30億円を超える場合 ①当事会社のうち、いずれか1つの会社（全部承継させる会社に限る）に係る国内売上高合計額が50億円を超え、かつ、 ②他のいずれか1つの会社（重要部分を承継させる会社に限る）の当該承継対象部分に係る国内売上高合計額が100億円を超える場合
		重要部分のみの承継 （独禁法15条の2第2項4号）	①当事会社のうち、いずれか1つの会社に係る国内売上高合計額が100億円を超え、かつ、 ②他のいずれか1つの会社の当該承継対象部分に係る国内売上高合計額が30億円を超える場合

375

会社分割	吸収分割	全部承継 （独禁法15条の 2第3項1号、 2号）	①分割会社のいずれか1つの会社に係る国内売上高合計額が200億円を超え、かつ、 ②承継会社の国内売上高合計額が50億円を超える場合
			①分割会社のいずれか1つの会社に係る国内売上高合計額が50億円を超え、かつ、 ②他のいずれか1つの会社に係る国内売上高合計額が200億円を超える場合
		重要部分承継 （独禁法15条の 2第3項3号、 4号）	①分割会社のいずれか1つの会社に係る国内売上高合計額が100億円を超え、かつ、 ②承継会社の国内売上高合計額が50億円を超える場合
			①分割会社のいずれか1つの会社に係る国内売上高合計額が30億円を超え、かつ、 ②承継会社の国内売上高合計額が200億円を超える場合
合併 （独禁法15条2項）			①当事会社のうち、いずれか1つの会社に係る国内売上高合計額が200億円を超え、かつ、 ②他のいずれか1つの会社に係る国内売上高合計額が50億円を超える場合
共同株式移転 （独禁法15条の3第2項）			①当事会社のうち、いずれか1つの会社に係る国内売上高合計額が200億円を超え、かつ、 ②他のいずれか1つの会社に係る国内売上高合計額が50億円を超える場合

（2）届出制度

　届出の手続は、概ね以下のフローチャート（図表7-22）のとおりです。事前届出の要否検討期間、届出準備期間、届出からクリアランス取得までの期間が企業結合実行前に必要となるため、これらの期間を考慮に入れてM&Aスケジュールを組む必要があります[10]。

10　公正取引委員会「企業結合審査の手続に関する対応方針」（平成30年9月26日改定）（https://www.jftc.go.jp/dk/kiketsu/guideline/guideline/150401.html）より引用。

Part 7
M&A

図表7-22　企業結合審査のフローチャート

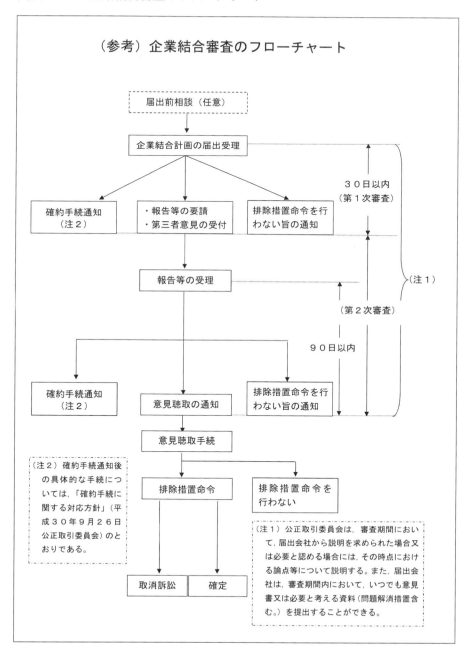

ア　届出前相談

　届出を予定する会社は、届出前に、公正取引委員会と届出書の記載方法に関する相談を行うことができます（届出前相談）。

　当事者は、届出前相談を行わずに、いつでも届出を行うことが可能ですが、一定規模以上の企業結合案件においては、通常、届出前相談を行い、公正取引委員会に対して企業結合に係るスケジュールや検討事項の説明も行います。

　届出前相談の段階で、公正取引委員会が当該企業結合案件が競争制限効果を有し、実体規制に違反するかどうかを実質的に審査することは公式には予定されていません。しかし、実務上は、届出を予定する会社は、上記説明に加え、公正取引委員会との協議も行い、少なくとも第二次審査を要する案件であるか等について一定の感触をつかんだ上で届出を行うことが多いと思われます。

　なお、届出前相談での公正取引委員会からの回答には、相談内容により、通常は2週間〜1か月程度を要します。

イ　届出

　公正取引委員会が定める書式に従い、届出書を作成し、必要な添付書類を添えて公正取引委員会に提出を行います。届出書に形式的な不備等がなければ、届出書提出日付で届出は受理されます。

ウ　30日間の待機期間

　事前届出受理日から30日間は、企業結合行為を実行することができません（独禁法10条8項本文）。この期間を「待機期間」といいます。ただし、(i) 一定の取引分野における競争を実質的に制限することにはならないことが明らかな場合であり、かつ、(ii) 禁止期間を短縮することについて届出会社が書面で申し出た場合で、公正取引委員会が必要と認める場合は、公正取引委員会は、待機期間を短縮することができます。

エ　第一次審査

　公正取引委員会は、待機期間の間に、当該企業結合が独禁法上問題がないかの第一次審査を非公開で行います。この審査において、公正取引委員会は、当該企業結合が独禁法上問題がないと判断して排除措置命令を行わない旨の通知を発するか、より詳細な第二次審査が必要であるとして報告

等の要請を行うかどうかを決定します。

オ　第二次審査と待機期間の延長

　　公正取引委員会から報告等の要請があった場合、第二次審査が開始されます。第二次審査に入った場合、（i）届出受理の日から120日間、又は（ii）公正取引委員会からの要請に応じた報告等を公正取引委員会が受理した日から90日間のいずれか遅い日まで、待機期間が延長されます。

　　また、第二次審査に入った場合、その旨が公表されるため、当該企業結合計画が公表されることを嫌い、第二次審査に進むことが明らかになった時点で企業結合の届出を取り下げる事例もあります。

　　第二次審査の結果、独禁法上の問題がないと判断された場合は、公正取引委員会から排除措置命令を行わない旨の通知がなされます。独禁法上問題がある場合には、当事会社が問題を解消するための措置を講じない限り、企業結合規制は禁止されることになります。

（3）ガン・ジャンピング

ア　問題点

　　M&Aの検討過程において、製品価格、生産量、顧客、販売戦略等のセンシティブな情報を交換する必要が生じることがあります。また、企業結合の実行日前に企業結合後の事業内容を決定したり、当該事業内容に基づく準備行為を行ってしまったりする場面があります。

　　これらを「ガン・ジャンピング行為」といい、企業結合実施前に、競争事業者間でこれらが行われ、価格カルテル等の行為と類似することになる場合、不当な取引制限（独禁法3条、2条6項）に該当するとして、公正取引委員会から課徴金納付命令又は排除措置命令を受けたり、刑事事件に発展したりするおそれがあります。

イ　対応策

　　ガン・ジャンピング問題に対する対応策として、以下の方法が考えられます。

①　センシティブ情報については、できる限り、弁護士・会計士等の外部アドバイザーのみが検討する

② 当事会社において確認する必要がある情報について、法務部や企画部門からの「クリーンチーム」のみが接触できるようにする

③ センシティブ情報を事前にランクづけし、個別にセンシティブ情報に該当するか疑義がある情報については、独禁法ローヤーが判断する

4 外国為替及び外国貿易法

（1）事前届出

外為法は、一定の対内・対外投資や海外送金に際して、当局に対する事前届出又は事後報告を求めており、典型的には日本の国内外に及ぶクロスボーダーM&Aにおいて問題となることが多い規制を定めています。外為法は原則として事後報告制を採用していますが、例外として事前届出が必要なケースや、事前届出及び事後届出がともに不要なケースがあるので注意が必要です。

ア 対外直接投資

日本企業による買収の対象業種が、指定業種に該当する場合、事前届出が必要となります。外為法上、指定業種は、皮革又は皮革製品及び武器等一定の業種に限られていますが、買収対象業種がこれらに該当する場合、買主である日本企業は、取引の2か月前までに財務大臣に対して対外直接投資の事前届出を行う必要があり、原則として届出後20日間は取引を行うことができません（外為法23条、外為令12条2項等）。

イ 対内直接投資

外国投資家が日本企業への経営参画を目的とした出資等は、「対内直接投資」（外為法26条2項）として、事前届出の対象となります。具体的には、以下の場合が対内直接投資に該当します。

① 外国投資家以外の者からの上場会社等以外の会社の株式又は持分の取得

② 非居住者たる個人が居住者であったときに取得した非上場会社の株式又は持分の外国投資家に対する譲渡

③ 上場会社等の株式の取得であって、取得の結果当該株式の発行会社の発

Part 7
M&A

　行済株式総数の10％以上を取得することとなるもの
④　会社の事業目的の実質的な変更に関して行う同意

　　事前届出業種として定められている一定の業種が買主の事業内容に含まれている場合には、買主が上場会社で売主のうち買主への出資比率が10％以上となる者がいないときを除き、売主である対象会社が、事前に当局に対して届出を行う必要があり、原則として届出後30日間（ただし、実務上は5営業日ないし2週間に短縮されています）は、取引を実行できません（外為法27条等）。

（2）事後届出

　以上に該当しない場合であっても、外為法上、日本企業が買主となる海外でのM&A取引に関連して、事後的に当局に対する報告が求められる場合があります。具体的には、買収用に海外子会社を設立した場合、株式買収や三角合併の結果として買主が対象会社の株式を取得した場合、買主が買収用の在外子会社に対して貸付けを行った場合、買主が売買代金の決済等のために送金を行った場合等があります（外為法55条等）。なお、これらの報告を行った場合、報告の対象となった事項にその後変更が生じた場合にも変更報告を行わなければならない場合もあることに留意が必要です。

5　労働法

　M&Aは単に最終契約書を締結し、クロージングに至ればよいというものではなく、M&A実行後にいかにスムーズに対象会社の事業、企業文化・組織を承継できるかが重要です。とりわけ、対象会社の事業を支えているのはその従業員ですから、M&A実行により対象会社従業員の労働契約関係がどのような影響を受けるかを正しく理解しておくことは非常に重要です。
　M&A実行により対象会社従業員の労働契約関係に与える影響はM&Aストラクチャーごとに異なり、概ね図表7-23のように整理できます。

381

図表7-23　M&Aと労働法上の留意点

M&Aストラクチャー	労働契約の承継	労働者への不利益	承継労働者選別の可否	労働条件変更の可否
株式譲渡株式交換株式移転	承継発生せず	なし	不可（×）	不可（×）
合併	包括承継	なし	不可（×）	不可（×）
会社分割	部分的包括承継	強制承継及び承継排除の不利益がありうる	不可（×）	不可（×）
事業譲渡	特定承継	承継強制の不利益はなし承継排除の不利益あり	可（○）	可（○）

6　その他の法律

　上記に検討した法律以外にも、税法、業規制を含む許認可や知的財産に係る法規制、労務関係法規制等、さまざまな法規制がM&Aに影響を与えます。

　例えば、税務はM&Aを左右する場合もある大きな要素の一つです。タックス・ポジションはM&Aの企業価値評価に影響を及ぼし、グループ内再編等に関しては、税制適格を充足するか等が大きなポイントになります。

　また、銀行が典型例ですが、業法により、規制業種のM&Aには当局の許認可が必要とされる場合もあります。

　さらに、知的財産権等も含めて許認可事項が企業価値の源泉になっている会社のM&Aでは、許認可の承継の可否、再取得の要否は特に留意が必要です。知財や許認可が企業価値に大きく影響を与え、許認可維持のためにストラクチャーを変更する例もあります。

　その他にも、環境関連法規制等、違反が潜在的な潜在債務リスクにつながる法

Part 7
M&A

規制にも注意が必要です。例えば土壌汚染等は、将来的に浄化のためのコスト負担を発生させるリスクがあります。

Chapter 9　ポイント⑤　買収における法規制上の留意点

1　全体像

図表7-24　M&Aの代表的方法

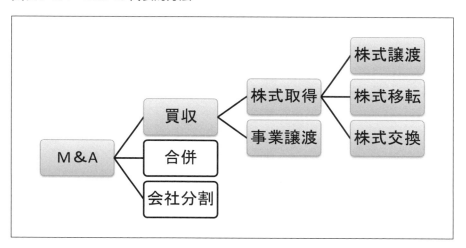

ここから、M&Aの方法ごとの法的留意点について概説していきます。

本項では、買収に関する方法について紹介します。

2　株式譲渡

(1) 相対取引

ア　会社法上の手続

　　会社法及び関連法令上、株式譲渡の相対取引を行う際には以下の手続を経る必要があります。

　　まず、対象会社の株式を株主から相対で取得する場合、当該株式に係る株券が発行されているのであれば、当該株券の交付を受ける必要があり

Part 7
M&A

（会社法128条1項）、対象会社の株券が発行されていない場合には、株式譲渡の効力は合意により生じます。また、対象会社の株式が譲渡制限株式である場合には、相対取引に際して対象会社の株主総会又は取締役会の承認を得る必要があります（同法139条1項）。

イ　金商法上の規制

　相対取引による株式譲渡は、公開買付けが強制される場面ではなく、金商法上の厳格な公開買付規制の適用はありません。そのため、手続や契約内容が金商法で厳格に法定されている公開買付けによる株式譲渡と比べて、相対取引の場合は当事者間で比較的柔軟に契約内容等を決定できます。

　もっとも、対象会社が上場会社の場合は、公開買付規制が強制される場面ではなくても、前述した金商法上のインサイダー取引規制及び開示規制の適用があるため、これら金商法上の規制について留意する必要があります。

（ア）インサイダー取引規制

　相対取引による株式取得は、インサイダー取引規制の適用のある「売買等」（金商法166条1項）に該当します。そのため、対象会社に対するDDを行う過程において未公表の「重要事実」を入手した場合には、インサイダー取引規制に対する対応が必要となります。具体的には、クロージング前に対象会社から当該未公表の重要事実を「公表」（同法166条1項）させることが考えられますが、公表のタイミングとして不適切な場合も考えられます。その場合には、インサイダー取引規制の適用除外とされている「重要事実を知った者が当該業務等に関する重要事実を知っている者との間において……証券市場によらないでする」売買（同法166条6項7号、「クロクロ取引」）として取引することも考えられます。

（イ）開示規制

　相対取引に限りませんが、株式譲渡によって対象会社の支配権を取得した場合には、通常、大量保有報告書（金商法27条の23）又はその変更報告書（同法27条の25）を提出する必要があります。また、対象会社が上場会社等の有価証券報告書提出会社である場合

には、株式譲渡に際して買主・対象会社それぞれにおいて臨時報告書を提出する必要があります（金商法24条の5第4項、開示府令19条2項4号）。

　さらに、買主が有価証券届出書提出会社でない場合には、買主において親会社等状況報告書（金商法24条の7）を提出する必要がある場合があります。

ウ　独禁法上の規制

　前述のとおり、買主の属する企業結合集団の国内売上高が200億円を超え、かつ、対象会社とその子会社の国内売上高が50億円超の場合、株式取得後の買主の属する企業結合集団の対象会社の持株比率が20％超又は50％超となるときは、公正取引委員会への事前届出が必要となります（独禁法10条2項）。事前届出が必要となる場合、買主は、原則として、届出受領後30日間の待機期間中は株式取得の実行ができません。

エ　外為法上の規制

　前述のとおり、買主が海外投資家で、対象会社が国内企業の場合、外為法上の対内直接投資（外為法26条2項）に該当し、買主が株式譲渡を行う際に事前届出又は事後届出が必要になる場合があります。この場合、最終契約書において、届出の完了を取引実行の前提条件や誓約事項として規定する場合があります。

オ　労働法上の規制

　株式譲渡が実行されても、対象会社の主要株主が買主へと異動するだけですので、対象会社の従業員の地位に変更は生じず、労働条件の変更も生じません。

　もっとも、主要株主は対象会社を実質的に支配し、経営していくことになるため、買主によるDDにおいて、対象会社に未払賃金債務や未払時間外・割増賃金債務、未払退職金債務、有給の未消化等がないかなどの確認を行うことが必要になります。また、将来の紛争予防の観点から、最終契約書である株式譲渡契約書において、対象会社の債務内容の画定や、これらの未払債務が存在した場合の処理についてあらかじめ明確に規定しておくことが望ましいといえます。

Part 7
M&A

（2）公開買付け

ア　公開買付けが強制される場合

　　公開買付けが必要となる主なトリガーイベントは、概ね以下のとおりです（金商法27条の2第1項各号）。

---

① 買付後株券等所有割合5％超が基準となるもの（「5％ルール」）（金商法27条の2第1項1号）
② 3分の1超が基準となるもの（「3分の1ルール」）（金商法27条の2第1項2ないし4号）
③ 他社の公開買付期間中に大株主が行う買付等を対象とするもの（金商法27条の2第1項5号）

　　より詳細には、図表7-25のとおり、5つの場面に整理することができます。

図表7-25　公開買付けが強制される場合

	イベント	強制公開買付けの対象取引	例外事由
（1）	市場外で5％を超える買付け等	取引所市場外で61日以内に10名超からの買付け等で、買付後の株券等所有割合が5％を超える場合	61日間[6]で10名以下からの買付け（特定買付け等）
（2）	（a）3分の1ルール	取引所市場外における61日間で10名以下からの買付けで、買付後の株券等所有割合が3分の1を超える場合	買付け前に1年以上継続して株券等所有割合が50％超の者が行う特定買付け（買付後、3分の2超の場合を除く）
	（b）市場立会外取引	取引所市場立会外取引で、競売買の方法以外として内閣総理大臣が定めるもの（特定売買等）で、買付後の株券等所有割合が3分の1を超える場合	
	（c）急速な買付け等	3ヶ月以内に、①取引所市場立会外取引又は取引所市場外取引で5％超の買付け等を行い、②①と取引所市場内外の取引や増資引受の合算で10％超を取得し、③買付等後の株券等所有割合が3分の1を超える場合	
（3）	他社の公開買付期間中における買付け等	他社が行う公開買付けの期間中に、対象株券等の株券所有割合が3分の1超である株主が、5％超の株券等の買付け等を行う場合（市場内外を問わない）	

6　当該買付け等を行う日及びその前60日間の合計61日間。

Part 7
M&A

イ　公開買付けのプロセス
図表7-26　公開買付けのプロセス

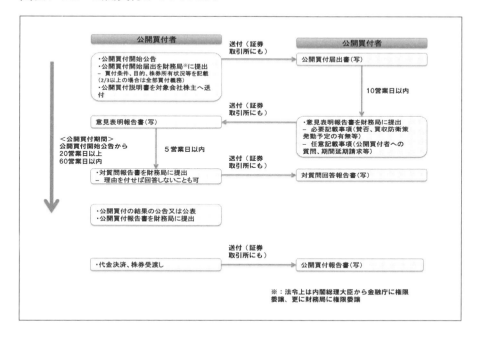

(ア) 公開買付け開始時の手続
　①公開買付開始公告

　　買付者は、公開買付けを行う場合、その開始にあたり、公開買付けの目的、買付け等の価格、買付予定の株券等の数、買付等の期間等の公告が義務づけられています（金商法27条の3第1項）。公開買付期間は、原則として20営業日以上60営業日以内の範囲内で、公開買付者が定めた期間とされ（同法27条の2第2項・同法施行令8条1項）、公開買付開始公告を行った日から起算します（初日算入）。

　②公開買付届出書

　　買付者は、公開買付開始公告を行った日に、買付等の価格、買付予定の株券等の数、買付け等の期間等を記載した公開買付届出書（募集・売出し時の有価証券届出書に相当するもの）（及びその添付

書類）を関東財務局に提出しなければなりません（金商法27条の3第2項、他社株府令12条〜14条）。また、その写しを、公開買付けの対象者、金融商品取引所又は認可金融商品取引業協会（該当する場合）、さらに、既にその株券等について公開買付届出書を提出している者がいる場合には、その者にも送付しなければなりません（金商法27条の3第4項）。

（イ）公開買付期間開始公告日の翌日以降、公開買付期間終了までの手続

①公開買付説明書

公開買付者は、公開買付届出書に記載すべき事項で内閣府令で定めるもの及び公益又は投資者保護のため必要かつ適当なものとして内閣府令で定める事項を記載した、公開買付説明書を作成し、当該株券等の売付け等を行おうとする者に対し、あらかじめ又は同時に、公開買付説明書を交付しなければなりません（金商法27条の9第1項・2項、他社株府令24条4項）。

②意見表明報告書の提出

公開買付けに係る株券等の発行者は、公開買付け開始公告が行われた日から10営業日以内に、当該公開買付けに関する意見等を記載した意見表明報告書を、関東財務局長に提出しなければなりません（金商法27条の10第1項、同施行令13条の2第1項）。

また、関東財務局長への提出後ただちに、意見表明報告書の写しを、公開買付者、金融商品取引所又は認可金融商品取引業協会（該当する場合）、さらに既にその株券等について公開買付届出書を提出している者がいる場合には、その者に送付しなければなりません（同法27条の10第9項）。

③対質問回答書

対象会社等から提出された意見表明報告書に、公開買付者に対する質問が記載された場合は、公開買付者は、当該送付を受けた日から5営業日以内に当該質問に対する回答、又は、当該質問に対して回答する必要がないと認めた場合にはその理由等を記載した対質問回答報告書を関東財務局長に提出しなければなりません（金商法27条の10第11項、同施行令13条の2第2項）。

また、関東財務局長への提出後、ただちに意見表明報告書の写しを、公開買付者、金融商品取引所又は認可金融商品取引業協会（該当する場合）、さらに既にその株券等について公開買付届出書を提出している者がいる場合には、その者に送付しなければなりません（同法27条の10第13項）。

④買付条件の変更

公開買付者は、原則として、買付等の価格の引き下げ、買付予定の株券等の数の減少、買付等の期間の短縮、その他政令で定めるもの以外については、買付条件等の変更を行うことが認められています（金商法27条の6第1項・2項、同施行令13条2項）。買付条件の変更を行う場合には、公開買付期間中に、買付条件の変更の内容等を公告しなければなりません（同法27条の6第2項）。

⑤公開買付けの撤回

公開買付が株価等に与える影響の大きさにかんがみ、安易な公開買付けの開始を防止するため、公開買付者は、公開買付開始公告を行った後においては、公開買付けに係る申込の撤回及び契約の解除は原則として認められていません（金商法27条の11第1項）。公開買付者が例外的に撤回等を行う場合、公開買付期間中に公開買付の撤回等を行う旨及びその理由等を公告しなければなりません（同法27条の11第2項）。さらに、当該公告と同日に、公開買付撤回届出書の提出も行う必要があります（同条3項）。

（ウ）公開買付け終了後の手続

①結果の公告又は公表

公開買付者は、公開買付期間の末日の翌日に、当該公開買付けに係る応募株券等の数及び買付け等を行う株券等の数、決済の方法及び開始日などの公開買付けの結果を公告し、又は公表しなければなりません（金商法27条の13第1項）。

②公開買付報告書

結果の公告又は公表を行った公開買付者は、当該公告又は公表を行った日に、当該公告又は公表の内容その他の内閣府令で定める事項を記載した公開買付報告書を関東財務局長に提出しなければなり

ません（金商法27条の13第2項）。また、公開買付報告書の写しを、対象会社及び金融商品取引所又は認可金融商品取引業協会（該当する場合）に送付するとともに（同法27条の13第3項、27条の3第4項）、これを備置し、公衆の縦覧に供しなければなりません（同法27条の14第2項、他社株府令33条2項）。

③結果の通知

公開買付者は、買付期間が終了したときは、遅滞なく買付けを行う株券数その他政令で定める事項を記載した通知書を応募株主に送付しなければなりません（金商法27条の2第5項、同施行令8条5項1号）。

④決済

公開買付者は、公開買付届出書の記載に従い、買付期間終了後、遅滞なく、買付け等に係る受け渡しその他の決済をしなければなりません（金商法27条の2第5項、同施行令8条5項2号）。

⑤親会社等状況報告書の提出

公開買付者及びその親会社等が有価証券報告書提出会社等ではない場合、公開買付けにより、公開買付者及びその親会社等が上場会社たる対象会社の親会社に該当することとなったときは、その該当することとなった日の属する事業年度の直前事業年度に係る親会社等状況報告書を、遅滞なく財務局長等に提出しなければなりません（金商法24条の7）。

ただし、公開買付者が、買収目的のSPCであって、設立後最初の事業年度を終了していない場合等は、親会社等状況報告書を提出しないケースもあるものの、その取扱いを検討する必要があります。

⑥大量保有報告書又は変更報告書の提出

公開買付け終了後に、買付者の株券等保有割合が5％超となるときは、公開買付期間の終了日の翌日から5営業日以内に、大量保有報告書又は変更報告書を金融庁に提出しなければなりません。その後、遅滞なく対象者にもその写しを送付します（金商法27条の23、27条の25）。

Part 7
M&A

ウ　公開買付けに関する取引規制

　前述のとおり、公開買付けは金商法で手続等が厳格に規定されているところ、公開買付けに関する主な取引規制としては以下のものがあります。

（ア）全部買付の義務づけ

　公開買付者は、原則として、応募数の多寡を問わず、応募のあった株券等の全部を買い取らなければなりません（金商法27条の13第4項）。ただし、あらかじめ公開買付開始公告及び公開買付届出書に明示することで、その公開買付けにおいて買い付ける予定の株式数については、応募のあった株式等の数が一定の数に満たない場合は全部の買付けを行わない、等の一定の条件を設定することが認められています。

（イ）別途買付けの禁止

　公開買付者やその一定の関係者が、公開買付期間中、公開買付けによらない買付け等を行うことは、原則として禁止されています（金商法27条の5）。

（ウ）買付条件の均一性

　買付け価格は、すべての応募株主について均一にしなければなりません（金商法27条の2第3項、同施行令8条3項）。

（エ）公開買付けの撤回の制限

　前述のとおり、公開買付が株価等に与える影響の大きさにかんがみ、安易な公開買付けの開始を防止するため、公開買付者は、公開買付開始公告を行った後においては、公開買付けに係る申込の撤回及び契約の解除は原則として認められていません（金商法27条の11第1項）。

エ　インサイダー取引規制

　公開買付けによる株式の取得は、インサイダー取引規制の適用のある「売買等」に該当するため、例えば対象会社のDDを行う過程において対象会社の未公表の重要事実を取得した場合、インサイダー取引規制への対応が必要となります。もっとも、相対取引の場合と異なり、公開買付けの場合は応募者が多数に上ることが通常であるため、前述した「クロクロ取引」による対応は実務上困難といえます。そのため、公開買付けの場合

は、公開買付けの開始に先立ち、対象会社より未公表の重要事実を「公表」してもらうことが望ましいといえ、買付者と対象者との契約においてもかかる手当てをしておくことが望ましいといえます。具体的には、契約において開示義務や公開買付けを開始するための前提条件として、かかる未公表の重要事実の「公表」を規定する場合があります。

オ 独禁法上の規制

独禁法の規制については、基本的に相対取引の場合と同様の規制が適用されます。ただし、相対取引の場合と異なり、公開買付けについては取引実行条件等が法定されていることから、独禁法上の事前届出の完了及び待機期間の満了について契約上の手当てはできません。そのため、独禁法上の事前届出の完了及び待機期間の満了については、公開買付けの撤回事由として対応することが一般的です。

カ 外為法上の規制

外為法上の規制については、基本的に相対取引の場合と同様の規制が適用されます。ただし、やはり取引実行条件等により、外為法上の事前届出の完了についても契約上の手当てはできません。そのため、外為法上の事前届出の完了についても公開買付けの撤回事由として対応することが一般的です。

キ 労働法上の規制

労働法上の規制についても、相対取引の場合と同様の規制が適用されます。すなわち、公開買付けによる株式取得の場合も、対象会社の主要株主が代わるだけであり、労働者の地位に変更は生じず、労働条件の変更も生じません。もっとも、主要株主は、対象会社を実質的に支配し、経営していくことになるため、DDにおいて、未払賃金債務や未払時間外・割増賃金債務、未払退職金債務、有給の未消化がないか等の確認を行う必要があります。

（3）第三者割当て

ア 会社法上の手続

公開会社における第三者割当の手続は、概ね以下のとおりです（会社法203～204条）。

①	取締役会による募集事項の決定
②	株主に対する通知又は公告
③	引受けの申込をしようとする者に対する通知
④	引受けの申込み
⑤	割当先の決定・申込者に対する通知
⑥	出資の履行

　　ただし、募集株式を引き受けようとする者がその総数の引受けを行う契約（総数引受契約）を締結する場合には、上記③〜⑤の手続は不要となります（会社法205条）。これは、総数引受契約による場合は、相対で契約する際に、引受人に対して必要な情報が提供されると考えられるためです。

　　以下、各手続について見ていきます。

イ　金商法上の規制

（ア）開示規制

　　　金商法上、発行者が有価証券届出書を提出しているものでなければ、原則として有価証券の募集又は売出しをすることはできません（金商法4条1項、5条1項）。また、法定の待機期間が経過し、届出の効力が発生した後でなければ、募集又は売出しにより有価証券を取得させ、又は売付けてはならないとされています（同法15条1項）。

　　　株式は、金商法上の有価証券に該当する（金商法2条1項9号、同条2項柱書）ところ、有価証券の取得勧誘であっても、「私募」に該当する場合には有価証券の募集には該当しません（金商法2条3項柱書）。もっとも、上場会社が発行する上場株式については有価証券報告書の提出義務の対象となるため（同法24条1項1号）、「私募」には該当しません（同法2条3項2号、同施行令1条の4第1号イ、1条の5の2第2項1号イ、1条の7第2号イ）。

　　　したがって、上場会社が、第三者割当により株式の取得勧誘を行う場合には、原則として金商法上の有価証券の募集に該当し、有価

<u>証券届出書の提出が必要</u>となります。

（イ）インサイダー取引規制

当初の投資の前提としてDDを行う過程において、インサイダー取引規制上の未公表の重要事実を入手する可能性がある点は、他の方式と変わりません。また、対象会社における第三者割当の決定は原則としてインサイダー取引規制上の重要事実に該当するため、インサイダー取引規制に対する手当てについても留意する必要があります。

（ウ）公開買付規制

<u>新株の発行による第三者割当は、公開買付規制の対象となる「買付け等」には該当しません</u>。ただし、前述した「急速な買付け」に関する規制には注意する必要があります。

ウ　取引所規則上の規制

上場会社の業務執行決定機関が、第三者割当を行うことを決定した場合には、直ちにその内容を開示しなければなりません（東証有価証券上場規程402条1号a）。ただし、払込金額又は売出価額の総額が1億円未満と見込まれる場合には、株主割当による場合及び買収防衛策の導入又は発動に伴う場合を除き、投資者の投資判断に及ぼす影響が軽微であるため、例外とされています（同施行規則401条1号）。

エ　独禁法上の規制

独禁法上の株式取得規制については、<u>相対取引の場合と同様</u>ですので、（1）ウをご参照ください。

オ　外為法上の規制

外為法上の株式取得規制については、<u>相対取引の場合と同様</u>ですので、（1）エをご参照ください。

カ　労働法上の規制

労働法上の規制については、<u>相対取引の場合と同様</u>の規制が適用されます。詳細については（1）オをご参照ください。

Part 7

M&A

3 株式移転

（1）会社法上の手続

　会社法上、株式移転を行う際に必要とされている手続は株式交換とほぼ同様です（後記4（1）を参照）。

　まず、株式移転計画の作成が必要となります（会社法772条）。なお、株式移転は、必要的記載事項を記載した株式移転計画さえあれば、契約がなくても実行可能であるため、契約なしで株式移転が行われる場合もあります。もっとも、M&A取引においては、株式移転計画の内容を定めるとともに、その他関連する当事者間の合意事項を定めることを目的として株式移転契約や統合契約などが別途締結される場合もあります。その場合の株式移転契約は、会社法上要求されているものではないため、必要的記載事項は存在しませんが、株式移転計画の内容を定めるという目的から、まず株式移転計画の必要的記載事項を記載する（又は株式移転計画の写しを添付する）か、少なくともその主要な項目を規定することが多くあります。

　株式移転計画の必要的記載事項は、合併及び株式交換の場合とほぼ同様です（会社法773条1項）が、完全子会社となる会社の株主に対して交付する対価に関する定めについて、金銭など株式等以外の財産を対価とすることが認められておらず、また完全親子関係を作るために少なくとも対価の一部は株式でなければならないという制限が存在する点で、合併及び株式交換の場合と異なります（会社法768条1項2号、773条1項5号、773条1項7号参照）。

　また、完全親会社は新設会社なので、完全親会社に関する基本的事項でもある定款に定める事項や設立時取締役・監査役などを定める必要がある点も、合併及び株式交換の場合と異なります。定款に定める事項については、商号に加えて、事業年度の末日などが当事会社で異なっていた場合にはそれらの事項が主に交渉の対象になり得ます。さらに、完全親会社が新設会社であり、設立後最初に定時株主総会が開催されるまでの間は取締役などの役員報酬が決議できないという問題があるため、初年度の役員報酬の上限も定款に規定されることがあります。また、完全子会社になる会社が自己株式を保有している場合及び完全子会社になる

397

会社が新株予約権を発行している場合の処理についても株式移転計画に定められることがありますが、これについては株式交換の場合とほぼ同様です。

取引実行後は、契約当事者がいずれも完全親会社の100％子会社になり、相互に100％兄弟会社の関係になることから、表明保証条項については取引実行の条件としては意味がありますが、取引完了後は意味がなくなってしまうという点で、合併や株式交換契約の場合とほぼ同様です。

次に、株式移転完全子会社は、当該計画に関する書面等の備置（会社法803条1項）、株主総会の特別決議による当該計画の承認を得る必要があるほか（同法804条1項）、債権者異議手続（同法810条1項3号）、反対株主による株式買取請求に係る手続（同法806条1項）を行う必要があります。

以上を整理すると、株式移転を行う場合の手続・スケジュールは概ね図表7-27のとおりです。

図表7-27　株式移転の流れ

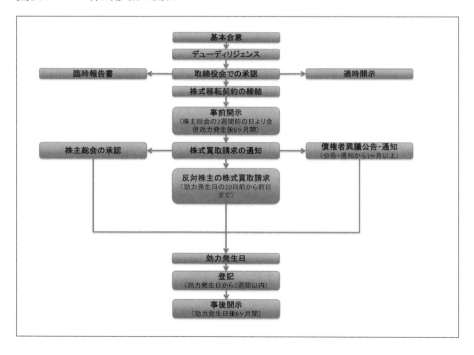

（2）金商法上の規制

　金商法上の問題については、合併及び株式交換の場合とほぼ同様です。

　金商法に基づく開示義務等についても、原則として吸収合併の場合と同様ですが、共同株式移転で発行される株式は新設会社である完全親会社の株式であり、当該株式については従来開示が行われていることはありえないため、合併の場合のような発行・交付株式について開示が行われている場合の除外規定の適用の余地はなく、実務上、特定組織再編制発行手続として有価証券届出書の提出が必要になることが多いといえます。

（3）取引所規則に基づく開示規制

　取引所規則において、上場会社の業務執行を決定する機関が、株式移転を行うことについての決定をした場合は、直ちにその内容を開示することが義務づけられています（東証有価証券上場規程402条1号i）。

（4）独禁法上の規制

　独禁法に基づく規制については、株式移転の場合と同様となります。

（5）労働法上の規制

　労働法上の規制については、株式移転の場合と同様となります。

4　株式交換

（1）会社法上の手続

　会社法上、株式交換を行う場合、以下の手続を行う必要があります。

　まず、株式交換を行う会社は、株式交換契約を締結しなければなりません（会社法767条）。合併契約の場合と同様、株式交換契約については必要的記載事項が法定されています（同法768条1項）。任意的な記載事項についても合併の場合と同様です。

　次に、各当事会社は、当該契約に関する書面等を備置し（同法782条1項、794

条1項)、当該契約について株主総会の特別決議による承認を経る必要があります（同法783条1項、795条1項）。

また、各当事会社において、債権者異議手続（同法789条1項3号、799条1項3号）及び反対株主の株式買取請求に係る手続（同法785条1項、797条1項）等を行う必要があります。

以上を整理すると、株式交換を行う場合の手続は概ね図表7-28のとおりです。

図表7-28　株式交換の流れ

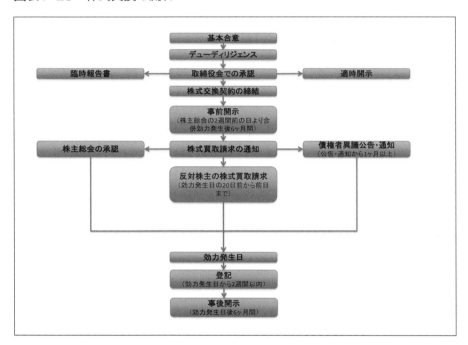

（2）金商法上の規制

金商法上の問題については、合併の場合とほぼ同様です。

金商法に基づく開示義務等についても、原則として吸収合併の場合と同様ですが、共同株式移転で発行される株式は新設会社である完全親会社の株式であり、当該株式については従来開示が行われていることはあり得ないため、合併の場合

のような発行・交付株式について開示が行われている場合の除外規定の適用の余地はなく、実務上、特定組織再編制発行手続として有価証券届出書の提出が必要になることが多いといえます。

（3）取引所規則に基づく開示規制

取引所規則において、上場会社の業務執行を決定する機関が、株式交換を行うことについての決定をした場合は、直ちにその内容を開示することが義務づけられています（東証有価証券上場規程402条1号i）。

（4）独禁法上の規制

独禁法に基づく規制については、株式移転の場合と同様となります。

（5）労働法上の規制

労働法上の規制については、株式移転の場合と同様となります。

5 事業譲渡

（1）会社法上の手続

会社法上、事業譲渡を行う際には、以下の手続を経る必要があります。まず、事業の「全部」の譲渡については、譲渡会社及び譲受会社のいずれにおいても、原則として株主総会の特別決議による承認を経る必要があります（会社法467条1項1号・3号）。また、当該事業譲渡に反対する株主には株式買取請求権が認められています（同法469条1項）。さらに、譲渡会社及び譲受会社は株主に対し、事業譲渡を行う旨を通知・公告する必要があります（同法469条3項・4項）。

次に、事業の「一部」の譲渡については、当該事業が重要なものであり、かつ、当該事業が一定の規模を超える場合[10]には、譲渡会社において原則として株主総会の特別決議を経る必要があり（会社法467条1項2号）、この場合にも反

---

10 具体的には、譲渡する資産の帳簿価格が、譲渡会社の総資産として法務省令（会社法施行規則134条）で定める方法により算定される額の5分の1を超える場合をいいます。

対株主には株式買取請求権が認められるため、譲渡会社は通知・公告を行う必要があります（同法469条3項・4項）。他方で、譲受会社はこのような手続を経る必要はありませんが、譲り受けた事業が「重要な財産」に該当する場合には、取締役会設置会社においては取締役会決議による承認を経る必要があります（同法362条4項1号）。

　事業譲渡を実施する場合、譲渡会社・譲受会社における手続及びその手順は概ね図表7-29のとおりです。なお、このスケジュールは、譲渡会社・譲受会社双方が上場会社の場合で、事業の重要な一部の譲渡を行う場合を想定しています。「重要な一部」の譲渡であるため、譲渡会社では株主総会特別決議が必要（同法467条1項2号・309条2項11号）ですが、譲受会社においては取締役会決議で足りることになります。

図表7-29　事業譲渡の実施プロセス

	譲渡会社	譲受会社
①	事業譲渡計画の策定	事業譲渡計画の策定
②	秘密保持契約の締結	秘密保持契約の策定
③	事業譲渡に関する覚書の作成・締結	事業譲渡に関する覚書の作成・締結
④	事業譲渡契約締結に関する取締役会決議	事業譲渡契約締結に関する取締役会決議
⑤	事業譲渡契約の締結	事業譲渡契約の締結
⑥	事業譲渡の承認に関する株主総会決議	
⑦		公正取引委員会への届出
⑧	反対株主の株式買取請求行使期日	
⑨		公正取引委員会への届出の効力発生
⑩	譲渡期日における引渡手続	譲渡期日における引渡手続
⑪		公正取引委員会への完了報告
⑫	財務局への臨時報告書の提出	財務局への臨時報告書の提出

（2）金商法上の規制

譲渡会社又は譲受会社が有価証券報告書提出会社である場合には、臨時報告書の提出が必要となります（金商法24条の5第4項）。

（3）取引所規則上の規制

取引所規則において、上場会社の業務執行を決定する機関が、事業譲渡を行うことについての決定をした場合は、直ちにその内容を開示することが義務づけられています（東証有価証券上場規程402条1号ｍ）。

（4）独禁法上の規制

事業譲渡についても、一定規模以上のものについては独禁法上、事前届出義務及び30日間の待機期間の規制を受けることになります（独禁法16条2項、16条3項、10条8項）。すなわち、譲受会社及びその属する企業結合集団の国内売上高の合計額が200億円超で、(i) 譲渡会社の国内売上高が30億円超である場合に、当該譲渡会社の事業の全部の譲受けをしようとする場合、又は、(ii) 譲渡会社の事業の重要部分又は事業場の固定資産の全部もしくは重要部分の譲受けをしようとする場合で、当該譲受けの対象部分にかかる国内売上高が30億円超である場合には、公正取引委員会への事前の届出が必要となり、また、原則として届出の受理から30日間は取引の実行ができません。したがって、事前の届出が必要とされる場合には、届出の完了及び待機期間を取引実行条件とする必要があることになり、必要に応じて誓約事項としても規定する必要があります。

（5）労働法上の規制

ア 労働契約の承継

事業譲渡は、個々の権利・契約関係の個別の承継（特定承継）であるため、従業員との雇用契約を譲受会社に承継するためには、譲渡会社のみならず、転籍について各従業員から同意を取得する必要があります。また、譲渡会社は、承継したくない従業員について承継しないという対応を行うことも可能です。

なお、転籍について各従業員から同意を取得する際には承継後の労働条

件についても協議し合意するのが一般的であり、労働条件の不利益変更の問題は通常は生じません。

　また、譲渡会社の合意により、未払賃金債務、未払時間外・割増賃金債務、未払退職金債務を承継しないこととすることも可能です。

イ　労働契約の承継

　譲渡対象事業の運営に不可欠な人材について、譲受会社に転籍する同意の取得を、クロージングの前提条件とすることがあります。

ウ　転籍を拒否した従業員への対応

　転籍を拒否した従業員については、譲渡会社に在籍したままとなります。転籍拒否を解雇事由とすることはできないため、他部門への配置転換等の手段を講じる必要があります。

Chapter 10

ポイント⑥　合併における法規制上の留意点

1　会社法上の手続

　合併を行う場合、まず、合併の当事者間での合併契約の締結が必要となります（会社法748条）。合併契約については、当事者の商号・住所や、消滅会社の株主に対して交付する対価に関する定め等、一定の事項が必要的記載事項として法定されています（同法749条1項各号）。また、必要的記載事項以外にも、任意的な合意を併せて合併契約中に定めることも可能です。例えば、合併当事者間双方において、合併契約を承認するための株主総会を開催する日の合意や財産の承継に関する規定、合併契約締結日から効力発生日までの間、合併当事者が善管注意義務をもって業務を執行する旨を定める規定などが挙げられます。

　合併契約は会社法の手続上必要とされる契約ですので、一旦契約を締結した後にこれを当事者間で変更することについては制限があります。例えば、効力発生日を変更するには、変更前の効力発生日の前日までに変更後の効力発生日を公告しなければなりません（会社法790条1項・2項）。したがって、必要的記載事項以外の合意内容を合併契約に含めるに際してはその是非を慎重に検討することが望ましいといえます。

　次に、各当事会社において、当該契約に関する書面等の備置（会社法782条1項、794条1項、803条1項）や、株主総会の特別決議による当該契約の承認（同法783条1項、795条1項、804条1項）に加え、債権者異議手続（同法789条1項1号、799条1項1号、810条1項1号）、反対株主による株式買取請求に係る手続（同法785条1項、797条1項、806条1項）等を行う必要があります。

　以上を整理すると、吸収合併を行う場合の手続は概ね図表7-30のとおりです。

図表 7-30　合併手続の流れ

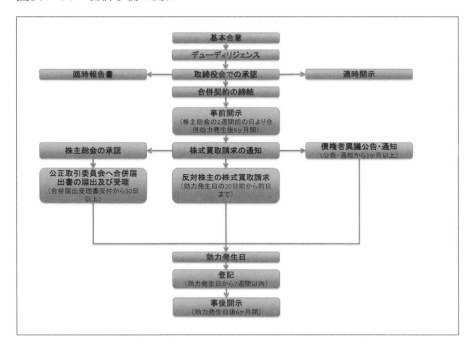

2　金商法上の規制

　金商法上、会社の一定の組織再編行為は、特定組織再編成発行手続（新たに有価証券が発行される場合）又は特定組織再編成交付手続（既に発行された有価証券を交付する場合）（金商法2条の2第4項、第5項）として、原則として有価証券届出書の提出が必要となります（同法4条1項）。

　合併の場合、原則として消滅会社の株主が50名以上の場合（適格機関投資家のみの場合を除く）か、それ以外のプロ私募類似の要件又は少人数私募類似の要件が満たされない場合には、かかる特定組織再編制発行手続又は特定組織再編制交付手続に該当します（金商法施行令2条の4、2条の6）。ただし、合併消滅会社の株券について開示が行われている場合、又は合併において発行・交付される株式について開示が行われている場合には届出義務の適用が除外されます。したがって、一般に、合併消滅会社が非上場会社の場合や、合併存続会社が上場会

社でその上場されている株券を発行・交付する場合は届出が不要となりますが、合併消滅会社が上場会社で、合併存続会社が非上場会社のような場合には届出が必要となる可能性があります。ただし、発行価格・売出価格が1億円未満であれば、有価証券届出書の提出は不要ですが、有価証券通知書（金商法4条6項）の提出が必要となる場合があります。

　また、臨時報告書については、軽微基準に該当しない限り合併について提出が必要となります（金商法24条の5第4項、開示府令19条2項7号の3）。特定組織再編制発行手続に該当しない場合には、発行総額が1億円以上であれば「募集」によらないで取得される有価証券の発行として、合併存続会社において臨時報告書が必要となります（金商法24条の5、開示府令19条）。

3　取引所規則上の規制

　取引所規則において、上場会社の業務執行を決定する機関が、合併を行うことについての決定をした場合は、直ちにその内容を開示することが義務づけられています（東証有価証券上場規程402条1号k）。

4　独禁法上の規制

　合併をする場合、すべての合併会社が同一の企業結合集団に属する場合を除いて、一定規模以上のものについては独禁法上、事前届出義務（独禁法15条2項）及び30日間の待機期間（同法15条3項、10条8項）の規制を受けることになります。具体的には、合併当事会社のいずれか1社及びその属する企業結合集団の国内売上高の合計額が200億円超で、かつ、他の当事会社及びその企業結合集団にかかる国内売上高が50億円超である場合には、合併に関する計画について公正取引委員会への事前の届出が必要となり、また、原則として届出の受理から30日間は取引の実行ができません。したがって、事前の届出が必要とされる場合には、届出の完了及び待機期間を取引実行条件とする必要があることにあり、場合によっては誓約事項としても規定する必要があります。

5 労働法上の規制

（1）労働契約の承継

　合併の場合、消滅会社のすべての権利義務が存続会社に包括承継されるため（会社法2条27号・28号、750条1項、754条1項、756条1項）、消滅会社・労働者間の労働契約は、労働者の同意なしに存続会社に包括承継されます。そのため、合併契約や決議において、労働契約を承継しない旨定めても無効となります。

（2）労働者への不利益

　前述のとおり、合併は包括承継であるため、労働者が存続会社への労働契約の承継を否定されるという不利益はありません。

（3）承継労働者の選別

　前述のとおり、合併は包括承継であるため、買主は承継労働者を選別することはできません。

（4）労働条件の変更の可否

　労働条件は、変更されずに存続会社に承継されます。存続会社と消滅会社において、就業規則等の労働条件が大きく異なる場合には、就業規則の統一のための作業が必要となりますが、就業規則の不利益変更は容易ではありません。特に消滅会社の方が労働者の待遇が良い場合は労働条件の統一が困難となるため、DDにおいてあらかじめ存続会社の労働条件と照会しておき、対策を検討しておく必要があります。

Chapter 11

ポイント⑦ 会社分割における法規制上の留意点

1 会社法上の手続

　会社法上、会社分割を行う際には以下の手続を経る必要があります。なお、以下では会社分割のうち、吸収分割を前提に説明します。

　まず、吸収分割の場合、当事者間で吸収分割契約を締結する必要があります（会社法757条）。合併契約の場合と同様、吸収分割契約においても一定の必要的記載事項が法定されています（同法758条1項）。

　次に、各当事会社は、当該契約等に関する書面等を備置し（同法782条1項、794条1項、803条1項）、当該契約等につき株主総会の特別決議による承認を得る必要があります（同法783条1項、795条1項、804条1項）。

　また、各当事会社は、債権者異議手続（同法789条1項2号、799条1項2号、810条1項2号）及び反対株主の株式買取請求に係る手続（同法785条1項、797条1項、806条1項）等を行う必要があります。

　以上を整理すると、吸収分割を行う場合の手続・スケジュールは概ね図表7-31のとおりです。

図表 7-31　会社分割(吸収分割)の流れ

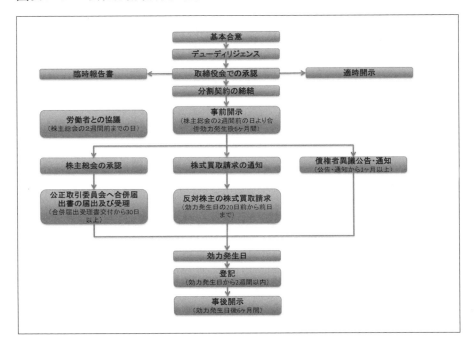

2　金商法上の規制

　吸収分割に関する金商法上の規制は、合併等の組織再編行為の場合とほぼ同様ですので、Chapter 10の2をご参照ください。

3　取引所規則上の規制

　取引所規則において、上場会社の業務執行を決定する機関が、吸収分割を行うことについての決定をした場合は、直ちにその内容を開示することが義務づけられています(東証有価証券上場規程402条1号l)。

Part 7
M&A

4 独禁法上の規制

独禁法上の事前届出についても、他の組織再編行為と同様、一定の場合には、あらかじめ当該吸収分割に関する計画を公正取引委員会に届出なければならず（独禁法15条の2第2項〜3項）、また、原則として30日間の待機期間（同法15条の2第4項、10条8項）の定めがあります。たとえば、分割会社（当該吸収分割でその事業の重要部分を承継させようとするものに限ります）の当該分割の対象部分に係る国内売上高が100億円を超え、かつ、承継会社及びその属する企業結合集団に係る国内売上高の合計額が50億円を超えるときなどがこれに該当します。分割契約において、これを効力発生の条件として規定するとともに、必要に応じて届出義務や協力義務を分割契約又はサイドレターに規定することになります。

5 労働法上の規制

（1）労働契約の承継

ア 労働承継法

会社分割における労働契約の承継については、労働者に不利益が生じるおそれがあることから、会社分割に伴う労働契約の承継等に関する法律（以下、「労働承継法」といいます）による規制があります。

イ 承継対象労働契約

吸収分割契約又は新設分割契約（以下、「分割契約等」といいます）に承継の対象として記載された権利義務及び契約上の地位が、当然に承継会社又は新設会社（以下、「承継会社等」といいます）に承継されます。すなわち、どの労働契約が承継会社等に承継されるのかは、分割契約等の定めによります。なお、会社分割も包括承継であるため、労働者の同意は不要です。

411

（2）労働者への不利益

　労働者にとっては、承継対象から外され、又は承継対象に入れられるという不利益が生じ得ます。分割会社所属の労働者で、承継対象事業の主従事労働者の労働契約は、分割契約等に承継する旨規定されていれば、分割に伴い当然に承継会社等に承継されます（労働承継法3条）。主従事労働者以外の労働者（以下、「非主従事労働者」といいます）の労働契約も、分割契約等に承継する旨規定されていれば、承継されます。

　ただし、主従事労働者の労働契約は、事業とともに承継されるのが原則とされ、承継対象から外された場合は、主従事労働者による異議の申し出が可能であり、異議を申し出たときは、労働契約が承継されます（同法4条1項、4項）。

　非主従事労働者は、分割会社に残るのが原則とされ、承継対象とされた場合は、当該非主従事労働者の異議の申し出が可能であり、異議を申し出たときは、労働契約が承継されません（同法5条1項、3項）。

（3）労働条件の変更の可否

　労働条件は、変更されずに承継会社等に承継されます。分割会社と承継会社等において、就業規則等の労働条件が大きく異なる場合は、就業規則の統一のための作業が必要となりますが、就業規則の不利益変更は容易ではありません。特に、分割会社の方が労働者の待遇が良い場合は、労働条件の統一が困難となるため、DDにおいてあらかじめ継承会社の労働条件と照会しておき、対策を検討しておく必要があります。

　複数の会社の労働者が会社分割により1つの会社に統合される場合には、就業規則の統一の問題を避けるため、労働契約を承継させず、労働者は出向という形をとることもあります。

索引

あ

相手方選択の自由 ･･････････････････････63
「悪意」･･･････････････････････････････70
異時廃止 ･･･････････････････････････ 313
印紙･･･････････････････････････････････67
営業秘密 ･･･････････････････････････ 215
営業秘密管理指針 ･･･････････････････ 215
SNS･･････････････････････････････ 177
　──リスク ･･････････････････････ 179
「及び」･････････････････････････････････69

か

解雇･･････････････････････････････ 267
解散･･････････････････････････････ 301
会社更生 ･･･････････････････････････ 290
会社内機関の利用 ･･･････････････････ 234
会社分割 ･･･････････････････････････ 290
課税文書 ･･･････････････････････････････67
合併･･････････････････････････････ 290
株式移転 ･･･････････････････････････ 322
株式交換 ･･･････････････････････････ 322
株式取得 ･･･････････････････････････ 290
株式譲渡 ･･･････････････････････････ 322
仮差押え ･･･････････････････････････ 152
仮差押命令申立 ･････････････････････ 152
仮差押命令申立書 ･･･････････････････ 153
仮処分命令申立書 ･･･････････････････ 154
仮処分申立 ･････････････････････････ 154
環境型セクシュアルハラスメント ･･･ 242

管財事件 ･･･････････････････････････ 313
企業内機密情報 ･････････････････････ 183
企業法務 ･･･････････････････････････････23
期限の利益喪失条項 ････････････････ 134
危険負担 ･･･････････････････････････････44
基礎賃金 ･･･････････････････････････ 256
強行規定 ･･･････････････････････････････39
行政機関の利用 ･････････････････････ 235
強制執行 ･･･････････････････････････ 149
行政責任 ･･･････････････････････････････20
刑事責任 ･･･････････････････････････････20
競売手続 ･･･････････････････････････ 162
契約･･････････････････････････････････39
　──の効果帰属要件 ･･････････････87
　──の効力発生要件 ･･････････････ 88
　──の成立要件 ･･････････････････61
　──の方式の自由 ･･･････････････64
　──の有効要件 ･･････････････････ 86
　──の履行に対する抗弁事由 ･･････89
契約解除条項 ･･･････････････････････ 135
契約自由の原則 ･････････････････････63
契約書 ･･･････････････････････････ 125
　──の重要性 ･････････････････････84
　──のタイトル ･･･････････････････64
　──の署名・押印 ･･･････････････････67
契約書作成日 ･･･････････････････････ 66
契約締結準備段階 ･･････････････････ 123
　──における留意点 ･･････････････74
契約締結上の過失 ･･････････････････77
契約締結段階 ･･･････････････････････ 124
契約内容決定の自由 ････････････････64
契約履行段階 ･･･････････････････････ 86
契約リスク ･････････････････････････24

原契約	90	自働債権	138
検索の抗弁権	141	支払督促	144
現況調査報告書	164	私法	187
合意解約	267	社会的責任	20
合同労組	271	写真系SNS	179
後文	66	社内規範	13
公法	187	社内規範違反	18
交流系SNS	178	受働債権	138
個人情報	183	条・項・号	65
個人情報（社外情報）	196	少額訴訟	145
個人情報（社内情報）	192	試用期間解雇	266
個人情報保護法	188	証拠の重要性	83
個人情報保護法上の安全管理措置	207	証拠の種類	83
コンプライアンス	2	情報の財産的価値	169
コンプライアンスリスク	2	情報漏洩原因	204

さ

		所有権留保特約	136
		人的担保	139
再建型	286	「速やかに」	71
債権執行	160	清算	301
債権者主義	44	清算型	286
債権譲渡	150	清算型管財事件	313
催告の抗弁権	141	整理解雇	266
再生計画案	319	セクシュアルハラスメント	241
差押え	161	善意	70
差押命令	161	前文	64
残業代請求	254	戦略法務	28
CSR	2	相殺	137
敷金	138	——の意義	138
事業再編	321	——の要件	137
事業再編型	286	訴訟	156
事業譲渡	290	訴訟リスク	24
私的自治の原則	39	「その他」	70
私的整理	289	「その他の」	70

対価型セクシュアルハラスメント … 242

た

退職……………………………… 267
「直ちに」………………………… 71
団体交渉………………………… 272
担保権…………………………… 139
　──の実行 ……………………… 158
担保不動産収益執行…………… 166
遅滞なく………………………… 71
中止命令………………………… 318
懲戒解雇………………………… 266
調査型管財事件 ………………… 313
通常清算………………………… 289
通常清算と特別清算の違い…… 302
通常訴訟………………………… 146
デフォルト事由 ………………… 134
デフォルトルール ………………45
典型担保物権 …………………… 139
動画系SNS……………………… 179
当局リスク ………………………24
当事者名の表記 ………………… 66
同時廃止事件 …………………… 313
同時履行の抗弁権 ………………89
到達主義…………………………62
「とき」…………………………… 70
「時」……………………………… 70
特定調停………………………… 290
特別清算………………………… 289
取った上でコントロールするコンプライ
　アンスリスク ……………………25
取ってはいけないコンプライアンスリス
　ク………………………………25

取消命令………………………… 318
取立て…………………………… 162

な

内容証明郵便 …………………… 144
「並びに」…………………………69
任意規定…………………………39
任意交渉………………………… 233
人証………………………………83

は

「場合」…………………………… 70
買収……………………………… 290
配当……………………………… 165
破産……………………………… 289
発信主義…………………………62
パワーハラスメント…………… 240
判決……………………………… 157
番号利用法……………………… 189
番号利用法上の安全管理措置…… 210
非典型担保物権 ………………… 139
否認権…………………………… 310
評価書…………………………… 164
不正アクセス禁止法…………… 189
不正競争防止法 ………………… 190
普通解雇………………………… 266
物件明細書……………………… 164
物証………………………………83
物的担保………………………… 139
不動産執行……………………… 162
不当労働行為の禁止…………… 271
紛争の発生の予兆 ……………… 126
別除権者………………………… 312

包括的禁止命令 …………………… 318
法規範 ……………………………… 13
法規範違反 ………………………… 18
法的整理 …………………………… 289
法令リスク ………………………… 24
補充規定 …………………………… 39
保証金 ……………………………… 138
保証人 ……………………………… 141
保全処分 …………………………… 236

ま

「又は」……………………………… 69
民事再生 …………………………… 289
民事責任 …………………………… 19
民事保全 …………………………… 147
民法 ………………………………… 191
メッセージ系SNS ………………… 178
免責調査型管財事件 ……………… 313
申込みの誘引 ……………………… 61
「若しくは」………………………… 69

や

雇止め ……………………………… 266
優先的破産債権 …………………… 312
ユニオン …………………………… 271

要件事実 …………………………… 79
要件事実論 ………………………… 79
予防法務 …………………………… 28

ら

立証責任 …………………………… 82
臨床法務 …………………………… 28
倫理規範 …………………………… 13
倫理規範違反 ……………………… 18
レピュテーショナルリスク ……… 25
連帯保証人 ………………………… 141
労災隠し …………………………… 253
労使紛争の解決方法 ……………… 232
労働組合 …………………………… 270
　——の利用 ……………………… 234
労働契約の終了 …………………… 264
労働災害 …………………………… 250
労働者死傷病報告 ………………… 252
労働審判 …………………………… 236
労働審判員 ………………………… 277
労務責任 …………………………… 22

わ

和解 ………………………………… 157

【著者プロフィール】

長瀬　佑志（ながせ・ゆうし）

弁護士（61期）、弁護士法人長瀬総合法律事務所代表。2006年東京大学法学部卒。2006年司法試験合格。2008年西村あさひ法律事務所入所。2009年水戸翔合同法律事務所入所。2013年長瀬総合法律事務所設立。中小企業を中心に多数の顧問に就任し、会社法関係、法人設立、労働問題、債権回収等、企業法務案件を多数経験している。

『現役法務と顧問弁護士が書いた 契約実務ハンドブック』（日本能率協会マネジメントセンター、2017年）（共著）ほか。

長瀬　威志（ながせ・たけし）

弁護士（62期）、ニューヨーク州弁護士。2005年東京大学法学部卒。2007年司法試験合格。2009年アンダーソン・毛利・友常法律事務所入所。2013年金融庁総務企画局企業開示課出向。2014年米国University of Pennsylvania Law School留学（LL.M.,Wharton Business and Law Certificate）。2015年〜2017年国内大手証券会社法務部出向。国内外の大企業の案件に係る契約書作成等の企業法務全般を始め、フィンテック、ファイナンス、レギュラトリー、各国競争法、M&A、危機管理・不祥事対応、知的財産案件等を多数経験している。

『現役法務と顧問弁護士が書いた 契約実務ハンドブック』（日本能率協会マネジメントセンター、2017年）、「上場企業の資金調達の円滑化に向けた施策に伴う開示ガイドライン等の改正―「勧誘」に該当しない行為の明確化および特に周知性の高い者による届出の待機期間の撤廃―」（旬刊商事法務2014年10月25日号〔No.2046〕）（いずれも共著）ほか。

母壁　明日香（ははかべ・あすか）

弁護士（69期）、弁護士法人長瀬総合法律事務所所属。2011年日本大学法学部卒。2013年立教大学法科大学院修了（首席）。
2015年司法試験合格。2016年弁護士法人長瀬総合法律事務所入所。2017年社会保険労務士登録。労務問題を中心に企業法務案件に日々携わっている。

三名の共著として、『新版 若手弁護士のための初動対応の実務』『現役法務と顧問弁護士が実践している ビジネス契約書の読み方・書き方・直し方』（いずれも日本能率協会マネジメントセンター、2017年）がある。

本書は、法律的またはその他のアドバイスの提供を目的としたものではありません。当社および著者は本書の記載内容（第三者から提供された情報を含む）の正確性、妥当性の確保に努めておりますが、それらについて何ら保証するものではなく、本書の記載内容の利用によって利用者等に何らかの損害が生じた場合にも、一切の責任を負うものではありません。

企業法務のための初動対応の実務

2019年12月30日　　初版第1刷発行

著　　者 —— 長瀬 佑志・長瀬 威志・母壁 明日香
　　　　　©2019 Yushi Nagase, Takeshi Nagase, Asuka Hahakabe
発行者 —— 張 士洛
発行所 —— 日本能率協会マネジメントセンター
〒103-6009 東京都中央区日本橋2-7-1 東京日本橋タワー
TEL 03 (6362) 4339 (編集)／03 (6362) 4558 (販売)
FAX 03 (3272) 8128 (編集)／03 (3272) 8127 (販売)
http://www.jmam.co.jp/

装　　　丁 —— 菊池 祐 (株式会社ライラック)
本 文 DTP —— 株式会社明昌堂
印刷・製本 —— 三松堂株式会社

本書の内容の一部または全部を無断で複写複製 (コピー) することは、
法律で認められた場合を除き、著作者および出版者の権利の侵害となりますので、
あらかじめ小社あて許諾を求めてください。

ISBN 978-4-8207-2763-7 C3032
落丁・乱丁はおとりかえします。
PRINTED IN JAPAN

JMAMの本

新版
若手弁護士のための初動対応の実務

長瀬佑志・長瀬威志・母壁明日香　著
A5判504頁

初めてのケースや急な依頼を受けたときに、弁護士として「そもそも最初に何をすればよいのか」、全7分野×7つのポイントを整理。事案別の「相談カード」、ホワイトボードを使用した「法律相談の型」を掲載。分野別推薦書籍100選付き。

現役法務と顧問弁護士が実践している
ビジネス契約書の読み方・書き方・直し方

長瀬佑志・長瀬威志・母壁明日香　著
A5判520頁

改正民法に対応した契約の実践書。実務上ニーズの高い契約を収録。取引に応じた雛形の変更例を提示。条項ごとの重要度、チェックポイント、交渉上の落としどころを丁寧に解説しています。最新書式ダウンロードサービス付き。